第五项修炼
知行学校 （全2册）下

[美]彼得·圣吉（Peter Senge）等 _ 著　李晨晔 _ 译
张成林 _ 审阅

⑤

Schools That Learn:
A Fifth Discipline Fieldbook for Educators, Parents,
and Everyone Who Cares About Education

第 五 项 修 炼 系 列 典 藏 版

中信出版集团·北京

第三部分　学校

第8章 走进学校 // 003
1. 创建知行学校 // 003
2. 教书育人作为一种道德追求 // 018

第9章 学校的愿景 // 034
1. 给你们的学校一个共享愿景 // 034
2. 重塑教育领导力 // 048

第10章 学校系统现状 // 061
1. 预先发生的不确定性 // 061
2. 一个 19 000 美元的问题 // 075
3. 强者愈强 // 079
4. 转移负担 // 084
5. 高中游戏规则 // 091
6. 青年领袖论坛 // 104

第11章 告别"快餐式"教育发展 // 116
1. 不再需要"快餐式员工发展" // 116
2. 认知研究小组 // 128
3. 学习教学 // 134

| 第12章 | 教育领导力 // 141

    1. 超越"校长做得对"模式的教育领导力 // 141

    2. 同事伙伴 // 150

    3. 从"独行侠"到学习带头人：一位学监的旅程 // 160

    4. 没有"废品"孩子 // 168

    5. 创建核心学习团队 // 186

    6. "你不能这样做！" // 203

第四部分　社区

| 第13章 | 走进社区 // 209

    1. 培育知行社区 // 209

| 第14章 | 自我认知 // 219

    1. 评价社区里的强弱关系 // 219

    2. "表达是走出压迫的第一步" // 225

    3. 在谈话中恢复公民意识 // 234

    4. 在全国范围内共享一个愿景 // 245

| 第15章 | 建立联系 // 251

    1. 家长之间的联系 // 251

    2. "莱茵河上"实习项目 // 260

    3. "系统思考的篮球教练" // 271

    4. 改善商业与教育的伙伴关系 // 276

| 第16章 | 可持续发展教育 // 294

    1. 造雨者 // 294

    2. 公众参与 // 304

3. 扩展愿景，面对当下 / / 317
4. 要由一个孩子来带动一个村庄成长 / / 320
5. 公地悲剧 / / 333
6. 孩子们成为领导者 / / 338
7. 你如何知道自己的组织正在学习？ / / 351
8. 系统公民 / / 354

| 第 17 章 | 结　语 / / 385

1. 致　谢 / / 385

译后记 / / 389

第三部分　学校

Schools That Learn:
A Fifth Discipline Fieldbook for Educators, Parents, and Everyone Who Cares About Education

| 第 8 章 |

走进学校

1. 创建知行学校

  琼是一位有着 25 年教学经验的小学一年级教师,在她所属的那个规模并不很大的校区里,以富于奉献精神、教学效果好而闻名。有一天,一位邻居拉住她,问起学校的事情。这位邻居说道:"我觉得现在高中的教师们积极性不够高。我曾经约他们见面,想找到一些方法,提高我的孩子的学习积极性,但最后都不了了之。教师们有的畏首畏尾、三缄其口,有的似乎表现得像是要把我女儿的问题归咎于我们家长,而他们没有帮助我们的责任。我真的不知道接下来该怎么办了。"

  几年前,琼自己的孩子在高中阶段也出现过类似问题。于是她说道:"我认为问题根源不在教师身上。"琼向那位邻居谈起,几年前自己曾与另外两位教师共同发起了一个重新设计数学课程的项目。仅仅是讲讲这个故事,就让琼又找回了当时那种兴奋的感觉。她的眼睛变得有光彩，说话的时候，挥舞的双手就像是一曲美妙的二重唱。她告诉邻居，当时校长也非常支持，还提出了一些想法，然后又说，他们需要得到学区学监的批准。

说到这里，琼的肩膀垂了下来，眼神也黯淡下来。她回忆道："那位学监说来说去，都是这项计划行不通的理由。他还说自己以前经历过其中出现的所有问题。首先，家长们会抗议，校区委员会也不会赞同，州政府更不会允许。他说自己当然关心学区里学生们的教育，但他只能把注意力放到那些反对呼声上。没有他的支持，我们的计划就泡汤了。"从那以后，琼和她的同事们除了说说教室的门出了问题这类事以外，就再也没有尝试过任何创新。

当然，琼和那位学监从未面对面谈论过这个话题。那位学监早就已经忘记了那次谈话，他遇到的类似情况太多了。他真心地想要提高这个学区的教学质量，也意识到这个学区必须要做出改变。然而，他发现自己一直在与他的那些"合作伙伴"的不良倾向苦斗：州里的立法者们顽固不化，校区委员会则事无巨细样样插手，一部分家长不肯让步，教师工会的领导们常常太过猜疑，而工会在过去也曾多次否决过教学创新的提案。在他的心中，他的工作是同时在许多战线展开一场持久战，也只有他一个人了解整个学区的全部需求。有时他希望得到更多的帮助，但他从未期待也从未祈求过帮助，因为他从心底里认为，没有谁会为他提供帮助。

与此同时，校区委员会感受到来自社区的巨大压力，他们认为这个地区的人不会再为教育多交哪怕一点儿税了。教师工会的领导人、校长、学校员工、本地社区成员、各个年级的教师们，以及学生们自己也都有各自的苦衷。他们的视角全然不同，但他们都在两个方面有一致想法。首先，他们都有相同的目标：要有一个教学效果更佳，同时也更有人文关怀的学校系统——在这个系统中，不会再让学生遭遇琼的邻居的女儿那样的窘境。其次，大家都以为自己是在孤军奋战——即便是像琼在和她的邻居那样彼此交流意见的时候，也没有产生过合作的念头。

然而，如果存在这样的方法，可以让他们一起谈谈——不只是偶尔聊聊天，而是反复探讨，并且以这样的一个假设作为出发点——他们大家都把学校与孩子们的最大利益放在心中，那么，这个学校系统就可能开始转变，从一个由相互制约，但又彼此分离的利益群体组成的复杂组合，变成人们为了大家的共同目标，一起共同学习的实体。

知行学校

英语"School"这个词源自希腊文"Skhole"，意指"闲暇"。它逐渐演化（通过拉丁语"Skola"），便有了"献身于学习或理性辩论的闲暇"的意思。从这里开始，就有了我们今天拥有的这个词的许多含义：教育集会的一个物理空间（比如，一座"学校大楼"—— a school building）、接受教育的过程（比如：上学——schooling）、通用教育经历（比如，"学校的艰苦经历"），以及一个修习了某种看待世界方式的团体（比如，"一个思想学派"）。这个词还有另外一个意思，指一群一起迁徙的鱼，它源于一个不同的词根——德语中"skulo"，是"分开"或"分割"的意思。这其中的含混模糊恰恰符合这个词的内涵。学校是一个物理空间，于是人们常说"上学"。然而，学校并非完全局限于自己的校舍本身。我们在这本书里使用这个词，是指为教育提供场地和机会而创造的正式环境——无论是只有一间校舍的私塾还是普通小学，乃至整个城市学区。同时，这个词也指那些成年人学习的机构——从社区中每次轮换地点的会议场所到社区学院，乃至大规模的大学。人们在使用"school"这个词的时候，越来越多是指社区中的学习环境。因此，"学校"的概念一直在不断演化——也许有一天，它的含义又成为"闲暇"了。

就像大家会在本书的这一部分看到的那样，越来越多的地方正在发生这种深层变革——不仅是政治与实践上的变革，也是学校的互动与思考方式的变革。这从来都不会一蹴而就，但总会收获丰厚。以迄今为止的经验来看，似乎需要遵循以下这几个关键原则，才会获得成功。

- **变革始于忽微，并有机成长**。我们常常听人说起，某个学区试图将一所学校获得成功的项目，迅速"推广"到许多其他学校。然而，组织内的可持续变化与任何生命种群的生物学增长有着相通之处。在自然界中，所有增长都遵循同样的模式：起于忽微、逐步加速，然后渐渐放慢直到"完全的"成年体完成。这种模式一再出现，因为它反映了促进增长的力量与限制成长的各种约束之间的相互作用。

如果学校中的变革也遵循这样的模式呢？那么意在产生变革的人们，首先就要将他们的注意力放到理解他们周边的种种限制性过程上面。他们不会"高高飞翔"在学校工作人员的头上，劝诫他们做出改变。这样做无异于一个园丁站在一棵植物旁边苦苦哀求："快长大吧！再努力一点儿！"成功的变革推动者，反而会感悟于智利生物学家哈姆伯图·马图拉纳（Humberto Maturana）的陈述："任何运动自发生伊始，都一直受到抑制。"这些变革推动者们会在急迫感与耐心之间找到一种平衡，由此他们可以从小处着手、选择适当时机加速，并在进入下一个阶段之前，反思每一个新的进展。他们通过细心照料、深思熟虑，而并非劝诫和命令，让创新发生。

- **个人承诺是持续学习的保障。**即便是一位手中握有权力的人，比如，学区主管、校董会主席、校长、学监或立法者等，也不能凭发号施令就让大家积极投身于学校的变革之中。这类发号施令的做法，最多只能令人们依顺变革——对于变革本身全无承诺与担当的感受。随着变革的紧迫感逐渐衰退，人们对变革的关注也慢慢淡化。只有让大家出于自我选择做出承诺与担当，只有让这种学习导向由始至终地贯穿于变革行动（以及学校）之中，人们对变革的关注才会持续下去。

但是，如果不能强迫人们做出承诺，你可以做什么呢？你可以做的恰恰与一位教师能做的那些事完全相同：与学生们一起培养真正的学习。你可以时而规劝一下，时而给一点儿鼓舞，时而以身作则。你的主要影响在于你创造出来一种环境——它鼓励认知与反思，它为人们提供他们想要的工具和训练，它也帮助人们形成他们自己做选择的能力。

- **资金并非最重要的资源。**有充足的资金预算固然重要，但其他一些因素比财务资源更关键。在知行修炼方面成效斐然的那些学校中，有许多都处在低收入社区或者预算不高的学区。将系统思考引入许多学校的华特尔斯基金会，专注于那些有大量需要午餐补贴学生的学校，其中还包括一些已经被列为不可救药的学校，为的就是要证明在各种环境中都可以获得成功。恐怕其中最关键的因素，在于了解如何创造一种人们彼此之间相互信任、高效协作的环境——对于任何创新都是如此。

- **共同学习比其他方法所需时间更少。**那些对学校改革的各种新模式热切期待的管理者和教师们常常会说："我们就是没时间来做学习型组织这件事。"然而，实际上无论采用什么方法，或许他们都拿不出时间来。正如对于"时间压力"进行了 30 年研究的麻省理工学院教授洛特·贝林（Lotte Bailyn）所说，"人们感受到'时间短缺'的问题，往往都是由工作的组织方式造成的"。每天的工作安排过于紧密、缺乏弹性，或者极为政治化的工作环境，都可能带来大量不必要的工作，时间都花在了重复性工作上，花在了修复不必要的错误上，以及处理学校系统中其他部门的同事制造的问题上——他们没有意识到他们正在暗中破坏彼此的努力。共同学习的做法起初可能要多花些时间，但往往会解决这类问题，从长远来看能大幅度减少这种时间上的压力。

- **先导小组是培育变革的孵化器**。一旦对于"所有伟大的事物都源于忽微"明了于心，人们就会自然而然地想到"先导小组"这个概念。这种团体可以小到只有一两名教师，但也可能大到有几百人参与的一次学区行动。它可能来自学区主管和校董会的正式任命，也可能是在几次开放、随意的午餐中形成——其中看不到等级划分，也没有委托授权，但有着以成员们的信誉和承诺为基础的影响力。所有成功的先导小组都有一种不变的偏好，那就是脚踏实地，但又充满好奇。这些小组的成员们已经见识过在一个课堂上、一个社区中获得的成功，并且为之着迷。他们大家都明白无法独自实现自己的所想，于是由着迷进而相互吸引。先导小组正是由这种冲动而渐渐成形的。在许多这样的小组中，人们与来自主流群体的压力隔绝开来，这有助于他们与自己的目标重新建立联系，有助于他们与自己学习的动力重新建立联系，也有助于他们与他们为孩子们承担风险的意愿重新建立联系。

- **共同学习通过多层面的领导力产生**。"学校英雄"的传奇（他们面对种种逆境，力图扭转陷入困境的教学环境）与许多企业中的

"CEO英雄"传奇类似，通常只会让真正的改革变得更艰巨。这些领导人没有去激励大众参与，而是觉得要依赖为数极少的一些人——他们有能力、有企图心、有愿景、有魅力，也有足够的自傲跨越令常人止步不前的障碍。当这样一位英雄的宏大战略无法落实的时候，人们也就只好固守那些原有的做事习惯了。

相形之下，成功的学校变革需要多个层面的领导角色。正式或者非正式的各种领导人，在课堂、学校以及社区等各个层面，都在为共同学习努力提供各种各样的不同资源。在这其中，就需要一些大胆想象、坚守承诺的本地课堂领导人。他们对具体结果承担责任，他们能够开展自己的行动或者项目，影响一个课堂、一个年级，甚至一个学校。当上上下下所有人都在呵护孩子们、呵护这个系统，并彼此呵护的时候，大家就为变革提供了土壤。

- **挑战是共同学习的一部分**。这正如青春期面临的种种挑战是孩子们成长的自然过程中的一部分一样。虽然"学习型组织"力量强大，也获得了成功和满足感，但它也容易带来失败、引发挫折，并招致人们反对。一些共同学习似乎永远也无法真正启动起来。在其他一些实践案例中，期待得到嘉奖和升迁的创新者反而失去了工作。于是他们另起炉灶，找寻更能包容他们想法的学校系统。即便在已经获得种种成功的情况下，学习导向的文化也会遭受无情的抨击。

但是，坚持下去终会获得回报，只要"守护城池"的是人们对学生自身价值发自内心的欣赏。图桑市的一家学校"转变"的故事就相当强大。由于这所学校在各种标准测试中的表现太过糟糕，根据州法，所有教职员工都必须强制转岗。这所学校里的所有成年人，包括教师、管理人员以及行政人员，全部都被解雇，其中只有25%的人员被重新聘用。那位新来的校长（在此之前任职于印第安保留区的一所学校）

是一位外表强悍、讲话直白的女士。她在第一年任期末，反思大家面临的各种挑战时说："每个人都认为你们在白手起家、推倒重来。但其实不是这样，在这个学校里还有重重鬼影。"

有人要她详细描述一下"鬼影"是什么，她就说："虽然他们裁减了所有成年人，但全体孩子依然在这里。这次'转变'相当于证明他们都是失败者。想想看这对于孩子们意味着什么，这就像是对他们一直以来心知肚明的情况做了最终确认——他们垫底了，还是在最最下面，他们毫无机会。"

然而，这里的学生和这所学校都坚持了下来。当年讲了这番话的那位校长，最近举办了一次才艺表演活动。她说："我看过许多中学生的才艺表演活动。人们相当苛刻，如果孩子出现失误，倒彩和嘘声就会扑面而来。"但是在她组织的这次表演中，每当孩子们出现失误时，观众们都会为他们加油、打气。她说："我觉得我们成功了。第一年我只有一个目标，也是唯一的目标，那就是孩子们不是失败者。"

挑战会消耗精力，但也会给你带来自信——它们表明你的工作正在产生效果。没有任何挑战，则表明你还是一无所成。

学校的目的是什么

在一个教育机构中，任何一个有意义的共同学习行动都会引发一个基本问题：我们到学校来的意义究竟是什么？用不了多久，这个学校社群的成员们——家长、教师、行政人员、学生，以及学校职工们就会开始重新思考他们的价值、他们对这个社群的贡献,以及他们自己的身份究竟是什么。需要思考的问题很多,因为人们对于"学校的目的"这个意义深刻、影响巨大的问题,还没有达成共识,相反,倒是有着许许多多的不同见解,每一种见解也都有强烈的拥护者。

- **学校作为人才的供应者,有其经济上的目的**:为雇主们训练具备所需技能的工人。但是,要训练他们为哪个工作场所做好准备呢?难道是2012年的工作场所——这时候,幼儿园的孩子们刚要进入小学?还是2025年的工作场所——那时候,这些学生恐怕正好从高中毕业?或者是2030—2040年间的工作场所——此刻,他们应该开始工作了?也许是21世纪50~70年代的工作场所——到那时,今天还在幼儿园里的孩子们中的一些人,就要开始担任领导角色了?然而,那个时候的工作场所与2012年时相比,将会全然不同,以至于任何直接的训练、准备都可能徒劳无功。

- **学校也与个人的经济成功紧密相连**:通过传授未来参与竞争、胜任工作需要的各种技能,让学生们得以有更好的生活。但是,在引导学生们做出选择上,在规范学校提供的学习内容上,应该以哪些人在竞争力上的看法为准呢?难道是学生们的想法——他们经验不足,恐怕视野有限?也许是教师们的视角——他们所熟悉的是过去的需求,并非未来需要的技能?或者是家长们的观点——他们与自己的孩子过于亲近,也会囿于自己的经历而存在偏颇,这些都会令他们无法看清不同选择的价值?还可以是那些外部专家们的意见——他们的视野可能更宽阔一点儿,但他们对于每个学生的真正情况缺乏乃至毫无洞察?

- **也许学校的目的就是灌输技能和知识这件事本身?** 如果真是如此,那么是哪些技能和知识呢?难道应该是相对主流的文学、科学和数学?还是应该扩展到至今尚未被充分认识,但在今天的世界里至关重要的那些技能和知识——计算机建模、身体锻炼和健康意识、金融基础或者媒体意识?学校存在的意义应该是让所有人从这些知识中获得启迪,还是将其编纂成专业文献,保证只有一小部分具备资质、获得认证的人,才可以获得执照作为专业人员从业呢?

- **学校也会遵守指令(有时候只是没有意识到而已)**,将知识划分为各个等级——假设自己的目的是将能力标准化,于是世界上所有人都有了一个知识与技能的共同基础。学习是否也应该寻求差异化——从每个人身上挖掘出独一无二的不同呢?学习是否应该将一些人培育成为精英,并极力为他们提供各种优越机会,让他们服务社会呢?或者学校是否应该尽其资源和精力,像培养权贵后代那样,培养所有社会和经济群体的孩子呢?

- **也许学校就应该主要致力于各种社会与政治目标**,像约翰·古德拉德(John Goodlad)所说的那样,"在公正、平等、责任和相互关爱的竞逐中,培养个体自我的本质——《独立宣言》和《宪法》对其有详尽论述"。[①] 但是,哪些才是正确的社会和政治目

---

① 这里引用的约翰·古德拉德的话,摘自其文章《教育与民主:推进这个议程》。Phi Delta Kappan 82(1)(2000)86–89。

古德拉德(他是教育探索研究院的总裁)还认为,公立学校是保护我们民主进程的最恰当的公众参与论坛。参见约翰·古德拉德、罗杰·索德(Roger Soder)和邦尼·麦克丹尼尔(Bonnie McDaniel)所著《教育与培养民主国人》(*Education and the Making of a Democratic People*,Paradigm Publishers 出版,2008 年)。另外请参见这家研究院的网站:www.ieiseattle.org。

标呢？学校是否应该培养出有意识、有良知，并有能力全面参与民主制度的公民呢？学校是否应该有助于缩小能力、地位以及权力上的差别，并因此推进扩大机会、提高社会公平的目标呢？或者学校是否应该像杰米·克劳德（Jaimie Cloud）和彼得·布洛克（Peter Block）建议的那样，推进可持续发展和社区的目标呢？学校是否承载了一个社区对自己未来的投资：让孩子们未来生活得比他们的父母更好——并非仅仅是经济意义上的，更是在他们的生态、人性和社会等方面？

- **也许学校主要是为了不同的个人目标而存在的**：帮助每一个个体成长为学习者，以更加接近他们自己抱负的核心——无论那些抱负究竟是什么。学校是否应该帮助学生培养自我意识，逐步成长为斯坦福大学教授玛丽·巴德·罗（Mary Budd Rowe）所说的"投手"呢——他们不断试图改进自己的比赛状态，而不是成为赌徒，靠机会打比赛，凭运气获得成功？或者学校的目的应该是帮助人们"长大"——养成自我约束的习惯，从容应对艰巨的任务，并且学会控制自己的冲动？

- **或许学校的目的是否应该就是存在于当下**——为了来上学的孩子们，实际上也是为了学校中的所有人？

最后要问一下，有没有一种方法让学校同时实现所有目标、完成所有任务呢，或者教育只是一个"零和游戏"——一些人被挑选出来成为赢家，而其余的人由此成为失败者？学校是否应该设计成这样：其成员中的某些人的成功可以强化所有人的成功？还有，无论人们为一家学校选择了什么样的目标，我们（学校领导人和相关利益者们）是否认识到，为什么我们想要实现这些目标呢？

大多数学校系统的领导人都没有以一种清晰、有意义的方式提出过这些问题。然而，在没有明确回答这些问题的情况下，那些掌握了权力的人们就会急忙抓住几个看似最方便、最有利的目标。在各个学校系统里，这意味着学校实际上有"三重目的"：保持机构的运营，尽最大可能在关键指标（比如，标准测试）上获得最多的"合格"成绩，以及满足关键相关利益者们（最有影响的教师、家长、管理人员以及那些有政治关系的人）看到的需求和要点。

大多数学校系统"自上而下"的等级体系（比如，由中央办公室而非学校里的教师和校长，决定预算），强化了寻求权宜之计的倾向。大多数学区的政治化治理架构也会起到同样的作用，很可能在其中结成各种压力集团，结果实现了各种有限的目标，而更大范围的变革不可避免地遭到抵制。如果我们是与学校有关联的成年人——家长、社区领导人，或者是教育工作者，我们就会回想自己对学校的记忆，并以其为模板确定未来学校形态——这是我们自然的人性倾向，但我们清晰思考这个问题的能力也会因此而变得错综复杂起来。

或者，像《第五项修炼·实践篇》的合著者查罗特·罗伯茨（Charlotte Roberts）最近向一些教育工作者提出的问题那样："我们难道真的想要把自己儿时记忆中的学校重新制造一次吗？我们难道只是因为教育工作者们是按照这个模式锻造出来的，就要阻挡变革的潮流，创造教育的一潭死水吗？"

作为本书的作者，我们想建议一种更根本的愿望：以这样一个系统为目标不断努力——它让孩子们、孩子的家长们、教育工作者们，以及周边的社区，得以从学校获得他们需要的一切。我们全都想要。我们想要为所有学生提供教育的学校，让每一个孩子的内在潜力都发挥出来的学校，在其中育人成为乐趣、学习获得愉悦的学校，让学生轻松通过标准测试的学校，让每一个人克服困难、获得成长的学校，帮助孩子和成年人理解系统的学校，还有在全世界输送出一代有能力、有担当的人的学校——他们为应对我们面临的挑战做好了准备。最后，我们想要在觉知中实现这个目标——以形成我们自己的共同能力和共同认知的方式，共同思考、共同行动。

这个愿望看似不可能实现，或许也的确如此，尤其是当你想到，学校里的大多数问题都无法用"快修"的办法解决时。这个愿望中所包含的内容太复杂，也太深刻。然而，在你逐步探索、尝试本书的这一部分技术、概念和实践的同时，要记得这个强烈的愿景。让我们的目标不受侵蚀、不致削弱非常重要，即便我们是在试图更清晰地看到当下现状的时候。

最后要说的是，我们满怀希望是有理由的。当我们在 2011 年重新修订本书的时候，有这样一个结论：我们有所了解的许多学校都比过去更好了，并且正在变得更优，无论是从客观衡量的角度看，还是（更为重要地）以学校中的人们的热情与承诺担当的角度去看，都是如此。人们更加明白一个好学校要具备什么，也更加清楚如何将一个学习机构转变成为一个在知行中成长的组织。让教育变得更美好的各种努力，正在点燃人们的激情，不仅是针对孩子和学习的激情，更是让学校成为一个人们走到一起来学习的场所的激情。我们从中受到了鼓舞，我们相信许多与学校无法分离的人们——教育工作者、家长和学生们自己，也都有同样的感受。

《芬兰现象，走进全球最令人惊奇的学校系统》[1]

这部电影讲述的是一个围绕着信任构建的学校系统：管理人员信任教师，教师信任学生，学生信任这个学校系统。片中的叙述者哈佛大学技术与创新中心的托尼·瓦格纳（Tony Wagner），以其教育创新研究而享誉全球，他述说了遍布芬兰各地的学校取得的卓著成果。按照人们普遍接受的许多传统衡量标准，这些学校并没有达标。学生的在校时间比其他地方要少20%~30%，上课时间也缩短了。学校里没有标准测试，也没有家庭作业。然而，最终这个国家学生的学习表现好于大多数其他国家的学生——即便有些国家学生的学习负担要重得多。

这一切不是出自偶然，也并非由于芬兰在社会和文化上的同质（这个国家的人口为530万，比科罗拉多州稍大，其中15%的人口为少数族裔，他们中的许多人都使用一种不同于芬兰语的语言）。这个局面的形成，是由于芬兰的领导人做出了一系列决定。而其起点就是教师的聘用与待遇——从最好的大学学生中招收，以受人尊重的专业人员厚待。他们把注意力放到孩子的发展上，并精心管理压力和努力的平衡。虽然这部电影只有60分钟，却不是原声蒙太奇的组合。其中有对教育工作者的大量访谈，也有课堂教学的演示。这样一类电影可以成为一场全球对话的初始——一旦人们看到了工业时代常态下的各种假设，全球各地的学校就能够打破这种常态。

——彼得·圣吉

---

[1] (*The Finland Phenomenom: Inside the Worlds's Most Surprising School System*) 罗伯特·康普顿（Robert Compton）导演（Broken Pencil Production出品，2009年），参见www.2minutes.com。

《伟大的美国学校系统的生死存亡：测试与选择如何削弱教育的根基》[①]

纽约大学教授黛安娜·拉维奇长期以来一直提倡增加测试和采用特许学校制度。然而，当这些方法并不奏效的例证与日俱增，她渐渐开始确信，以目前的共识为基础，无法完成学校的各项改善。她在这本书中表达了这样的看法：如果这个国家正在逐渐落后于全球化竞争，如果它的经济一团混乱、贫困一再持续，如果美国的孩子们不像其他国家的同龄人那样认真对待自己的学习，有太多人认为学校就应该受到谴责。其原因不是全球化，不是产业空洞化，不是贫困或者我们粗劣的流行文化，也不是弱肉强食的金融操作，而是公立学校，以及学校中的教师和教师工会组织。拉维奇反驳说，指责学校和教师是一种过于简单化的做法。她的结论是，"领导力并不要求我们'一再打击'我们的教师们"。她建议效仿芬兰——在全球教学评价中，这个国家一直在西方国家里名列前茅：要在教师的培养、支持和保留方面进行投资，要建立一个要求严格的全国课程规划，还要大力改善针对孩子和家庭的社会保障项目。

——詹姆斯·哈维（James Harvey）[②]

[①] (*The Death and Life of the Great American School System: How Testing and Choice are Undermining Education*) 黛安娜·拉维奇（Ravitch, Diane）著（Basic Books 出版，2010 年）。

[②] 詹姆斯·哈维是全国学监圆桌会议（National Superin-tendents Roundtable）的主任，参见网址 www.superintendentsforum.org。

2. 教书育人作为一种道德追求

内尔达·康布-麦凯布

一位博士生在困惑之中来见我。当时，他正在完成我们在迈阿密大学开设的教育领导力课程。他说："这个项目已经困扰了我相当长时间了，因为我一直在努力，要做一名优秀教师、一个称职的学校管理人员。但多年之后，我现在发现，我自己是问题的一部分。"他表示，他意识到自己学校里的许多教学实践和组织结构，恰恰为一些学生制造了问题。但他从前很少质疑这些做法，把它们都当作这个系统的既定情况接受下来。他告诉我说："让我愤怒不已的是，在我职业生涯的早期，从来没有人教过我如何提出这样的问题。现在我感到，由于我和其他人都没有提出困难问题，自己也参与到将学校保持现状的共谋之中了。"

所有职业都需要某种形式的反思"质询"，这对于教育工作尤为重要，因为教书育人是一项关乎道德的事业。教书并非仅仅掌握一些技术技能，将知识传授给待哺的学生。它包含着对学生的关爱，也包含着对他们在一个纷繁复杂的民主社会中成长发展担负责任。也就是说，教师们需要思考的，不仅是他们在教书中使用的"方法和手段"，还包括他们教书的"宗旨和目的"。这就让施教者们承担起了一个重大责任，对于在州法律规定学生必须去上学的那些公立学校中教书育人的人们尤其如此。

然而，在大多数教育培训项目中，一般都没有提到道德责任的理念。当一个人走进教育领域的时候，对此也没有探讨。恰恰相反，当教育工作者谈及责任的时候，他们所关注的大都在专业问责的领域——增进学生的知识以及对于相关课程内容的理解，培养学生们为在学术和职场上的成功获取各种高阶技能，设计严谨的课程规划，以及让学生们在挑战中达到更高标准。

将注意力聚焦于这些教学上的技术层面（"手段方法"），就会忽视必须用以引导教师和管理人员工作的那些道德层面的总体原则。比如，一位教师可能在阅读教学上是一位训练有素的专家。对于一个个人的人生来说，没有任何其他教育要求比识字——成为一个读书人，更关键了。然而，也没有任何学术挑战像识字那样复杂。当下围绕着阅读与识字的探讨争论不休、各执己见，无论采用哪种路径，阅读专家们在技术层面都具备丰富的技能（解码流程、整体语言、音素意识、文学本位、编码及拼写、词语理解等）。他们可以从自己的"存货"中随便拿出几种，不经反复推敲，就用来教孩子们。而这就是问题发源之处。如果有些孩子在学习阅读方面有困难，一位阅读专家就可能得出结论，这些孩子就是缺乏阅读能力。无论如何，专家们对这些工具和技术都做过测试了。

在这种情况下，这个阅读专家就面临一个机会：他可以质疑这些技术方法背后的假设，也可以质疑自己提出这个问题的方法。当这位专家从孩子的角度去解读阅读表现不好的状况时，就可以提出道德层面的问题了。那些面临困难的孩子是谁？是否出身贫苦或少数族裔背景的孩子居多呢？教学的重点是否放到了这些孩子带到课堂上的"不足"了呢？种族、文化以及学习风格上的差异是否被看作"不足"了呢？他们具备了哪些重要的技能和知识？教学如何与他们带到课堂上的知识与技能结合起来呢？教授这些孩子阅读的首要目的是什么，而由此又意味着应该介绍给他们哪些阅读资料呢？通过反思质询，这位教师就可以有意识地将教书育人的道德层面与自己和学生们的关系、与自己和学生们接触知识的通道的关系，连接到一起了。

在学校里，只有一种价值观是不够的。民主社会中的人们有权期望自己的学校拥有多个指导原则，比如：正义、公平对待、自由、诚实、资源分配公正以及尊重差异。我们作为教育者每天做的决定，都可能对我们呵护下的孩子们产生各种各样的、巨大的道德影响。我们在课堂上如何为不同的孩子分配自己的时间呢？我们的各种分组教学实践，在课堂上、在学校中会产生什么样的影响呢？在课堂的互动中，我们赏识谁、忽视谁，又会鼓励谁、劝阻谁呢？哪些知识点我们选择强化，又有哪些知识点我们选择一带而过呢？我们为哪些班级或者学校安排公认的专家教师呢？

所有这些问题首先都是一个道德问题。由于大多数教师并非以语言而是以教育实践回答这些问题，那么我们在教学方法和学习设计上的选择，也都是道德问题。有些教育实践是有道德的，还有一些则是非道德的。我们课堂上的各种行动，无论是在公立或是私立学校，都有可能为我们关注的孩子培养能力，也有可能剥夺他们的权利。我们如何开展教学的方法，让一些学生获得认可，而其他学生则没有获得认可，我们如何为学生分组、如何为学生打分，以及如何奖励学生，都会令某些学生处于极度危险之中。

此外，目前并没有任何指导手册或者工作清单，可以自动为我们将这些困境梳理清楚，恐怕也不会有——在这个模棱两可的解读处处皆是，我们对自己的各种心智模式又缺乏认知的世界里，是不会有的。只有通过研习、反思和质询，我们这些教育工作者才能理解我们的决定产生的各种影响。如果我们对于自己作为施教者的各种行动的性质及后果，不做出这样的质询的话，那么我们的实践就会继续处于无人质疑的状态。即便是那些已经给某些学生带来了灾难性后果的实践，也会依旧持续下去不被质疑。我们还将相信这些做法是不偏不倚的中立,并且超出了自己的控制范围——这就是学校运行的方式。

学生们因我们的决策可能遭受的痛苦会带来各种负面后果,如果对于那些存在于我们工作中的内在道德责任不加以明确的质询,我们就将自己与应当对这些负面后果承担的个人责任隔绝开来。当越来越多的学生在一个学校系统中无法适应,而我们又是这个系统的一部分的时候,这样的隔绝就会让我们去谴责他人——管理人员、家长、州政府机构、政策制定者、社区,以及"不让一个孩子掉队"立法等,而不是去思考我们自己在其中的作用。相反,拥抱我们的道德责任,就会推动我们质疑自己:"我的想法是如何阻碍孩子们学习的呢?""是我正在做的哪些事,让孩子们持续处在目前的状况之中了?"不进行艰难的质询,这本书中有关五项修炼的各种概念,只能给学校中的工作带来表面上的变化。知行修炼的应用本身也有一个道德上的维度。探询与对话的设计是否只有利于部分学生,而不利于另外一些学生呢?在系统模型中构建了哪些假设呢?在当下现状的探讨中,如果话题过于接近家境或者过于令人伤心,是让谈话继续下去,还是立刻打住呢?

学校的道德修炼

在与教书育人有关的道德责任上,一个人如何才能获得洞察呢?我发现,在将学校教育作为一种道德追求上,约翰·古德拉德的著作有助于这个理念的形成。古德拉德说:"我们创造学校主要考虑的是我们文化的未来福祉,尤其与保护我们的宗教和政治价值有关。随着时间的推移,我们逐步扩大了学校目的涉及的范围,直到覆盖了包括培养有效的公民、家长、工人和个人，目前这些都是我们学区教育乃至国家教育的目标。受过教育的人获得对于真理、美和正义的认知，并以此对自己和我们这个社会的美好和不尽完美做出判断，在培养这样的人方面学校是主要参与者。这就是一种道德责任。"古德拉德阐述的四个道德维度包括[①]：

a. 社会与政治民主的教化。学校应当在理解宪法系统和代议政府上教化年轻人，对此很少有人会提出挑战——至少在那些民主国家里是如此。但是在许多学校里，民主的学习往往只限于对政府所处的"多数执政"的结构和程序进行描述。然而，社会民主代表一个复杂而又艰巨的理念：一个民主制度下的所有公民和组织都必须坚持那些更宽泛的民主原则——自由、自主、平等、公平和公正，其作用是平衡个人权利与共同利益。我和我的几位同事在多篇文章中曾论证说："民主既包含了过程，也包含了目标，这两者之间虽然往往相互冲突，但绝不能分离。民主过程也不能用来为非民主的目的开脱，比如，我们不能因为多数人投票赞成，就证明种族与性别歧视正当。虽然对于民主的这种双重参照的检验并非简单易行，也不是界限分明，虽然它常常要求我们在相互矛盾的两个选择中，以民主的名义做出决断；我们还不能设想有任何其他方式处理这种情况。"在社会与政治民主的这些原则上教化年轻人，是我们珍惜的这个公民社会的核心，也是学校对社会承担的道德责任的核心。只有通过对于过程和最终结果的认知，

[①] 古德拉德有关教书育人的四个道德维度的论述，围绕着教育工作者（尤其是教师）培养以及学校复兴，塑造了一种强大的国际语言。此处他的引言源自《我们国家学校的教师们》(*Teachers for Our Nation's Schools*, Jossey–Bass 出版，1990 年)。

我们才能保护一种民主的生活方式。①

b. 接触知识的途径。古德拉德写道，"学校是我们社会中唯一获得了这样具体授权的机构，它要为年轻人与人类谈话的全部主题内容提供一个需要经过修炼的相遇：这是个物理和生物系统的世界，是个评价和信仰系统的世界，是个沟通交流系统的世界，是个构成了全球化村落的社会、政治和经济系统的世界，也是人类自身的世界"。我们社会中的大多数人，都会把确定知识的获取和参与作为教育的主要目标。

然而，教育过程中的一些最不公平的现象，恰恰存在于获取知识方面。古德拉德提醒我们说，"学校推进的教育过程必须远远超越信息的再现。（厄瓜多尔）必须竭力保证，任何一种心态、信仰，以及实践都不能妨碍学生接触所需要的知识"。当学校里的种种做法导致不均衡的知识分配，减少了贫困和少数族裔的学生们获得知识的途径时，这在道德上就是错误的——"无论其中的道理是有关合理的课堂规模、教师的舒适感，还是家长的偏好，或者甚至是教学成果"。

c. 培育式教学。培育式教学是教书育人的艺术与科学的结合，它为所有孩子提供滋养、支持和鼓励，在他们发展的各个阶段促进他们的学习。古德拉德断言，"教学的认识论必须包含这样一种教学法，它要远远超越教学的日常机械过程，它必须要结合教学中可以概括提炼的通用原则、具体科目的教学方法、对有关的普遍人类特质和潜能的敏感性，以及对于同时具有'引发'与教化含义的充分认识"。一位教师如果不能创建一个反思、参与的课堂，就不简单地是失职行为，而且有违道德——尤其是对于那些不能选择退学的学生。

---

① 引言摘自内尔达·康布-麦凯布、理查德·宽茨、迈克尔·丹特利所著《培养学校管理人员的民主权威》（*Preparing School Administrators for Democratic Authority*, The Urban Review Vol23,1991）。

d. 承担起管理学校的责任。 创造满足所有学生需要的高质量学校的责任由谁来承担呢？古德拉德认为，是作为道德呵护者的教师们以及校长们。如果像许多人认为的那样，学校本身是涉及重大复兴的变革中心，实现这个目标的唯一方式，就是教师们也参与进来，创造并持续推进涉及学校各个方面的变革，而不是只在自己的教室里努力做些优化、改善。这种参与意味着，教师们看到了包括所有教室在内的整个学校教育系统的动态变化，并将其作为自己的责任。古德拉德认为，"教师必须成为在学校里进行批判式探询的管理者"。

作为一个管理者，就不仅是在一起说说如何改善学校——它要求反思、研习、创新，以及重新思考，还要始终处于清醒的道德认知的氛围之中。比如最近几年，技术理性派在教育政策制定的圈子里占据了主导地位。他们认为，实用主义的解决方案产生了效果，思想体系的问题可以放到一边；他们还认为，大多数教学方法都是"价值观中性"。要想了解这种思想的广泛影响，只需要去看看浩如烟海的各类相关文章——都是以直接应对"如何修理学校"这个问题的角度开展学习改善的。全美各州都在一门心思地建立各自的标准，通过测试衡量学生的学习成果。教育工作者把全部精力都放到了如何以不同的技术和策略应对政策制定者的要求上，往往就会缩小课程计划的覆盖范围、强化死记硬背的学习。

反对技术理性派的教育工作者可能会争辩说，这种思路的长期效果不佳——这实际上也是技术角度的反对意见。但是，一个管理者反对这种思路，是因为它本身不道德。学生们已经由于目前的系统而处于不利地位，他们完全看不到任何可以通过能力测试或者完成毕业所要求的那些更为严苛的课程的可能。于是，他们大规模地离开了学校系统。贫困学生人数很多的学校和学区很难招聘到合格的教师，教师的岗位空缺难以填补——甚至于根本不可能填补。教育的管理者需要提出这类问题。他们认识到，为了保证学生们在教育成功上获得更好机会，高标准相当重要，但是他们也会坚持根据学校的使命、愿景和能力构成的不同环境，确立各种不尽相同的标准。如果没有一个综合的课程规划，如果这个课程规划不能鼓励学生进行思考和推理，并由合格的教师讲授，理性化的标准就会惩罚那些最需要教育的学生。

古德拉德认为，前两个方面——教化与获取知识，是学校的首要责任，而培育式教学与管理学校这两个领域则需要教师们必须通过个人实践才能出色掌握。作为学校的管理者，教师们要将自己的工作着重放到教书育人的其他三个道德层面上：教化学生适应社会与政治民主的制度，保证所有学生都有接触知识的途径，以及实践培育式教学。

反思的问题

随着你逐渐深入这本书，以及其中的各项修习之中，对于教书育人的各个道德层面提出清晰、明确的问题，就会为直面有关学校和学生的可能性的深层心智模式构建基础。唐纳德·舍恩（Donald Schön）在他的著作《反思实践者》[①]中提醒我们，在处理有关不确定性、独特性和价值冲突的种种问题时，我们会受限于自己对技术理性的依赖。教育工作者遭遇的问题往往涉及一些相互冲突的框架与价值观，运用技术知识无法解决。然而，这些模糊领域中的实践恰恰就是专业工作的最核心部分。

---

① 参见唐纳德·舍恩所著《反思实践者》（*The Reflective Practitioner*, Basic Books 出版，1984 年）。

● **我如何评判自己的授课，如何评判课堂和学校呢？** 我们常常体会到的无能为力的感受，来自我们自己对于组织的假设和看法。我们把各种各样的组织看作自己的生命，而并非由社会关系构成。"学校看上去一直就是这个样子，每一个学校系统中的课堂都以同样的方式运作。"但我们知道，每年都会有些孩子最终学习失败。我们也明白，我们并没有顾及自己课堂上的每一个孩子，但我们也知道其他教师同样没能做到这一点。所以，我们就不必为此而懊悔了，因为我们做了自己能做的，也是人们期望我们做的。

然而，如果你考虑了我们的道德责任，你会采取哪些行动呢？一所学校里的所有教师说，"不是一定要这个样子"。他们决定收集小学里的每一个孩子的详尽历史资料，并进行跟踪。比如，当一个孩子从二年级升入三年级的时候，教师会做出这样的记录：虽然这个孩子通过了升级考试，但还存在一些不足，需要特别留意。这个记录包括对在此之前的测试成绩的所有详尽分析——不仅仅是量化数据，还包括描述信息，指出孩子有哪些长处、哪些不足，以及曾经获得成功的教学策略。这个实践并非是教师们推行的一种技能，而是从他们对学校里所有孩子的集体关注中产生出来的一个流程。现在，这所学校里的孩子不再是简单地升入高一年级，新教师要在最初的几周甚至几个月里，试图弄清楚学生有哪些具体学习能力。

作为教师个体，我们常常不会仔细观察自己所在学校的学生学习的整体状况。"教育信托"（EucationTrust）的总裁凯蒂·海科克（Kati Haycock）说，"我们为不同的学生教授不同的东西"。在学校中教学差异方面，她的非营利机构收集到的数据令人震惊。低收入家庭背景的高中学生进入大学预科班学习的机会较小（只有28%，而高收入家庭背景的学生则有65%的机会）。在贫困学生较多的高中里，常常由不合格的教师授课。在非洲裔美国人的高中毕业生中，完成高等数学和科学课程的人数较少，而比例较高的少数族裔学生的数学和科学课则往往由不合格的教师授课。海科克的数据中有大量的统计分析，也有对高中课堂的很多直接观察。她提到同一所高中学校里的两种英文课之间的差异。其中一个是"提高班"，这里的学生读的是内容复杂的书籍，要对作者的想象力、风格及其他内容写出深度的评价分析。另一个则是"低级班"，这里学生们还在以图画的方式准备读书报告。这个低级班里的学生，没有机会发展自己的写作和思考技能，很少有机会接受初中以及更高等的教育。

引入批判性语言，我们就可以这样提问："谁从目前的结构中获益？谁因其受到了伤害？这种结构肯定了哪些价值观？"这些问题对高度官僚化，并削弱了所有参与者声音的学校结构提出了挑战。引入这类对学校的批评，让我们得以看见，某些实践是如何被合理化并保持下去的。这也让我们不得不面对那些围绕着特权和权力的不平等分配的道德问题。我们从中开始理解，以具体成绩目标而不是学生的需求定义教学规划，会带来哪些后果。平等与社会公平问题浮出水面。

你可以从这里提到的一些问题开始这个批判过程，也可以从你自己的问题出发。对于目前的评分方法、对学生的纪律要求、学生的跟踪评估、标准化考试、学校的融资水平，以及课外活动的机会，考虑一下其影响是什么，符合谁的利益？

- **我是否致力于改变学校的学习条件？** 道德宗旨的关键，是教师们以什么方法，定义他们在学校这个大环境中的角色。在我和其他作者合著这本书的过程中，我们一再回到这样的一个观点上：教师对学生学习的承诺，会在课堂、学校和社区层面展开。这种承诺意味着对政策和实践做法的积极改变，可能令许多学生处于边缘化——无论这样的政策和做法存在于你的课堂上、学校之中，还是更大范围的社区里。

从哪里入手呢？一位高中英文教师转到一所备受推崇、种族多元化的郊区高中工作。这里的所有新生都以100人一组的团队接受教育，并被分配在6个不同的能力等级。在最初几天，这位教师就敏锐地意识到，几乎没有非洲裔美国人被分配到最高班级里，而最低班级里又几乎全部由非洲裔美国人组成。于是她问她的同事们："你们难道不觉得这里面有什么问题吗？"他们的回答是："这个学校一直就是这样运作的。"当她意识到，最好的教师只教那些最聪明的孩子，并且班上的孩子人数较少的时候，就更加郁闷了。她争辩说："从道德和种族上，我们都有责任把最好的教师派给最需要的学生。课堂规模一定要再小一点儿，才能解决个人学习方面的困难。"

经过几年的广泛讨论之后，这家学校重新安排了团队结构，现在所有的教师都为所有能力层级的团队上课了。这位教师发现："大多数团队还是同质化的结构，但我们会持续调整团队安排，精心设计教师与学生的搭配。有些教师表示很失望，认为新的安排对于年龄较大的教师不公平——他们已经获得了为高级班的孩子们授课的权利。但是这个已经超出了我们考虑的范畴，对于我们来说，最重要的是，对于我们自己制造的不平等，我们不再视而不见了。"

对学校中普遍存在的做法不承担个人责任，就有可能让许多日常决策对某些学生造成负面影响。东岸一所大型高中学校的一位学校顾问,描述了两个学生在一学年中期转学时发生的一件事。第一个学生是白人,他由于考试不及格从一所精英预科学校退学,他的测试成绩较低,却被分配到了大学预备班。第二个学生是非洲裔美国人,他平均成绩高、测试分数也高,但被分配到了普通班。当这位学校顾问就不同的分配方式提出质疑的时候,有人告诉她说,这样安排是为了根据学生水平对学生数量进行平均分配,另外,那位白人学生的家长也绝不会同意自己的孩子去普通班上课。

据"教育信托"提供的数据,这种情况并不罕见。虽然以成绩和能力评价存在着诸多的内在问题,但在学生应该进入哪类班级的问题上,这些方法也并非总会用来做出不带偏向的公正决策。

这两所高中里发生的故事,尖锐地捕捉到了今天教师们面对的道德困境。我们要么接受这个现存系统,要么承担起道德责任,积极维护所有学生的利益。

- **我是否要质询学校的教育目的,还是只探讨学校的手段?** 彼得·威尔(Peter Vaill)谈到[①],每一个组织了解、理解自己的"使命故事",并投身于其中非常重要。这个故事不断地提醒我们,我们要做什么,它对于我们的知行学校有着深远的意义。对于教育工作者来说,投身于这样的"使命故事"代表着一种认真的探

[①] 彼得·威尔的引述源自托马斯·萨乔万尼、约翰·科布里(John Corblly)所著《领导力与组织文化》(*Leadership and Organizational Culture*, University of Illinois Press 出版, 1986 年)一书中题为《为高绩效系统勾画目的》("Purposing of High-Performing Systems")的文章。尼尔·博茨曼的引述源自其所著的《教育的终结:重新定义学校的价值》一书(*The End of Education: Redefining the Value of School*, Knopf 出版, 1995 年)。

询——"为什么学生会在学校里？目的是什么？"尼尔·博茨曼（Neil Postman）以一个有趣的类比来区分手段和目的。博茨曼说："我们可以让火车准时到达，但如果火车去的不是我们想要去的地方，准时到达又有什么用呢？"在此，我想再加上一句："除非我们知道火车正在驶向哪里，除非我们非常关心火车会到哪里去，否则准时又有什么用呢？"

- **我是否要开展持续探询？** 探询是对于一个人实践的详尽讨论——深思熟虑、反思观照，并富有见地：我为什么以现在的结构组织我的课堂互动？这种方式对学生们有哪些影响？从我的实践中获得了哪些数据，让我相信这就是最好的方法？我需要考虑哪些其他备选方案？我如何让我与同事的共同探询持续下去？探询过程既可以是非正式的，也可以相当正规，但这个过程始终以系统视角展开，并持续不断地进行下去。

肯尼思·斯洛特尼克（Kenneth Sirotnik）去世前，是华盛顿大学的教育领导力团队成员，他提出了一些问题，教育工作者可以用来评价自己探询的深度与范围。这些问题可以为你自己的探询以及你与同事的对话，提供一个起点。

- 在围绕着"你在做什么"和"你可以如何做得更好"进行探询的过程中，组织文化对你的支持达到了什么程度？
- 在改善教书育人的条件、活动和结果的论述和行动方面，你的参与程度有多高？
- 你们之间如同关心（或者应该以关心）学生那样去相互关心的程度有多高？
- 在真正参与至关重要的教学问题上——比如学校为什么教与

学，以及如何学会与这个愿景协同一致，你被赋予的权力有多大？①

在《为什么所有黑人孩子都一起坐在食堂里》一书中，贝弗利·塔特姆（Beverly Tatum）就我们的个人道德责任上了精彩一课。在她的一次售书旅行中，一位白人采访者对于种族关系和经济不平等的状况得不到改变，甚至进一步恶化的状况，表示绝望。这位采访者以他自己所处的一个种族混居的社区举例。

塔特姆是这样描述这场交谈的："他说，有这样一个地方，有色人种与白人毗邻而居，但是几乎没有任何有意义的跨种族互动，没有任何对话发生。他抱怨'现在没有我们曾经有过的那种领导人，我们没有我们需要的领导人'。停了一会儿，我问他，'那么，如果你对对话感兴趣，你有没有邀请过谁到你家探讨这些问题呢？你是一位有影响力的人士。你有没有以自己的影响力尝试让事情有所不同呢？'"塔特姆最后以甘地的话作为结尾："（我们需要）成为我们想要见到的变革本身。"②

组织的形象③

我们并非为学校系统工作，而是在为我们感知到的学校系统工作。约克大学教授加雷思·摩根勾画出了影响人们在不同组织中的行为方式的7种心智模式：组织是一个机器、一个生命体、一个大脑、一种文化、一个政治系统、一个心理囚室，是不断的流动与转化，还是一

---

① 约翰·古德拉德、罗杰·索德、肯尼思·斯洛特尼克著《教育的道德维度》（*The Moral Dimensions of Teaching*, Jossey–Bass 出版，1990年）。

② 贝弗利·丹尼尔·塔特姆著，《为什么所有的黑人孩子都一起坐在食堂里》（*Why Are All the Black Kids Sitting Together in the Cafeteria*, Basic Books出版，1999年）。

③ 加雷思·摩根（Gareth Morgan）著（Saga Publication出版，1986年，1997年）。

种统治。在我讲授组织理论的时候，总是把这本书列为必读本。学生们把这些比喻与自己的生活联系起来，而且不会忘记。随着他们转入真正的学校系统开展工作，他们就会创造、再创造这些比喻。而他们从一个比喻转向另一个比喻的过程中，能力获得成长，将来无论他们在哪一类组织中工作，都将产生更强大的影响力。通过组织的形象成长与思考是一种触及灵魂的工作。

——内尔达·康布－麦凯布

《精通文化：学校领导人手册》
《精通文化的领导力：一段始于内心的个人旅程》[①]

"为什么我们必须还要读更多有关多元化的教科书呢？"一个研究生问道，带着一种几乎是反抗的语调。这是这两本书的作者们描述的"授课时刻"的情景之一。我以另一个问题作答："为什么你认为书中内容是有关多元化的呢？"然后我们就启动了一场持续一个学期的教与学的探险。

这两本书的主要内容都不是多元化，虽然有关多元化的因素在案例中进行了说明。这两本书旨在帮助现在以及未来的学校领导人，影

---

① （Cultural Proficiency: A Manual for School Leaders）由兰德尔·B. 林赛（Randall B. Lindsay）、基坎扎·努里·罗宾斯（Kikanza Nuri Robins）、雷蒙德·D. 特雷尔（Raymond D. Terrell）著（Corwin Press 出版，2003 年），（Culturally Proficient Leadership:A Personal Journey Begins Within）由雷蒙德·D. 特雷尔、兰德尔·B. 林赛著（Corwin Press出版，2009 年）。

响个人与组织变革,并且对那些与我们不同的人做出应答。正像作者们提醒我们的那样,我们在本质上而非表面上都彼此不同。书中的工具之一"文化连续性"传授了一种描述实践和行为的通用语言。我一直都认为,这种通用语言的基础提供了一种超越个人的结构,进而转向对文化传统和文化差异力量的深入理解。

——埃伦·布斯切尔

| 第 9 章 |
学校的愿景

1. 给你们的学校一个共享愿景

布赖恩·史密斯　蒂莫西·卢卡斯

在一所高中里,礼堂中的灯光渐渐变暗,学校交响乐团的演奏也停了下来,这时候,负责周围几家学校的学监走上了舞台。"我们大家的工作都相当努力,"她说,"我们把大家的担心、想法都考虑进去了。这就是我们的成果:我们这个学区今年乃至未来的愿景。"一个巨大的横幅渐渐展开,上边绣着一句口号。口号中的言辞似乎代表了这个社区的不同成员以及教师们的种种思考。学监和一个精心挑选的团队,在一次为期两天的封闭会议中,对文字进行过字斟句酌的推敲。

礼堂中的每一个人都在鼓掌。那位学监一边心存感激地看着在场的众人,一边也在想:"好了,我们共享了我们的愿景。现在,我们要让大家看看，我们可以做什么了。"

但是，通过一个简短的过程，比如，两天的小规模封闭会议和一个两小时的集会，不大可能引发出一个真实的共享愿景，让一个学校，乃至一个学区上上下下所有人表现出自己的承诺和担当。在集会后一年里，你可能就会听到这位学监这样说："我们再一次证明，大家总在抱怨，他们显然对于再做些什么毫无兴趣。从现在起，我们只能被迫在中心办公室里做所有的决定了。"你可能也会听到教师们、家长们，以及教职员工们讲这样的话："学区里的那些人显然除了自己的想法，对其他任何事情都不感兴趣。"这两种态度都是由一个事实引发的"症状"：对于形成共享愿景的过程，没有做过深思熟虑、反复考量的策略设计。

现在想象一下这样的一个集会：还是同样的礼堂、一样的听众、完全相同的横幅，也是由同一个交响乐团在演奏。但这一次，舞台上那一个小时代表的是长达一年的细致、密集的对话与谈话并且达到了高潮。观众中的每一个人都至少参加过一次相关讨论，谈他们对这个学区中的孩子们抱有的热切期望。最终产生出的愿景，是这个过程中所呈现的一个创造性合成。它就像一颗有着多个表面的钻石，听众中的每一个人都在上面看得见自己的期望在闪光。

六个月之后，这个过程还在持续。学区里的人们继续以小组和团队的形式会面——有时候利用学校的场地，有时候则在不同成员的家里。每个小组里都有教师、家长、职员、管理人员，以及社区以外的成员，其中许多小组里还有学生。谈话的内容集中在大家可以做些什么，无论是个人，还是团队，将这个愿景再向前推进一步。人们在这时感受到的自豪、能量以及承诺与担当，比起六个月前在礼堂里时更加明显。

这就是一个学校的共享愿景全面的力量：这是一个让每一个人都参与进来，为这个学校系统的未来做出决定、推动发展的过程。这并非意味着记下大家的想法作为"输入选项"，从中做些选取，再把其他的扔掉。它意味着建立一系列论坛，人们在其中共同工作，建立这个学校的未来方向。没有哪个参与者（包括那位学监）得到了与自己想要的方式一模一样的所有成果，但所有人都得到了他们尊重的成果，并能够为其做出承诺和担当。此外，在一个精心设计的过程里，最后做出那些对大家都有意义的选择，都比任何一个个体，包括那位能力强大的学监以及校区委员会，可能想到的都要更好。

总体过程设计

一个好的共享愿景过程的设计包含三个有所区别但相互关联的目的。首先，对于与当前问题和担心有关又被压抑了的那些紧张关系，这个过程做出了回应。当这个系统最终让他们吐露了自己的问题和担心之后，大家无论从个人还是集体角度，都感受到巨大的解脱。其次，一个共享愿景的过程必须是生成性的：人们必须能够谈论他们内心最深处的、对自己孩子与社区的期待与渴望。只有在这种时候，他们才会认识到彼此的激情的来源，也足以产生动力和相互信任。第三，这个过程引发出行动。有了相互之间的支持——包括那些他们过去不信任的人们的支持，人们对一起重新创建这所学校必须具备内在满足感。

实际上，学校本身就是存在于教师、立法者、家长以及社区成员之间的合作伙伴关系，现在，所有这些人都已经在自主行动了。因此，学校中的一次共享愿景的努力，应该以召唤人们到一起来进行思考和行动为起点，以他们已经具备的力量为基础，并以他们认为重要的事物为缘由。

如果你是这样一个过程中的一位领导者，无论是正式领导，还是一个关键参与者，你就要在共享愿景过程启动之前，尽一切可能鼓励自己在个人愿景和超越自我方面做些功课。要公正客观地去看一看，自己作为这个过程的领导者有哪些优势和弱点？你最好的沟通方式是什么？你面临哪些压力，对于这些压力你又做何反应？人们信任你什么，他们基于什么对你产生了这些信任？在这个过程中，你可以安排多少时间？这些时间够用吗？对于这个学校系统中的愿景、目标，以及人们的感受，你是否已经有了一些认知，对于发现那些你尚未了解的东西，你又有多大的好奇心？最重要的是，你自己对这个学校系统的个人愿景是什么？当你开始谈论为这个学校生成一个愿景的时候，人们就会要求你发自内心地去表达——它对你自己的个人意义是什么，以及你要做出的承诺和担当是什么？

这个学年的三幅画面

蒂莫西·卢卡斯

在做这个修习之前，这次讨论的领导者需要预先对一些学生（从相关年级中挑选出来的）进行一次调研：这个学年你想要在学校里学会什么？哪些事物让你感到这个学年过得不错？然后，再对一批教师进行调研：你希望自己的班级在这个学年实现什么目标？在记录纸上记下这些回答，在第一步的过程中，要把这些记录纸藏起来。

第一步：家长们

向家长们询问，他们的期望是什么：你希望你的孩子这个学年在学校里学到什么？你希望自己的孩子有什么样的经历？[①]

第二步：学生们

现在可以把你先前记录下来的孩子们的期望展示出来了。这个时刻可能既有趣，又刺激。它常常会消除家长们的怒气，因为它显示出家长们与孩子们对于学校持有不同的心智模式。

第三步：教师们

现在可以把事前准备好的、有关教师和职员们的心智模式的内容作为第三次的展示内容。你们在这里可以再次看到不同的观点。这些观点来源于教师接受过的培训、他们的学校和学区的结构，以及学区和州政府确立的各种目标。

第四步：建立联系

把三次讨论的结果都展示出来，让大家可以同时看到。随着人们辨识出墙上的三种学习形象，其中的不同点与相近点就会逐渐为大家所感知。勾出其中尽可能多的相近之处，就代表了创造共同目标的起点。

然后，对不同之处加以探讨。是什么让孩子们或者教师们，以如此不同的角度看待一个不错的学年呢？（你或许能在这里提供自己的一些洞察。）

这个讨论小组通常会在自己的清单上添加一些新的内容。如果每一种心智模式对提出这个模式的那些人都是合理的，那么这意味着，家长们的做法可能有哪些不同呢？

[①] 目的：在家长们、孩子们和教育工作者之中，帮助他们启动一个有关共享愿景过程的谈话。

这个修炼中的探讨示例。

家长：

我的孩子：与其他孩子合得来。希望获得关注和认识。喜欢在一个非常好的地方玩。会像住在另一个地区的一个亲戚那样说法语。会数数字，并且开始学算术了。会画画、绘图，玩音乐。正学着喜欢学校。

学生：

我要学习读书了。我要在学校操场上玩了。我要学习跳水了。我可以晚睡了。我学会像姐姐那样写作了。我要有自己的驾驶执照了。我要天天见到我的朋友们了。

教师：

我们安排好了一个不错的教学计划。我们达到了州政府要求的标准，所有孩子都升班了。孩子们社交能力提升了。我们对孩子们逐渐了解，可以确定其特殊需求。我们提供了家长参与的机会。

变奏曲："有关孩子们的真实情况是……"

对于已经经历过先前那些修习的家长们，这个"变奏曲"会更有意思。在我们的学区中，这项修习通常由一位与我们紧密合作的社工主持。她会带来一些卡片，上面打印着这样一句话："有关孩子们的真实情况是……"，每一张上还有一句陈述：

- "他们事事都想要争辩。"
- "他们所理解的比你以为他们理解的要更多。"
- "他们做你所做的，但不做你所说的。"
- "他们是天生的系统思考者。"
- "他们告诉你'是'，即便当时他们的意思是'不是'。"

- "有人看着的时候,他们会做得更好。"
- "他们不知道如何分享。"

在家长们中间随机分发这些卡片,然后说:"这都是一些人描述孩子们的说法。请把你拿到的那张卡片上的内容大声读出来,然后大家随便谈谈你对这些说法怎么看。"

第一个家长大声念道:"他们不喜欢被选出来'示众'。"然后她会说:"不过,我的孩子可不是这样。他或多或少总是想要登台表演。"但是,另一位家长则说:"这符合我的孩子的情况。"

然后,主持人就会问,这对于学校的需求意味着什么?随着你在屋子里走动,提出问题,谈话就会自然而然地转向家长们的态度——学校呈现的方式应该基于他们自己上学的经历。帮助家长们打破这种思维方式的最好办法,是请他们想一想今天孩子们全然不同的状态。"你在那个时候的时间安排,与你的孩子现在的时间安排一样吗?如果你像我那时候一样的话,你应该有很多时间自己玩,现在的孩子更习惯于组织安排活动"等等。

社区愿景系列会议

蒂莫西·卢卡斯 布赖恩·史密斯

目的

建立关系,并为学校及其社区的共享愿景的形成过程打开大门。

概述

1~2 天的年度学校社区会议。

参与者

这种大规模的对话可以容纳 80~100 位家长参加，以及一组学校领导人。

环境

一个大型会议室，可以有足够的空间安排各个桌上分别进行讨论。这些讨论的设计来自 20 世纪 90 年代在新泽西州瑞吉伍德的威拉德小学（Willard Elementary School）举行的社区愿景会议。

这类会议需要花费很大的精力做计划和设计，但在家长、学校领导人和社区之间建立关系的价值是巨大的。事先安排座席，让不同背景的人坐到一起。对于孩子还在上幼儿园且对学校尚感陌生的一位家长的邻座，安排一位五年级孩子的家长——他的年龄最大的孩子已经在上大学了，这样每一个人都可以相互学到些东西。孩子年龄大一点儿的父母可以安慰那位孩子年龄尚小的孩子家长，说一切都不会有问题。反过来，孩子年龄较小的父母，则会让孩子年龄较大的家长想起，几年前他们自己家里的情况。

坐在每张桌子上的人一起工作。首先，大家分别介绍自己，然后一一发言，对于他们有关学校和自己孩子的每一个问题、设想和担心展开头脑风暴。他们列出的清单可能每桌都要有 20~30 项内容。下一步，每一桌的成员选出 5 个最关键的设想，将每一个设想写在一张单独的卡片或者大号即时贴上。然后，请他们用另外一组卡片，对这 5 个主要设想回答两个问题：在解决这个问题的过程中学校扮演了什么角色？家长在其中的角色是什么？

经过 45 分钟的讨论，请各桌的团队向全体人员展示他们的想法，要把卡片挂起来，让大家都看到。很快就会发现，有 7~8 个问题会在各桌的呈现中反复出现。把这些问题挑出来，放在整个大的团队中讨论。大家关注的问题可能涉及课程规划、课外活动、社会地位（"我的孩子不断被人找碴儿"）、安全、家庭作业以及教学方法等。一旦这些问题都展示出来之后，就可以寻找这些想法和关注之间的所有联系了——把主题相近或者相互矛盾的卡片放到一起。一个小组的一张卡片上也许写了"增加学生对技术的接触机会"，而另一个小组则写的是"我们的孩子应该是全球公民"。这些想法自然而然会引导出与学校对待社交媒体（比如，脸书）的做法有关的各种问题。如果有几个组提出了相同主题，这项关注的重要性就较高，那么这些卡片就需要加以润色、分类，并加以强调。

现在，整个团队对问题和危机有了彼此的优先考虑。促进者可以引入在各个桌子上都没有提出，但在第一轮讨论中出现的那些问题。在讨论过当下的现状之后，人们一般会有一种结束感。大家不知道下一步是什么，但他们知道，关键问题已经提出来了。他们也准备好说一说这个学校系统的共享愿景了。

这个讨论到目前为止可能已经进行了整整一天，或者整个晚上了。下面，在另一次会议上，请同组成员回来，重新按每桌组成团队（最好是不同的团队），然后请每一桌的成员想象一下：三年之后，他们已经创建出了他们想要的学校系统。请他们一一考虑以下问题，将共享愿景勾画得更加清晰。

描述一下到这个理想学校来上学的孩子们。在一个正常的上学日，会发生哪些事？在教授哪些课程？这些课程是如何授课的？在任何一个具体年龄段，孩子了解什么？教师们具备什么知识？教师与学生之间是什么样的关系？家长们是如何参与的？学校与社区之间是什么样的关系？学校如何处理孩子的学习需求和社会需求？学校如何筹资？毕业生的情况如何？对来到学校的家长们，要提供什么样的期望值，以及哪些信息？学生的学习表现是如何衡量的？

在每一桌上，再进行优先选择。每个小组需要选择5~10个最关注的元素——他们在自己的展望中最希望看到的。这些设想应该向全体大组展示，并与其他各组的设想整合到一起。

因为这个活动仍然代表这个过程的中间点，这个大组的成员还不需要在共享愿景中的那些最理想的元素上完全达成一致。然而，大家需要形成这样的感受：他们对于这个学区的最理想的愿望已经被大家听到了（而且，理想的话，是从相互之间听到的）。从这一点出发，你们的目标就是建立协同——把这个愿景形成的过程带到现有的学校团队和委员会中，它们的成员现在就需要把各种新的愿景与他们正在开展的工作结合起来。

优化并实施愿景

蒂莫西·卢卡斯

每一所学校都会有一个团队或者是委员会，它由管理人员、教师和家长组成，有时候也有学生参加，团队负责学校总体规划（在有些州里，比如新泽西州，这是法律规定）。在这个过程中，这个"中心愿景团队"就成为一所学校未来的可见的杠杆支点。其成员要对来自前两次修习的讨论内容，详细思考、分析消化，并形成学校的关键战略举措。

以下内容清单可以帮助中心规划团队确保对于这个学校的愿景、当下现状以及战略举措的每一个关键层面，都做了考虑。通常一个委员会需要一年左右的时间考虑这些问题，然后就又到了从起点重新开始的时候了。在这个阶段,愿景本身要保持强大的影响力,让人们回味发自内心的期望,与此同时,对于当下的现状要保持清晰、坦诚的认识。

a. 愿景:以前面进行的过程为基础,学校的各个相关利益者提倡的学校愿景中有哪些关键维度呢?如果这个愿景实现的话,课程规划、学校系统的设计、课程与选修课的组合,以及所有其他因素是如何整合到一起的?创建一种描述——并非最终文字,而是作为继续探讨的起点。如果所有这些元素都实现了,会让你们得到什么呢?你们也许不能实现你们在此确定的目标,但是你们需要这些目标——帮助你们自己以及其他人,绘制出你们的方向。

b. 当前现状:学生需要怎样的变化呢?基于人口统计学进行了比较:录取率、出勤率、退学率、学生中的种族背景、性别情况、年级人员分布,以及与去年相比的语言能力情况。在学生的学习方面,目前有哪些流程和项目对于不同组群的学生都达到了最好的效果?具体评估情况随时间有哪些变化?与之前各年同期相比,学生的成绩表现如何变化?总体教学质量随时间有哪些变化?学生、家长和教师们是否把这所学校看作一个学习环境?他们对学校和不同的课堂观察到什么?最后,仔细分析一下教师培训、学校目标、教育哲学,以及学校的气氛。①

c. 战略举措:我们首先要做哪些事,才能让我们朝愿景又接近一步?员工发展和课程开发如何改善?学校环境如何优化?考虑一下安全、社区

---

① 这项修习部分来自《学校综合改善效果的数据分析》中维多利亚·伯恩哈特(Victoria Bernhardt)的文章《多管齐下的评估措施》("Multiple Measures",Eye on Education 公司出版,1998)。

关系、设施、学生的各种需求、停车以及交通状况。家长们在哪里接送孩子才会减少对交通状况的担心呢？有哪些可用的资源？

担责团队

确定了战略举措之后，中心委员会现在就要建立一些"担责团队"，将各项举措转化成各种新项目。这些团队不一定要落实各项政策，而是在学校的一个具体领域中形成一个愿景、建立一些关键的初始目标，并探索、实验如何实现这些目标。

比如，可以建立一个技术委员会，成员包括家长、社区成员、教师、学生，以及校董会的成员，这个小组可以负责监管、检查计算机使用和互联网接入；也可以成立一个学校风气委员会（我们要创造什么样的知识环境呢？我们之间应该如何谈话呢？）；一个评估委员会负责审定评估组合、测试，以及其他形式的学生表现评估；组建各种项目团队。每个团队以每年为周期选定两项可衡量的目标，明确表述团队与正在形成的整个学校愿景的关系，创建试点项目去实现那些目标，评估试点项目，并在年底报告自己的成果（以及对成果的解读）。

反思与优化

经过实践验证的愿景会更加强大，因此要在每年年底召集一次80~200人参加的大型反思会。反思会的目的是重新考虑并优化学校的愿景，听取当年各个试点项目的报告，以及增加新目标、提出新问题。这个会议与前几个阶段的会议类似，分成三次：一次讨论当下现状（"这个学校系统目前正在发生什么？"），一次探讨愿景（"我们希望在这里创造什么？"），还有一次确定战略举措（"我们选择关注哪些领域？"）。

共享愿景的过程强大，就因为它是持续进行的过程。家长们对于驱动学校的各种力量、对于自己如何参与到学校之中,都形成了更深入的认识。教师对于潜在资源、对于存在于他们的课堂之外的学校内部机会,都拓宽了认识。最重要的是,消极抱怨的文化开始发生转变。过去,人们找到自己的领导,实际上是把自己的担心和抱怨一股脑倾倒出来。现在,他们都自动被邀请到了一个过程当中——大家不仅只看到问题,也看到了他们想要的未来;不仅只是说一说,也要诉诸行动;人们不是渐渐失去动力,而是持续以一种建设性的方式,年复一年地看见自己努力的成果逐渐展开。

找到一个合作伙伴

蒂莫西·卢卡斯　贾尼斯·达顿
内尔达·康布-麦凯布　布赖恩·史密斯

教书可能是最孤独的职业之一。如果你是一位教师,你在大部分工作时间里都与同事、同行不相往来。在许多学校里,如果你希望有时间与其他的教师一起进行创新,就必须自己安排时间。

这就是在学校里建立共享愿景如此困难的原因之一。你的时间表结构可能诱使你自己开始创新,在课堂上做出改变。但一个与周围的世界没有活跃联系的创新课堂是不会持久下去的。我们了解一些有创造力的教师,即便有他们的校长和其他教师默许,他们的创新还是没能持续多长时间。他们无法发明他们所需要的一切,况且也没有人同他们一起发明。他们处于孤立无援的状态。

即便在一个既无时间也无资源实施新项目的教育系统里,找到一位合作伙伴也是一位教育工作者可以做的、获益良多的工作之一。从一位愿意承担风险、做出一点儿新尝试的个人那里产生的能量,需要找到地方去释放——就像电需要地线一样。一个创新者需要有个人聊聊,获得鼓励、交流看法,也需要有人一同成长为一个创新者。合作关系的流动对双方都有益。

将教育工作者以学习为目的聚拢到一起本身并不新颖,许多学校都做过两位教师或者是管理人员的共同学习实验。其中的活动包括团队授课、导师辅导,"关键朋友"(指定某人相互提出建设性批评意见),以及近来的专业人员学习社区。

所有这些合作伙伴活动有哪些共性呢?这些活动中的合作伙伴并非走到一起来,让大家感受更好,而是通过一起发明创造,并实验自己的发明,让彼此提高效率。与找到一位富于同情心的教育工作者同事相比——你可以把自己对员工发展、管理规则的坏情绪,哪怕只是一天上课的辛苦都倾诉出来,这是一种全然不同的互动关系。

寻找合作伙伴似乎是一个明显的举动,但往往并不容易找到这种机会,除非你用心寻找。当你读到这里时,心中可能已经有了一个潜在合作伙伴的目标(也许是另一位教师、管理人员、家长,或者社区成员),如果没有的话,有很多方式可以在一个学校里测试潜在合作者。找到一篇令你有所感触的文章(或者就是本书中的某个章节),把它交给一位曾经与你在一个团队中工作过的人,问问他对这篇文章有什么看法。也可以与学校里或者社区中的某个人开始一个新活动。缓慢温和地开始,毕竟你是在请求某个人,对你作为一个教师和个人的未来成长做出承诺,同时你也是在对那个人做出承诺。你未来的合作伙伴与你之间在专业价值观或观点上可能一致,也许不尽相同,但是他将会做好准备与你一路同行,并相互学习。

2. 重塑教育领导力
以"做一个学校领导人意味着什么"为指导思想，重建大学中的一个学院

内尔达·康布-麦凯布

当我观察不同学区以及大学中不同的院系尝试实现变革时，总会感到，各种组织对于自己的基本目标以及支配自己的一组指导思想，有一个清晰的认识相当重要。在课程规划设计中，教师们往往一开始就去讨论他们需要的具体课程或技能。一段时间过后，他们发现自己从这些具体课程和技能中又回到了他们原有的核心目的。这意味着无论这些项目多么有价值，总是代表着对过去项目的小步微调。然而，最底层、最可持续的变革的起点似乎总是出现在这样的时候：教师和管理人员一起坐下来彼此探询："我们为什么存在？""我们想要成就什么？""我们代表了什么？""对于教与学，我们相信什么？"

彼得·圣吉说，"每个组织都是在一些清楚、明确的原则支配下运行的——无论这些原则是否源自刻意创造"。这些原则就是所谓的"指导思想"——定义了一个组织代表着什么，以及其成员想要创造什么的那些设想。[1]

指导思想具有哲学思考的深度，但绝非一成不变、一劳永逸。它们并非来自一次谈话、表彰认可或是规划回顾，以及一天的休息。相反，它们从持续长时间的反思与对话中演化出来，并在新项目和新策略的执行中继续演化下去。比起正式的愿景、使命表述，这些指导思想呈现出更多内容，它们从根本上塑造并重塑这个组织的多个共享愿

---
[1] 彼得·圣吉的话引自《第五项修炼·实践篇》。

| 第9章 | 学校的愿景 |

景,与组织的自我认知与核心目标密切相关。

我对于这种演化过程的亲身经历是在20世纪90年代初期,那段时间,我在俄亥俄州牛津市的迈阿密大学参与了一个后来产生很大影响的重塑过程。这所大学的教育领导力学院(我是这个学院的一名教师,也曾经担任过系主任)对研究生项目进行了重新设计,通过帮助学校负责人学会如何成为领导者,而非职业经理人,产生出了一批具有反思能力、善于变革的学校管理人员,并因此获得了广泛认可。但我们并不是从"重新发明"学校领导力的概念开始着手的,而仅仅是感到我们学校现有的管理教育项目,并没有让个体准备好去适应12年制学校中持续变化的复杂环境。我们当时心里很确定,如果我们到处去看看,就会在其他大学里找到一些可圈可点的项目,为我们培养有能力的学校领导人提供一张路线图。

于是,我们就到处去看了看。结果如何呢?其他大学的做法与我们的做法基本没有差别。这个事实并没有让我们释然,这意味着我们不得不自己创建出一种新模式。从这个定位出发,我们将自己"彻底清零",然后对自己说:"我们从零开始,说说今天的12年制学校里正在面对的是什么——学生需要什么,学校的管理者作为有创造力的领导人可以带来什么,以及我们作为师资团队可以提供什么,才能培育学校变革需要的那种领导力。"

在我们系里的18位教师中,我们成立了一个由5个人组成的核心小组,准备展开密集、持续的会谈。我们从头开始探询:如果我们想要在教育领域中做些事,我们想要改变什么,我们真正相信的是什么?我们选择了一些阅读材料,其作者在领导力和学校方面都有些不同寻常的前卫洞察。这些阅读材料有助于我们的谈话,也推动了我们的思考。我们发现,学校越来越无法满足社会需要,但多数大学对教育管理者的培养是保持现状。学校的未来管理者所获得的知识与技能，在帮助他们转变自己的组织方面毫无意义。对于我们这个系如何培养能够开展变革的学校领导人，我们逐渐形成一个愿景。我们详尽探讨了"重构"学校的议题，其含义并非只是重新制定一些政策，而是挑战这些政策背后的种种基本假设的一种实践。

然而，为了一个并不存在的未来去培养领导人，又无法使他们生存并发展下去，也毫无意义。我们希望，从我们的项目毕业的学生从走上领导岗位的那一刻起，就被视为（并自视）成功的。他们获得的成功，又反过来为他们提供了推动变革所需的杠杆支点——只要他们持续获得所需的支持，持续对自己的种种深层假设展开质询。

对话和巧妙的讨论作为团队学习的工具的价值日益明显。戴维·博姆（David Bohm）曾经提到，我们许多人曾经有过的最接近会谈的状态，是学生宿舍里的深夜聊天——谈话从一个主题转到另一个主题，并没有任何事先说好的目标。随着我们这个核心小组持续见面，我们认识到首先要暂停自己的各种假设和信念，然后再展开有关更大范围设想的深度谈话，而不是试图快速做出决定。

在我们的探讨过程中，我们也定期召开全体教师参加的会议，回应大家的问题，创造共享的意义。在最初阶段，当一些新想法提出来的时候，坐在桌子周围的我们会说，"不错，这是我们的信念"。然而，当我们试图进一步促进大家参与时，我们就发现人们对于同样的词或者说法，在认识上差异很大。在那些早期会议中，会谈是不可能进行的，但在挖掘我们每个人对于自己工作的心智模式上，那些团队的学习工具起到了极宝贵的作用。

我们讨论了领导力的定义，学校在社会中的位置，学校的文化、政治和道德环境，以及作为一种知识、道德和技能实践的学校领导力。我们在这个过程中反反复复,有时还要有外部的促进者的帮助,直到我们形成了一些核心理念和原则,它们有助于达成我们的共享愿景——产生具有变革能力的教育工作者。

有时候,我会和其他大学里的一些不同小组的人聊一聊,听取他们的想法,尝试建立类似的共享愿景。他们无一例外都会问我,形成我们的指导原则用了多长时间。当我说"用了几乎两年时间"时,房间里的气氛立刻就发生了变化。"这在我们那里肯定行不通。"他们说,"我们一定要在未来 6 个月内就搞定这件事。我们的院长要求现在就改变我们的教育项目。"但我不得不告诉他们说,改变一个研究生学位项目的目的,可不是改变一门学术上的课程。在一个学期里一定完不成,因为在这个项目中的所有一切,包括其中的所有人,都必须进行改变。

与我们系以外的人们建立联系,对我们的工作十分关键。丹佛斯基金会(Danforth Foundation)提供的资金让我们与其他一些正在寻求变革的大学形成了全国性的联系。这个全国团队的各个成员对我们工作做出点评,提出了各种加深我们思考的问题。他们的那些强大问题迫使我们更加深入地思考我们的信念——我们的共享愿景。充足的资金支持本身也让我们在时间和资源的压力下,将一个非同寻常的项目一直坚守下来。这种触及灵魂的对话不能仓促进行,让每一个人和每一个视角都必须有机会表达和参与。心智模式必须要显露出来,深层的信念也要清晰表达出来,并且获得大家的理解。

在形成我们自己的核心理念之后,就转而创建新课程规划。我们开始讨论如何将我们想要开发的课程与我们的理念保持一致。在对课程提出建议的时候,我们总会回到那些核心理念。正如加雷思·摩根(Gareth Morgan)所说,这些核心理念成为你的工作的参照系:它们起到了"最低关键要求"的作用,让组织中的每一个具体方面得以演化,同时与整体组织的愿景高度一致。它们一直存在，帮助你衡量自己做出决定的价值、重要性和意义——尤其是在混乱嘈杂的时期。①

大约 20 年后，这个项目仍然在活跃地吸引着系里全体成员的参与。实际上，这个过程并没有得出最终结果——没有终点。我们经常要回到我们的核心理念，对照当下现状和"老"教师以及新聘任的教师在当下的核心理念。由于教师的流失，这个做法尤其关键。在采用这些核心观念的时候，我们也明白，我们无法用推广的办法让其他人去执行——这意味着我们不得不用我们自己的行为和授课方式去塑造他们。随着新教师的不断加入，这些核心理念持续演化，不断为我们的工作带来重要的新认识。

我们的这个过程是通过团队学习形成一个共享愿景的范例。如果没有团队学习，这个系就不可能将这个新愿景注入项目之中。如果没有团队学习，我们可能会有纸面上看上去很不错的东西，但并不能给这个项目带来任何变化。在我们创造了指导原则和新课程规划之后，我们并没有单打独斗，而是继续开展共同学习。在最初的几年里，许多教师相互为各自的课程把关。我们的教学变得更为强大，因为我们理解学生们从其他课程中带过来的那些想法。我们继续就我们的指导思想，以及它们对课程内容和授课方法产生影响的各种方式展开讨论。

从某种意义上看，我们每个人都通过这个项目的建构，重新设计了自己的生活（我决定加入《第五项修炼·教育篇》的创作团队，是同样的承诺的自然结果，因为这个工作并不局限于我自己组织的边界）。从教学方法上看，由于这些原则和信念以及我在发展和执行过程

---

① 参见加雷思·摩根所著《组织的形象》(*Images of Organizations*, Saga Pulications，1986 年，1997 年)。

中的体验，我的授课过程与过去大不相同了。我无法想象再像我过去那样执教。在我的心中，对于一位教师团队成员来说，最关键的教学问题并非在讲课与推进互动讨论之间做出选择。真正的关键是你向学生们提出了什么样的议题和问题？你是提出范围狭窄、讲究实用的问题，还是邀请他们思考学校的目的，质疑学校里那些可能让许多学生处于不利地位的做法和结构？如果你做的是后者，并且是在社区的环境中展开的，那么你就为一种教学法打开了大门——它可以将教学育人的知识、道德和技能维度组合在一起。我们喜欢这样想：我们在自己的系里创造出了这种教学方法，并且达到了产生实效的结果，这是因为我们在开始的时候，清晰地确定了自己的目的，表述了我们的指导原则。

面对转型的学校领导们需要的指导原则

迈阿密大学的教育领导力研究生项目的转变，始于发展、形成一些指导原则。形成像"指导原则"这样核心的思想，要花费很多时间、进行多次讨论。任何一个组织都不能省去时间这项投资，因为发展指导原则的动力，部分来自形成过程本身。由于我们对这个过程本身的承诺，我们相信对于任何一个组织来说，只是"输入"他人的指导原则是无法产生真正的承诺的。从他人那里借来的理念和愿景描述，几乎不可能对另外一个创造者团队产生力量。但是，他人的理念可以为我们的旅程提供一个起点，它们可能会是个不错的起点。

整合了我们努力改革的那些指导思想，是长时间谈话与建立共识的结果。但是，虽然我们在工作中反复应用这些原则，这些原则却从没有被正式写下来，直到我们中的一些人开始发表文章，回顾我们的经历。在这些文字中，这些原则以影响我们这个项目方向的宽泛理念的方式呈现出来。

在我们这个项目启动几年后，我们几个人回顾了我们早些时候写下的一些文字，然后将其解读成了一系列书面原则。虽然这些原则深深植根于我们早期的工作之中，在我们系的谈话中大家也都有意识地参与，但我们觉得在这个时候有必要清晰、明确地表达出来。这个过程展示了我们这个项目的心智模式和结构。系里的所有成员，尤其是新进的教师和研究生，需要有机会参与到这些指导原则之中，让它们成为自己的原则。这些原则需要对照我们这个项目的现状进行审视。

我们最初的一些指导原则简要叙述如下。

• 教育领导力领域必须重建，学校变革也因此成为学校的中心任务。我们在自己身边看到的学校，越来越无法满足社会的要求，但多数管理者以往获得的培养经历使他们成为现状的保持者。学校的管理者接受的教育总是说，组织是理性的、近乎机械的结构，以官僚方式运行。我们认为需要发生一种转变，从考虑培训学校管理人员转变为关注培育学校领导人。这个转变要求我们从根本上对学校和权威官方重新展开思考——要认识到学生、教师和管理人员每日挣扎于其中的文化、政治以及种族问题的核心。我们的愿景从学校管理转变为学校变革：从对学校进行管理转变为挑战学校运营现状背后的那些根本假设。

• 公立学校的基本目标，是培养孩子们承担民主社会中各种公民责任。近几年以来，过多的私人和个体利益取代了学校的公民责任。我们看到，学校确实需要对一些个体私人目标承担责任，但我们相信广泛的公民责任必须成为公立学校的核心使命。因此，我们必须重新思考我们的课程规划和工作实践，并保证我们自己将那些公民的社会责任放到中心地位。

• 学校领导人是一种涉及知识、道德和技能的实践。这个原则是我们工作的核心，并塑造了其他原则。我们认为这个原则让一个人从管理视角转向领导力视角。领导力是并非强调成效和效率的一种技术行为，源于多个理论视角的领导力，将我们的注意力引向与我们组织的核心价值和核心目的相关的那些问题。

与此同时，我们觉得教育领域中的每一个人——从大学教授到小学和中学里的教育工作者，都应该成为优秀实践者。由于这个原因，我们的理论课程就都要有实践维度。我们最初讨论的是教育上的"技术"实践，我们意识到"技术"这个词的含义过于狭窄，我们讨论的是教课与读书的各种技能。唐纳德·舍恩在批评职业教育走纯技术路线时，提醒我们，我们实践中的许多领域都与不确定性、独特性和价值冲突有关，都无法仅靠技术理论和知识去解决。根据舍恩的想法，我们必须寻求将纯熟的实践融为一体的能力和技艺。获得这种技能智慧涉及一种"教练的视角"与一种"实践中的学习"。

• 教育实践必须要与批评性反思——在学校的文化、政治和道德的氛围中的反思，形成反馈。我们希望把人们培养成舍恩所说的"反思实践者"——他们反思自己的工作，在自己的实验中以系统方法持续梳理，但又总是处在文化、政治和种族的环境之中。大多数有经验的教师在自己的技能上都具有极丰富的知识，但这些技能并非仅仅从自己的课堂上获得。这些知识来自对自己的工作展开系统的、有见地的反思。比如，根据我们对教学法以及文化政治的理解，如何调整实践，或者是如何惠及某些特定的孩子。与此类似，作为领导者，我们自己也从系统的、有见地的思考中学到东西。比如，反复思考各个团队参与的不同方式，以及将这些方式与组织发展的各种理论联系起来。批评性反思并非仅仅去反思，而是将实践与理论联系到一起的一种反思。

在文化、政治和道德氛围中展开的批评性反思，并非只在我们的项目中教授，还要投入实践。这所大学的总裁曾召开过一次由为数不多的教育工作者参加的会议，在会上他问道："你们在系里进行了哪些谈话？"大多数教师说，他们没说什么——他们只是进行了一次项目回顾，或者是有了一门新的课程，而这是一个正式委员会的活动。然而，从我们系的角度，我可以说，我们开展了经常性的、激烈的，也是反思性的各种谈话，在这样的谈话过程中，我们说"这是我们教书的方式，是我们坚信这种方式的原因"。

- 学校本身就是文化政治汇聚的场所。把学校想成一个个的官僚机构，将围绕着文化展开的政治斗争变得藏而不露了。在最好的情况下，这种方式也是将文化政治安排到了学校组织之外，把它当作对效率的不必要干预。但是文化政治并非仅仅是外部干扰，而是教书育人本身的核心活动。受教育就意味着文化学习。当我们不再把学校想成一个个官僚机构，而是一个个竞技场——不同种族或者文化团体在此力图让自己的文化（并由此将他们自己）通过学校合理化，这个事实就变得愈加清晰。如果一个人想要成为卓有成效的学校领导人，就必须理解文化政治在学校组织中的中心地位。这个关注点让一些人感到不舒服，一些视角也让我们的教师感到自己还没有做好准备。一位即将加入我们团队的准教师说,"在面试之后我发现,我应该以一个学生的身份而不是教师身份,参加你们的项目"。

- 领导力不应该与层级地位等同起来。我们刻意挑战了我们自己有关"作为领导人意味着什么"的心智模式。以我们的观察,大多数学校管理人员的教学项目,是以一系列"最佳实践"的方式,为可能进入管理岗位的个人教授领导力。相反,我们假设领导人可以从组织中的任何岗位产生,而许多被委派到权力岗位上的人并不是领导者。在这个条件下,领导者成为任何一个人的实践品质。教授有成效的领导力,我们就要挑战人们,让他们去思考:他们做了什么?他们创造了什么?而不是告诉他们,我们认为哪些是正确的。我们也把我们的项目开放给期望在教育领域中起到领导作用的各种各样的人——学校管理人员、教师、社会工作者、研究人员,以及其他相关的公民。[1]

- 多元化不仅是一个有积极意义的好处,也是教育中的一个必要元素。多元化在大学校园中以及12年学制学校里,都已经成了一个流行词。多元化往往是一种事后思考,倡导多元化的目的

---

[1] 有关教育领导力复兴的建议读物包括:威廉姆·福斯特所著《结构和期望:教育管理的新途径》(*Paradigms and Promises: New Approaches to Educational Administration*, Prometheus Books出版,1986年),罗纳德·海费茨所著《领导力:没有简单答案》(*Leadership Without Easy Answer*, Harvard University Press出版,1994年),托马斯·穆尔肯、内尔达·康布-麦凯布和布鲁斯·安德森所著《民主领导力:变化中的管理培训环境》(*Democratic Leadership: The Changing Context of Administration Preparation*, Ablex出版,1994年),加雷思·摩根所著《组织的形象》(*Images of Organizations*, Saga出版,1997年),唐纳德·舍恩所著《培养反思实践者》(*Educating the Reflective Practitioner*, Jossey-bass出版,1987年,玛格丽特·惠特利所著《相互求助:重拾未来希望的简单对话》(*Turning to One Another: Simple Conversations to Restore Hope to the Future*, Berrett-Koehler Publishers出版,2009年)。

是实现公平。虽然我们也认为公平是追求多元化的一个极好理由，但我们也认为，由于优秀教育的过程中存在着一些核心原因，多元化必不可少，而非只是有正面影响，或者只是其特点。我们像众所周知的哲学家约翰·杜威那样认识到，所有学习的起点，是当我们发现那些让我们感到舒适的观点已经过时了。我们还像杜威那样认识到，来自多元化人群的多样化观念，是创造多元化学习的必要条件的最佳方式之一。我们决心要培养观念的多元化，并要让那些带来多元化的个人与文化历史的人们参与进来。我们觉得，对于一个富有活力的知识教育来说，这样做绝对有必要。多元化并非只是个流行词或者某种事后思考，我们希望它成为我们这个系的一个核心指导思想。

• 一个研究生项目应该是一个项目，而不是一系列相互之间没有关联的课程。这个原则意味着要有一个强大的核心目标。当我们启动我们的项目重建的时候，我们的一位研讨推进人问我们说："你们想从这个过程中获得什么？"我们毫不犹豫地回答说："我们想让我们的项目有鲜明的个性。当人们提到我们的项目，他们了解我们代表着什么，他们了解我们对于学校变革的承诺，了解我们对于公平和社会平等的承诺。"对于我们来说，这个项目意味着我们的指导思想会在我们的教学过程中、在教师和学生的参与中，始终清晰、明确地呈现出来。

• 教师和学生必须对一个社区做出承诺。对于许多学校来说，社区建设相当困难，因为教师们往往在相互隔离中展开教学，而他们每天的工作又安排得非常紧密，几乎没有什么弹性时间可以用来谈话。在高等教育中，我们各自教授自己的专业课、各自做自己的研究——拥有相当大的自主和学术自由。当人们要作为一个整体为一个项目承担共同责任的时候，当课程相互联系到一起的时候，这种状态就会形成各种各样的障碍。

在学校内部与学校周围建设和发展社区，绝不能只是前提假设，而应该加以培养，并持续支撑。我们对于社区的定义是，人们之间一系列动态的、每一个人都受邀参与的关系。我们尤其明确地不希望人们错误地认为，社区指的是"思维与外表相似"，或者是指"大家一起做每一件事"。对于社区的关注也意味着我们的愿景会持续演化，因为我们需要欢迎新人加入到这个系里来。比如，当我们考虑博士项目的变革的时候，我们明确邀请我们这个社区的新成员加入进来——教师、职员以及研究生，探讨他们对于核心原则的理解和他们希望看到哪些情况发生。

- 虽然我们系主要关注各个层面的教学，教育应该包括比教学更广泛的内容。在日常生活中，人们了解教育与教学之间的差别。成年人一般都不会将教育与自己在学校中的所学混为一谈。实际上，许多人认为学校教育干扰了自己的学习。往往是那些从事教学职业的人们，忘记了这两者的区别。其结果是对学校的各种做法持一种防卫态度，而这些做法可能有益于高效教学，却促进了糟糕的教育。我们认为，让这个区别保持在我们有关学校领导力的谈话的中心，会帮助我们把自己的关注点放到年轻人的教育这个对学校至关重要的议题上。

这些原则的形成和发展，启动了我们转型的进程，它们也与我们一同演化、进步。由于有了这样一些指导原则，我们得以像一个围绕在一些生活理念周围的社区那样，聚焦我们的讨论。随着新成员加入我们的社区，他们也受邀参与、解析这些理念。在讨论中，我们这些经历较久的人能够把这些原则用作一种载体，培养机构的记忆——不是作为一种令人压抑、无法延展的传统，而是有理性、批判式和反思性谈话中的一个焦点。以这样的方式，我们希望这些原则起到鼓励我们自己的项目持续转型的作用。

| 第 10 章 |
学校系统现状

1. 预先发生的不确定性
学校系统如何应用情景规划方法为未来的动荡做好准备

阿特·克莱纳

像所有机构一样,学校也为猜测未来会发生什么,而持续不断地纠结:入学人数会增加,还是会减少?预算会不会通过?标准化考试的分数是上升,还是下降?州里的各种立法案会变得更加严格,还是更为宽松?任何一个做过预算的人都清楚,实际发生的情况轻而易举地就可以让所有预测变得毫无意义。比如,有多少教育工作者预见到了网络、社交媒体和平板电脑的出现,以及它们对学生阅读、研究和对话产生的极大影响呢?[1]

---

[1] 感谢杰伊·奥格尔维(Jay Ogilvy)和内皮尔·科林斯(Napier Collyns)的大力帮助、深刻见解和极大兴趣。

情景规划是一种规划未来的方法，它要求不对任何一个具体预测结果做出承诺和投入。你需要同时构想几种未来可能发生的情况，而非猜测最有可能的一种。所有情况都有可能发生，而每一种情况都会给你某些重要提醒——某个出乎意料的情况有助于看清自己的盲点。作为学校的领导团队，大家拿出一些时间，想象一下自己身处每一种未来的可能情况之中，让自己为做出各种稳健决策做好准备——无论哪一种未来最终发生。

我与许多目前从事情景规划工作的人一样，是从为数不多的几位与主流商业密切相关的人那里学习到这门技艺的。然而，对于规模不大、商业化程度不高的机构，尤其是学校，这些方法特别合适。开展情景规划的修习并不需要很多经费，几乎不需要经过高级训练，虽然其方法严密甚至苛刻，但一位潜心钻研的业余主持者，不用花费太大力气就可以学会（实际上，我的看法是，比起一位经验丰富但不善于倾听的老手来说，一位思想开放、灵活变通，善于倾听人们的声音，并将大家呈现在画板上的意见总结出来的非专业人员更好）。这项修习的目的是要认真对待你们面对的不确定性，明确表达你们的恐惧与希望，认识到在你们了如指掌的事实和一无所知的事实之间，还潜藏着某些重要的东西需要去挖掘。

应该说明的是，这是一项相当耗时的修习。人们往往想把情景规划压缩到半天或在一个周末之内完成，但这样的做法没有给大家足够的时间去深入探讨自己先入为主的成见。在荷兰皇家壳牌石油公司，规划人员通常要花上一年多的时间，才能制定未来的假定方案。在学校里，一个情景规划项目会占用规划团队一个学期甚至更长的时间。在这个过程中，团队成员每隔几个星期就要开一次会，要么就是把这个项目作为为期一周的教师研修会的主要内容。我也见到过这种情况：

规划人员把情景规划压缩成两次一天的会议，中间间隔一个月，但只是在全部由管理人员组成、对于共同工作已经习以为常，并且相互联系紧密的教育工作者团队中才会奏效。

第 1 步：情景问题（半天）

当规划中的各种情景回应人们真正关切的问题时，才会触发真正的学习。因此，在这个关键步骤上你至少要用三个小时。如果讨论的参与者像大多数学校的相关利益者那样多元化，那么清晰地表达出你的关注点并非轻而易举。请大家相互问一问：如果我们只能要求上天告诉我们一个或者两个有关未来的事实，那会是什么呢？

当面对一个不确定的未来时，如果你们"向上天求助的问题"（oracle question）指的是一个涉及时间、能量和资金投入的重大决定，恐怕就更有用处。比如，你们应该如何应对未来 20 年对特殊教育的需求呢？对于这个问题的答案目前尚不可知。那要取决于你们的学校系统在入学人数上的不可预知的变化，对于自闭症与注意缺陷障碍等疾病的持续演进的科学认知，以及受限于经济或上或下波动的预算。你们完全不可能了解你们开展实际运营的所有条件，但无论如何，你们现在不得不做出决定。与此类似的情况是，当你们面对课程规划的各种问题的时候（"我们应该调整数学课的教学内容吗？"），当你们面对预算问题的时候（"我们应扩大中学的规模吗？"），以及当你们面对战略问题的时候（"我们应该如何达到新的考试要求呢？"），你们必须现在就做出承诺——即便你们并不十分清楚每一个决策如何才能成功。如果几年之后再回过头来看，你们当时的选择可能看起来有先见之明，而其他选择似乎注定失败，但此时却完全没有什么办法可以确定。[1]

在现在必须做出决定的相关问题中，挑出你们最关注的一个问题。这项研习会帮助大家看清各种相互作用的驱动因素的不同模式，也会以一种冷静、客观的方式向你们的工作团队呈现出你们面对的每一种选择的种种潜藏的可能后果。

你们还要选定未来的一年，把它作为你们应该回过头去看这个情景的时间。你们现在做出的决定，需要多长时间作为探讨框架？明年的情景过于接近现状，没呈现出多少变化；20年之后的情景则包含了太多不可预见的可能，难以从中了解到什么。对于学校来说，至少看一看未来10~15年的情景，往往会很有价值：这就有足够长的时间看到现在的学生们走进他们人生的下一个阶段。通过设想他们未来所处的世界，你们就可以考虑如何把他们今天需要的东西教授给他们了。

第2步：驱动因素（2~3天）

每一年我们都会受到各种驱动力量的影响，也就是那些在我们周围的外在环境中塑造着我们这个世界的各种因素，我们作为个人无法控制这些因素。这些因素中有一些相对可以预测。从过去25年以来，人口学家们已经了解，全球人口在2010年将会达到70亿（在2011年，也的确达到了这个数字）。今天，我们可以清楚地看到，全球中产阶层正在扩大——中国、印度、巴西以及印度尼西亚等新兴经济体中的人们将会比从前更富足。另外一些因素则往往会出现混乱、快速的波动。原油价格会快速涨跌，整个经济也会起伏不定。虽然许多因素

---

[1] "向上天求助的问题"一词由皮埃尔·瓦克（Pierre Wack）提出，并经凯索姆·万·德·黑伊登（Kees van der Heijden）采用。更多有关皮埃尔·瓦克和情景规划的信息，请参见阿特·克莱纳的《异端年代》（*The Age of Heretics*, Jossey-Bass出版，2008年）第121页和第238页。

的变化趋势似乎缓慢而确定,它们产生的影响却不十分清晰。互联网的不断演化是一个无法改变的趋势——越来越多的人与越来越多的终端相互连接,"云计算"等在线服务也越来越丰富。这种情况会引导你们地区的孩子与这个世界其他地方以及你们的社区自身建立不断丰富的联系吗?还是这种情况会将他们暴露于恶劣的影响和网络暴力中呢?或者是两者兼有呢?

在教育领域里,相关的驱动力包括数量众多、种类繁杂的因素。医疗方面的改变对学生的兴趣和能力都会产生影响。技术上的变化对教学既是挑战,也是机会。经济状况波动会影响多少家庭迁入或者迁出你们的社区,乃至有多少人需要公众支持?有些看似并不相关的因素,也会对教育产生重大冲击。比如,美国在 20 世纪六七十年代,由于一些从前曾将妇女排除在外的职业与行业接受了她们从业,许多社区中潜在教师的数量就下降了。另一个看似不相干的驱动因素,是全球气候变化日渐扩大的影响——在某些地方,服务性学习和社区参与又重新活跃起来。我们对于这类因素和其他在我们的社区中产生作用的驱动力看得越清楚,我们对于自己未来的理解就会越切合实际。

因此,在这个阶段,我们要列出尽可能多的驱动因素,由一位研讨推动人(或者记录人)写在即时贴上,快速检查一下文字,然后贴到墙上。有些驱动因素一目了然,另一些则需要讨论——反复推敲,直到我们的描述直抵问题核心。某些驱动因素可能与你们这个学校的特定人群存在联系:地产价格呈现什么趋势?社区成员对于学校的态度是什么样的?另外一些则会与全国或者全球的更宽泛的驱动力有关。

许多这类驱动力都会催生反作用力。比如,如果在你们的地区,标准化考试推行将持续下去的话,各种反对力量就会逐渐加强。而这些反对力量就会对"问责制"产生反作用。对于这类相互交叉作用没有做好准备的那些学校，可能会不慎陷入其中。

对于驱动因素的各种探讨，需要在团队中密集、反复进行，其间往往还要安排一些外部研究的讨论。在我主持的研讨中，我们一直遵循有技巧的讨论的各项原则，比如不要打断别人，不要做没有根据的批评，或者说丧气话（例如，"这很蠢"），等等。我们自己对于这些因素的情绪，我们对于其后果的好恶，以及我们认为其成为现实的可能性有多大，等等，也要淡化处理。一些看似不可能但又似是而非的驱动力可能会影响我们所做的一切。比如，许多灾难都以"可能性极小"为由而被忽略，而情景规划的修习，则有可能事先让人们注意到为其做好准备的需求。

在你们探讨每一个驱动因素的时候，要提出三个问题：

a. 这件事是否预先确定就会发生？或者，它的发生并不确定？预先确定的影响力，可以合理进行预测。基于已经存在的认识，我们知道，除非发生不可预见的灾难，9 年之后在任何一个地区将会有多少 10 岁的孩子。根据已经存在的技术研究成果，我们可以假定摩尔定律（一美元成本的计算机能力每 18 个月翻番）将会至少延续 5 年。这意味着到 2020 年，1 000 美元大致可以买到今天的 32 倍的计算机能力。

但总会存在不确定性。9 年后那些 10 岁的孩子会关心什么？2018 年后，摩尔定律是会"撞墙"还是加速？以及孩子们将会如何使用那时候的强大计算机呢——他们是否会完全放弃计算机，转向平板电脑、手机，或者那些还不为人知的设备呢？这类驱动因素，以及教育领域中数量众多的大部分驱动因素，都是不确定的。合格的教师是否会更难发现？"远程教育"是会形成市场，还是会彻底失败？在教区学校实行教育券制的相关法律是否会获得通过？我们不可能知道那些答案，但是对于事件可能向这个或那个方向发展的种种原因，对于它们的发展可能带来的种种后果,我们有可能会有清晰得多、明了得多的认识。

团队中的任何一个成员,都可以对于一项列为"预先确定"的因素做出否决。这个团队必须一致同意,这项预先确定的因素确实是可以预测的。最终,可能只有为数不多的预先确定因素获得了每一个人的认同,但它们相当强大,因为这为情景分析确定了边界。比如,在纽约市附近的一个郊区学区佩勒姆(Pelham)进行的、由校长和管理人员参加的情景规划修习中,我们讨论了周围大学里的教育项目。首先,它们中的大多数在过去几年都发生了变化。目前这些学校输送出来的年轻教师,要比过去更有潜力胜任教学,他们也想要影响学校的管理和课程规划,而非只是需要一份工作和一个可以自己做主的课堂。其次,由于大量移民涌入纽约和年轻孩子们带来的婴儿潮——这两种情况都在发生,这个地区对于教师的需求还会持续增长。这些趋势不一定会永远持续下去,但在未来3年或稍长一点儿的时间段内,它们还是预先确定会影响这个地区,影响新任教师和教师工会之间的关系。

b. 与这些驱动因素有关的那些最重要的东西是什么?比如,佩勒姆学区管理人员希望了解学生成绩未来的情况,但随着我们大家讨论对于"成绩"这个词的不同心智模式,我们就认识到,其中有四种不同的驱动力在起作用:

- 外部考试的分数(例如,州里的标准化考试)可能会上下波动,部分取决于一些学校无法控制的因素。
- 衡量进步的分数,比如课堂测试和其他学生认为重要的衡量方式,会上下波动,但与标准考试成绩并无关联。
- 与其他因素相比,"外部生活",比如获得大学录取通知书、工作起薪、奖学金、奖励以及其他一些重要的成功标志,更能决定这个城镇对于学校系统的看法。

- 内部价值观、认识以及真正的能力——无法衡量,恐怕以任何正式方法都无法发现,可能对学生在生活中获得的最终成功产生的最大影响。

学生学业表现的最重要的方面,一定会与这些驱动因素如何相互配合有关。一所学校保持声誉也取决于这四个因素。

c. 在我们考虑的时间段中,这些因素可能发生什么样的改变呢?一个方法是将那些最重要的驱动因素以"行为—时间图"的方式勾画出来——显示出它们从目前到你们的目标时间点之间可能的起伏变化,有时会大有帮助。另一个方法是,列举出这些因素在未来可能演化的几种不同方式。"在未来10年,我们可以接触到的教师人群可能会大得多,也可能会出现一次教师短缺期,因此我们对这两种可能性都要做好准备。"

第3步:汇总不同的情景(半天)

到了这个时候,用来开展讨论的房间的墙上,通常都会贴满各种字迹潦草的纸张,描述可能发生的潜在事件,整个团队也会感到一阵焦虑,甚至有点儿发愁:"我们什么也做不出来了。"因此,讨论的汇总、收敛必须要强推。有好几种做法可以达到这个目的,但我最喜欢的方法是组织一场简短的推举。我请大家围着房间走一走,在那些关键的不确定性中,用五角星标出5项"最关键"的,尤其是那些看起来最上层的因素——对于多数驱动因素会产生最广泛的影响。当他们做完这一步之后,我再请他们标出个人最关注的5项驱动因素。

然后,我们用表格呈现最终结果,从中选出3~4个对于多数人来说最重要的因素。在这之后,请大家想象一下这些情况的最极端情况。比如，佩勒姆学区的教育工作者认为"经济波动"是一个关键因素。那么，在我们考虑的时间段内或者5年之后，可以想象得到的、最可能发生的经济衰退会是什么情况？有一个讨论小组自愿提出要仔细看一看未来的这个情况。另一个关键驱动因素是各种考试和标准的发展趋势，以及预期内相关的教育领域中的"赢家"和"输家"的持续增长。如果这种趋势被推进到极致，会怎么样呢？那么，我们的主流文化价值就可能发生偏移，它是会趋于更多的社区精神，还是会趋于更大的物质主义和碎片化呢？或者，我们是否会在两者之间摇摆不定呢？在各种可能的情景中，三个重要的情景逐步浮现出来：一个是"持续价值危机"，在其中学校被要求去替代那些在社会中失去了的价值观和认同感；另一个是"学习的文化"，教育工作者们在其中感到，对于"所有孩子都学习"的理念，有着广泛的支持；还有一个是"一场新经济衰退"，在这个情况下教育将被赋予职责，去填补某些由经济失败带来的鸿沟。

在这之后，各个小组在集体讨论的间隙，碰头设想自己的未来。对于随意改变一些细节，不必担心——只要这种改变有道理，对于任何一个将会让你们探讨的未来变成现实的可以想象的因素和细节，做出推断。然后，回答下面几个问题。

- 我们是如何到达这里的？是哪些可能的事件链——由行动和相应的反作用组成，可能会导致这样的未来？像一个历史学家那样思考这个未来——仿佛你们是在回顾，选择一些细节，让你们的故事戏剧化地呈现出来。

- 一个未来的多元化程度会有多大呢？这个未来是否在这个社区的每个部分都产生了不同的影响？是否在每个年龄段都产生了不

同的影响？是否在不同的种族群体中都产生了不同的影响？在这个未来中，谁会是富人，谁又会是穷人？谁需要特别关注？

- 这样一个未来告诉了我们什么？找一找其中有哪些意外。在这样一个未来中，有哪些意想不到的交会点和障碍点，会以似乎并非显而易见的方式出现呢？

- 在那些关键领域中，正在发生什么？用一个重要驱动因素的清单梳理一遍：经济、技术变化、地区发展、学生人数变化，以及政治环境。在这些领域中，有哪些情况一定会发生，才会让这个情景可能成为现实呢？

- 这对于你们的相关利益群体意味着什么？在这样一个未来中做一名教师是什么样的情况呢？做一名管理人员呢？作为家长呢？做一名学生呢？作为校区委员会成员呢？这个未来会有更少还是更多的压力，更少还是更多的成就感，比今天更少控制还是更多控制呢？会有更多还是更少的机会呢？你为什么会让自己的孩子在这样一个未来走进学校呢？

- 你会把这样的未来叫作什么？找一个朗朗上口的名字，理想情况是既精炼上口，又深深打动人心。这就提供了引起共鸣的"抓手"，这个情景的理念也因此就可以进入学校系统的日常词汇之中了。

第4步：预演这个情景（1~2天）

当各个小组回到大团队的时候，每个小组为其他人简要介绍自己描述的未来。我们把这些未来作为一个整体来考虑。这其中有哪些可能合并？比如，那个叫作"持续价值危机"的情景和另一个叫作"赢家与输家"的未来非常类似，所以必须合并——如果其中之一成为现实，另外一个也会成为现实。努力确定3~4个最合乎情理的未来，相互之间要完全不同。5个或者更多就会含混不清。

当你们进行讨论的时候，要注意人们开始讨论他们想要创造的未来的时刻。建立共享愿景相当重要，但是它也会让你们对于外部现实状况的认识变得模糊，因此要记下那些对于希望产生的结果和不同策略的描述，但要放到一边，等到第5步的时候再用。

作为一个整体团队，对每一个未来，一一假想那一年已经到来，你们就生活于其中。当前正在发生什么？周围是什么情况？比如，在"一场新经济衰退"的情景中，需要缩减哪些开支？有哪些项目将会削减？对于特殊教育这类项目公众支持会有什么样的改变？再去看看你们给这个未来起的名字——它仍然合适吗？（在这个阶段，我们将"学习文化"改成了"转型文化"，以表现价值观转变不仅在学校里发生了，也在整个美国发生了。）回到第3步的问题。对于你们发现的任何有矛盾的地方，提出挑战并予以解决。（比如，在"转型文化"中，要发生哪些情况，才会影响标准化考试？标准化考试是否会完全消失呢？这恐怕不合情理。那么，这些考试如何才能与我们看到的新趋势协同一致呢？）要努力避免一厢情愿的思考方式。如果与今天的普遍情况相比，所有的学前班都为上学做了更好的准备，否则你的未来就"不会发生"，那么你就要找到一个合理的推理，说明为什么这样的变化一定会发生。

第5步：策略与结果（半天直至永远）

你们现在已经创造了一种语言，让那些很难看见的洞察得以表述出来。你们或许会问，"在'一场新经济衰退'的情况下，我们目前的建设机会还能继续下去吗？"或者，你们会问，"如果'持续价值危机'

发生了，我们能做好准备吗？"令人遗憾的是，许多情景规划的修习都到此为止了。但是真正的工作——可以产生真正效益的工作，其实刚刚开始。在形成了两三个未来情景之后，以下面的方式考虑当前的情况。

- 如果上述一种未来将会发生，那么目前的哪些政策或者做法，会是危险、短视的呢？你们愿意把"赌注"放到这样的未来吗？

- 你们正在考虑哪些策略，它们具备足够弹性，可以有助于你们为所有的未来情景做好准备，也就是为未来更好的生活打下基础，无论哪种未来情景发生？比如，在佩勒姆校区，与本地企业配合，对员工发展和师徒计划进行整体重新设计，显然在所有三种未来情景中都有所帮助。①

- 要看到令人悲观的各种未来中的一线希望，也要注意到那些让人感到乐观的情景中的不利方面。比如，听到一些教育工作者狂热地探讨"学习文化"，我就在想，"小心你们想要的东西。拿到的时候，恐怕会全然不同"。在一个每个人都推动更多学习、更大成就感的世界里，公立学校可能就不再会有什么独特作用了，在人们心中，公立学校就会变得更没有意义了。在那些未来的情景中，显示出了哪些与你们的直觉恰恰相反的情况呢？

- 有哪些"早期警告"信息，会让你们看到某一个未来正在来临呢？比如，佩勒姆学区的教育工作者探讨要就下一代孩子的价值观问题，成立一个开放论坛——这个社区希望他们的孩子学到

---

① 有关情景规划的更深入的指南（虽然其中一些案例有些陈旧），请参见彼得·施瓦茨（Peter Schwartz）著《长远的艺术》（*The Art of the Long View*, Doubleday 出版，1991年）。

什么？如果这个论坛大受欢迎，并且有很多人参加，这就意味着"学习文化"的未来情景很可能出现了。如果这个论坛感觉像是"拔牙般痛苦"，那就表明"持续价值危机"的未来正在来临。

最后，你们要记得开展这项修习的目的：提高你们对于自己面对的现实的认识，以及对于这种现实继续进行下去的种种可能后果的认识。当你们在10年甚至15年之后回顾今天的时候，你会为自己正在做出的决定感到欣慰吗——从那个时候，回头再看一看，这个马上就会成为过去的当下。

《我们的孩子们应该有的学校：超越传统课堂与"更严格的标准"》[1]

当第一次听到阿尔菲·科恩讲话的时候，我似乎有点儿期望他身着狄更斯时代的装束。这是因为他的有关教育的多个著作勾画出来一位充满激情、义愤填膺的人——酷似那些描述了19世纪中期童工的悲惨境遇的作者们。然而，他的20世纪的衣着丝毫没有降低他为孩子们呼吁的力量。

这本书以研究和清晰的文笔见长，对于采用过度强调成绩、牺牲学习的更严格的标准的取向带来的灾难性问题，做了尽的阐述。科恩认为，那些专家学者极力推崇的大多数道理，恰恰搞错了学习与动机的概念，因此人们越是努力强迫别人学习，就越是在限制他们发展的

---

[1] （*The Schools Our Children Deserve: Moving Beyond Traditional Classroom and "Tougher Standards"*），阿尔菲·科恩（Alfie Kohn）著（Houghton Mifflin 出版，1999年）。

可能。对于那些认为自己对学生学业有答案的那些人，这部书应作为一本必读书。

——贾尼斯·达顿

《某个尺寸的鞋只适合少数人》与《左右为难》[1]

苏珊·奥海宁写道，"教书中最可怕的事情，就是我们这些教师，尤其是小学教师，按照我们自己的模子去教育孩子"。奥海宁具有使官僚系统的荒诞的隐秘核心昭然若揭的天赋。《某个尺寸的鞋只适合少数人》是一本激辩的书，对象是那些"标准化人士"——加利福尼亚（她所在的州）和其他地区的教育官员。《左右为难》讲述的是"非标准孩子们"的故事，他们备受忽视，也受到各种标准化考试的沉重打击；然而，这些孩子实际上却才能卓越、与众不同，在学业上和生活中都相当引人注目。除非我们找到了令他们取得成功的环境，他们中的许多人都会默默无闻。这两本书在言辞犀利、富于同理心和深思熟虑之间挥洒自如、游刃有余，读起来有无穷乐趣。

——阿特·克莱纳[2]

---

[1] 《某个尺寸的鞋只适合少数人：教育标准的愚笨》(*One Size Fits Few: The Folly of Education Standards*) 与《左右为难：非标准的孩子与害人不浅的课程规划》(*Caught in the Middle: Nonstandard Kids and a Killing Curriculum*) 均由苏珊·奥海宁 (Susan Ohanian) 著（Heinemann 出版，1999 年，2001 年）。

[2] 另参见阿尔菲·科恩著《受过良好教育意味着什么？》(*What Does It Mean to Be Well–Educated*, Beacon Press 出版，2004 年），以及他的网页 www.alfiekohn.org。

2. 一个 19 000 美元的问题
推断之梯的实践

迈卡·菲尔斯坦（Micah Fierstein）听到的故事

迈卡·菲尔斯坦是阿拉斯加大学安克雷奇分校的一位教育领导力副教授。他写道："我与教师和学校管理人员开展共同学习项目已有 20 多年。每次研习开场，与我共同工作的团队，都会分享他们在自己的工作中运用学习型组织工具的体会。其中最有感染力的是下面这个故事，讲述者是某个城郊学区中的一位课程规划总监。她让我们这个团队认识到，以信息和知识参与、投入一个系统中是可能的，它还会带来影响深远的结果。她告诉我们，这项工作中的关键主题是勇气和信任——向他人学习的信任，以及相信自己可以影响这个系统的勇气。勇气还意味着，愿意将自己放到弱势地位，并敏锐地察觉到其他人处于弱势地位的感受。"

后来发生的所有一切的起点，是一位小学管理人员要我去见见他的管理团队。他们对于新近的数学教学规划有些疑问。对于将要面对什么，我毫无准备。这些教师对学区的愤怒一下子就爆发到我身上了。他们抱怨说，"去年，是阅读课的新规划。后来，又有家长报告州里规定的标准，现在又来了一个数学系列"。我做的第一件事，就是跳到结论部分——这是预先设置好的。他们显然对我不够尊重，事先没有告诉我们这个会议的意图是什么，他们来的目的就是要对我发动攻击。他们也完全不了解，我们付出了多大努力才为这个新课程规划搞到资金。他们害怕变革，在自己的世界里故步自封，还毫无感谢之意。

幸亏我们在这个团队中一直进行学习，我意识到自己在推断之梯上跨了好几级，于是我决定提出自己的假设，并实践一下对话和探询。我决定问几个问题，并且以一个初学者的心态倾听。这些教师表达出了对自己的学生的深切承诺，也由于没有能力像他们希望的那样快地将新课程规划落地，表现出了他们的郁闷。他们烦恼的核心是如何将新教学方式在所有年级同时接轨。对于过去 3 年我们不断要求教师们持续做出变化，我也开始有了更深的了解。州里的标准的新要求、新的家长报告卡、各种课程规划等等，似乎触发着一种无法胜任的感受。这也就难怪他们愤愤不平了。

"你们想让我做什么？"我问道。这个问题似乎让他们猝不及防。他们长出一口气，然后往后一坐。"我们没想让你做什么，"他们说，"只不过想要你听一听。"

他们害怕变革，还毫无感谢之意。

他们不尊重我，目的是要攻击我。

他们这是故意给我设了圈套。

这是一个反复出现的模式。

教师们正在抱怨。

回到办公室之后，我反思了自己听到的一切。我对于这些教师的愤怒得出的那些最初结论是不对的。恐怕他们要比我当时以为的更有弹性。在此之前，我从来没有退后一步，看一看我们正在推动变革的数量。对于教师们所做的复杂而又卓越的工作，这个学区从来没有进行过表彰。于是我坐下来，起草了一封致教师们的信，对他们表示感谢，并明确表示他们对于我们的新课程规划措施做出了贡献。

教师工会（在没有告知我的情况下）将我的信发表在了他们的定期简报里。我获得的回应相当有意思。有十几位教师直接与我联系。他们告诉我说，这封信对于他们来说多么有意义，还说很长时间以来，这是第一次有中心管理机构的人表现出在倾听大家的想法。然而，在接下来的一次校长们参加的管理会议上，我被狠狠地批评了一顿，说我是在讨好教师工会。

这是一次令人不愉快的经历。我可以因此而选择退缩，但是为了学生的利益，我想要保证新教学项目的长期成功。我知道，这要依赖那些教师，要依靠他们去利用这个教学规划带来的各种新的学习机会。那些教师提出的问题都很重要——它们来自这些教师日复一日地与这个课程规划、与学生之间的互动。他们还必须要把所有这一切向家长们解释清楚。我感到，我们拥有了一个不可多得的机遇——通过直面、清晰地应对任何创新中都会出现的那些不可避免的问题，缓解他们的挫折感、加强学生们的学习。

我决定给这些教师一次在职培训的机会，以便更好地了解这个项目。聘用代课教师以及其他费用总计19 000美元。唯一的问题是，在我的预算中没有这笔费用。我只能找学区的学监申请。

我知道我是在把自己放到一个弱势的位置。这位学监是新到这个学区来的。他也许会认为，我不具备评估这个学区的需求的能力，或者是缺乏预算计划的技能。我还把教师对于学区管理机构怨恨多多这个不能讨论的问题暴露了出来。也就是说，他可能就此推论说，我是一位不称职的管理人员。我正在将自己置于新一轮批评之中——这一次，是来自老板。

在以往申请资金的时候，我从来都不需要仔细说明我的推论背后的那些假设。这一次我知道，如果我不这样做的话，学监就会毫不费力地跳到他自己的推断之梯上。考虑到这一点之后，我决定要跟他一起一步一级地走上推断之梯，展开讨论。

我向他谈起我参加的那次教师会议，以及我观察到的愤怒和挫折感。我也跟他提到对于我写的那封信，我得到的回应。然后，我说："这表明他们关心这件事，而并非冥顽不化。我的假设是，这样的关注来自想要成为成功教师的渴望，来自在他们的课堂上尝试新做法的意愿，但他们对这个项目还有许多问题。我认为，许多课程创新失败的原因，是由于教师的挫败感妨碍了他们对于实施变革承担责任。我相信，我们现在拥有一个不可多得的机遇，通过收集任何一个新项目都会产生的那些不可避免的问题，缓解他们的挫败感。所以，我想申请19 000美元，进行一次在职培训。"

我心中隐约觉得他不会同意，也对此做好了准备，把自己"出发点高尚，就必须要做"的心态放到一边，以一个新人的心态倾听。我以为自己不得不听他谈谈他的担心，然后设法进行一次有技巧的探讨。当他很快就告诉我，我的解释很有道理，这项计划是个负责任的机会，而且这就是这个学区需要做的事的时候，你们可以想象一下我是多么地喜出望外。

这个总监是个糟糕的管理者。

这个总监过于仁慈。

这个总监没有制止那些抱怨。

这是一个反复出现的模式。

教师们正在抱怨。

我们一起从员工发展的角度做些探讨。

我们需要回应他们的担心。

他们的担心是有原因的。

这是一个反复出现的模式。

教师们正在抱怨。

3. 强者愈强

麦克尔·古德曼　贾尼斯·达顿

每一年，一所学校的管理人员都要下定决心，让所有的孩子都获得同样的成功机会。然而，每一年总会有一些学生——常常是来自低收入居民区的孩子，似乎是被卷入了失败的恶性循环。他们来到学校的时候准备不足，一些教师觉得他们总是闷闷不乐。他们似乎无法融入学校的主流文化，他们说起话来与其他人很不一样，穿着打扮也总不大对头。尽管教育工作者们想要帮助所有孩子学习，但是学校系统本身似乎还是把他们区别为"好孩子"和"问题孩子"。最终，学校系统的有限资源受到来自各方面的巨大压力，比如，人们的时间和精力有限，无法帮助所有的"问题孩子"，于是他们中的许多人就被视而不见。

教师们很自然地就会把自己的兴趣和注意力放到"好孩子"身上。而那些"好孩子"也处在一个循环之中——成功与赞许的良性循环。他们在学生组织的选举中获胜，他们被"保送"进入先修课程，他们考试成绩优秀。人们对他们期望颇高，而他们也会实现这些期望。

在学区之中也会发生同样的现象。有些学校是"差校"，陷入了恶性循环。无论给它们拨了多少资金，或者大家认为它们获得了很多资金，这些学校总是做得更糟。最终学区感到帮助它们实在过于吃力，因此这些学校也就被一带而过了。在一些城市里，如果一家学校的考试成绩没有改善，资金就会从这家学校调出，并重新分配给那些正在改善的学校。或许这些学校并不需要这些资金，但是继续支持"赢家"的诱惑是无法抗拒的。

是什么原因让一个孩子或者一所学校，被归为"赢家"及"输家"这类无法衡量的类别呢？在"强者愈强"这个动态模式中，两个正反馈循环产生了冲突。其中之一的确是一个良性循环，对于某些人来说，情况越来越好。另一个则是一个恶性循环，对于其他人来说，局面越来越糟糕。在开始的时候，这两组人可能能力相当或者同样很有前景。但是处于"良性循环"的这一组人，更快也更明显地表现出了自己获得成功的迹象。一个学生（或者一所学校、一种做法）越早被人认为，与其同辈相比获得了"成功"，就越会获得更多的资源，而分配给其他人的资源就会越少，因此成功的良性循环呈螺旋式上升的速度也就越快。

当那些对工作兢兢业业的教师和管理人员努力在工作与家庭生活之间寻求平衡的时候，就会注意到这个动态循环。如果你晚上要开一个会，很容易就会一直工作到吃晚饭，于是就会面对这样的抱怨："你为什么又要回去工作呢？"你越是忽视与家人在一起的时间，把更多的时间放到工作上，你的工作时间相形之下就会获得越多回报，你就会倾向于在未来把更多的注意力放到工作上。另一个常见的例子，是家长们中常见"为什么你就不能像玛丽那样"的态度。容易相处的孩子（或者是同事、下级）会获得更多关注，而一个让人烦恼的孩子就会较少获得关注，但这个孩子从根本上更加需要关注，同时他也可能同样具备才能。

这个动态关系也可以用来阐明，教育中的"文化资本"微妙而又无处不在的影响。在许多学校里，尤其是在高年级，处于主导地位的课程安排及其教学过程，都是为了面向上中产阶层、白人、男性、盎格鲁-撒克逊后裔，都是语言/分析类，以及思维和学习的肤浅模式。比如，有研究表明，简明、直接和线性的表达方式，也就是所谓的"男人"表达方式，会引发人们对于较高地位的联想，无论说话的人是女性还是男性。但是许多人，尤其许多孩子，不用这种方式讲话——特别是如果他们不是来自白人家庭背景，有学习障碍，或者是女性的时候。也就是因为这个原因，他们觉得自己无足轻重。他们越觉得自己无足轻重，他们就越少得到来自学校的赞许、机会和关注（"问题"除外）；他们得到的赞许和机会越少，他们就更觉得自己无足轻重，他们也就越少投入学校的日常生活中去，因此他们就愈加觉得自己无足轻重。[1]

应对"强者愈强"的策略

只要是那两个正反馈循环连接在一起，"强者愈强"的这个动态关系就会一直持续下去——"良性循环"群体的进步，是以陷入了"恶性循环"的群体为代价的。有没有办法让它们分离呢？难道必须是一个零和游戏，一个"赢家通吃"的游戏吗？要做些什么才能增加资源

---

[1] 见德博拉·坦嫩（Deborah Tannen）所著，《你就是不明白：对话中的男人和女人》(*You just don't understand: Men and Women in Conversation*，Ballantine Books 出版，1990 年）。

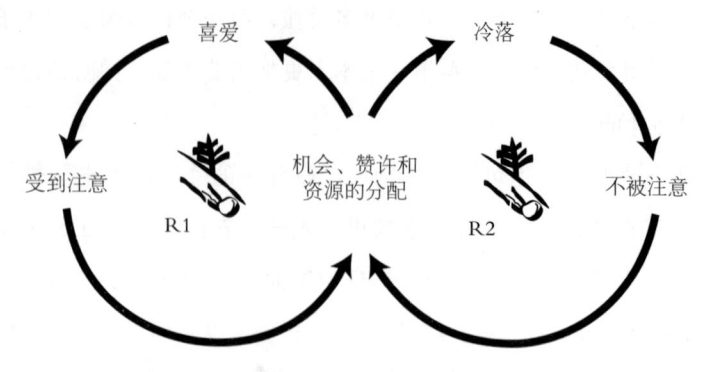

强者愈强动态关系图

注：在这个案例中，"文化资本"的影响显示出两个正反馈循环，相互之间由学校中常见但又有限的资源连接起来（学校中可获得的机会与资源的分配）。图的左面，是一个偏爱那些讨人喜欢的孩子的"良性循环过程"，这又让他们得到了更多的注意，因此获得更多机会。但在图的右边，是一个也在发生作用的"恶性循环过程"。由于机会和资源都分配到了其他地方，最终的"净影响"是系统性的不关注。由于没有人去设想这种结果，这个局面就会导致更大的"不被关心"的感受，并最终使系统中的一些人获得越来越少的机会。

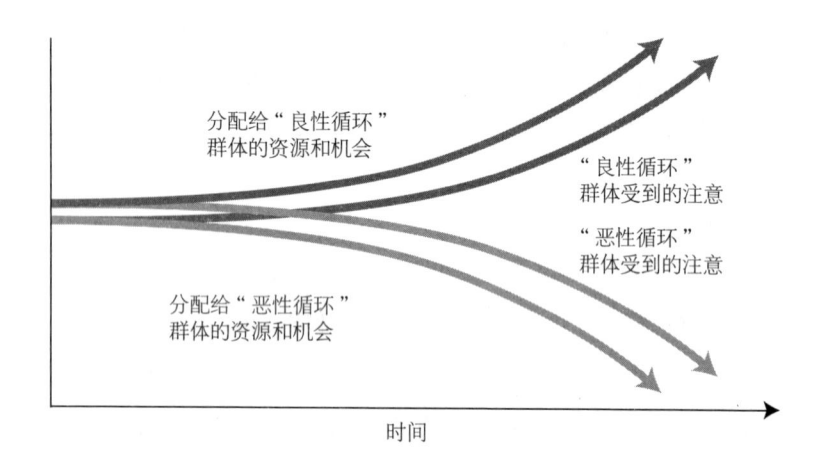

注："强者愈强"的行为随时间变化的模式，像其他所有正循环模式一样，是一种持续加速趋势。在这个案例中，呈现出四种趋势。对于"良性循环"群体的资源分配不断增加，这个群体受到的注意也在不断增加；同时，流行"恶性循环"群体的资源日渐减少，这个群体受到的注意也逐渐减少。

呢？比如，有没有可能拿出特别安排的时间和注意力，给予那些（无论由于什么原因）从未被看作是"成绩优秀"群体中一部分的那些学生呢？

走出这个困境的另一种办法，是寻求一个包容这两个群体的成功的总体目标。做一次共享愿景的研习可能会显示，由于重视一个群体同时忽视另一个群体的做法，学校的内在目标已经随着时间的推移受到了损害。

你们可能倾向于通过提出新的政策议案，把先前只是处于"良性循环"中的群体才拥有的那些特权，提供给处于"恶性循环"中的群体作为"补偿"，以此迅速地、大幅度地逆转这个循环。但是，这样做可能会让这两个群体彼此排斥，并随着双方争夺稀缺资源的更大优势，形成一种来回波动的模式。当这个系统最终稳定下来的时候，所形成的局面对于处于"恶性循环"中的群体来说，可能比最初的情况还要糟糕。

请仔细看一看这个基本模式背后的心智模式。以那些贴上了成绩优异标签的人（学生和教师）为基点，在你们的学校里，"成功"者的价值观、态度以及特征是什么？这个群体是否代表整体人群？有哪些态度的存在使其他人不被看作成功者？如果你们自己并没有这些态度——如果你们扩展了自己有关成功的理念，那么你们如何运用自己学校的资源，彰显和培育一个更大群体的成功者的潜力呢？

还要重新考虑成功是如何衡量的。正如系统思考作家丹尼尔·金（Daniel Kim）所说，"我们往往认为，我们相信我们所衡量的，但可能性更大的是，我们所衡量的，是我们相信的"。有哪些可衡量的结果导致这所学校偏爱某些群体，同时忽视另一些群体？对这些衡量标准如何进行变革——同时又可以继续忠实于这个学校追求卓越的总体愿景呢？

不幸的是，有许多人发现自己陷入了这个动态循环的"恶性循环"的那一部分。我们知道有三种策略，可以让这些人逃脱困境。第一个策略是适应，就是采用每一种可能的方法投入"良性循环"之中——无论代价如何。这种策略的实施往往以人们的自我认知和关系为代价，要求自己这样做是一件相当痛苦的事情。第二个策略是"打破规则"：将"恶性循环"群体的某些方面转化为成功路径。比如，当主流文化看不起饶舌和嘻哈音乐的时候，从事这项音乐的音乐家们将它们变成了一种创造性的、成功的音乐流派。这种方法的启动点是，学会认知自己的优势和才能——即便主流系统没有这种认知，并且建立起一个人际网络，以便人们相互帮助，开发和测试自己的才能，最终以自己的标准回到系统中去。第三种方法是提升整个动态系统的认知水平，或许是应用"强者愈强"的基本模式提出问题："有多少人受到这个模式的影响呢？那么，这个学校系统，作为一个整体，真的想要制造这样的结果吗？"

4. 转移负担

解析学校里种种有害问题的一个系统基本模式

麦克尔·古德曼　贾尼斯·达顿　阿特·克莱纳

"必须要采取点儿行动了，而且要快。""转移负担"的故事总是始于一个紧急问题的症状，以及对行动的疾呼。"快修"的办法显而易见，并且可以马上着手，它给人以确定性的幻觉，也带来短期效率的激励。但是它将人们的注意力从问题真正的、底层的根源转移开来，最终它本身也无法持续下去。另外一个解决办法更加根本，但它需要更长的时间，具有更大的不确定性，为其形成支持也更困难。当人们在这样的两难局面中挣扎时，总会自然而然地受到"快修"方法的吸引。

"高风险测试"就是一种不断延续也广为人知的"转移负担"模式。到目前为止，其模式已经为人熟知了。学校受到来自联邦法律、州立法机构、当地企业、房地产商以及家长的压力，要通过提高"高风险测验"成绩来"证明"自己有能力履职。但州里的标准完全没有提到，为什么有些学校成绩比其他学校要差，以及如何通过可持续的方式来缩小差距。于是，"快修"就展开了：从1月到3月，教师们都在为考试上复习课。他们把课堂变成了考试技巧预备班，结果最初的成绩也确实有所提高。"快修"起作用了！

可是，一旦考试结束，几乎所有学生都忘记了他们学习过的内容。那些由于某些原因在考试中感到吃力的学生们发现，他们通过努力变得优秀的渠道更少了。他们看不到继续尝试的理由，不及格率和辍学率随之上升。结果，那些不适应这类考试的学生受到惩罚。这种状况导致学生总体技能水平降低，继而使得总体成绩下滑。随着问题的症状再次出现，便出现了重新再次"快修"的需求——再次将标杆上提，采用更加严苛的标准和考试。

系统中的每一个人都了解这种"快修式"标准化考试的危险，但每一个人都被迫进入这种模式。为什么呢？因为那些根本解决办法需要一开始就投入更多的资金、时间以及对学生的关怀；需要更加深思熟虑和更多的试验，需要更加关注各种学习方法和深入的职业培训。不同利益相关者对于如何解决问题有各种看法，可供考虑的学校设计方案数量众多、相互竞争，甚至相互矛盾。更重要的是，那些更根本的解决方案，产生的效果更慢，况且没人能够确定会产生效果。结果改善之前的"延迟"原本就令人难以忍受，可就在这个时候，邻近学区的学生成绩又提升了20%。

在教育领域，还存在"转移负担"模式的许多其他结构。如果面对学生的纪律问题，你们是采用一个根本性解决方案——那可能会涉及家庭治疗或者采用新的教学方法，还是会"快修"了事？比如，进行药物治疗或者直接开除——那也许在未来会导致更多纪律问题的出现。如果教师们接受的培训不足，你们是会寻求员工发展的某些快速形式，还是会探索一些触及深层的系统——由每一个学校的全体教师、家长和管理人员共同设计？有时候，"快修"的办法也许的确是最恰当的方案——如果学生之间相互构成威胁，那么最好是将他们分开，但是这类"快修"很少从长期效果或者其他深层解决方法的角度予以考虑。比如：

变体1：产生依赖（我们失去解决问题的能力）

随着学校系统中的教育工作者逐渐失去转向根本性解决方法的能力，这个系统在一段时间之后就会"上瘾"——对那些没有真正起到作用甚至不能有效缓解"症状"的方式产生依赖。由于这种依赖给人们应对问题症状的根本能力带来了巨大破坏，它变得比问题本身更加糟糕。当学区将所有的时间和资金都用来帮助学生通过考试的时候，他们往往就要被迫限制其他的服务和项目——辅导、体育、艺术、音乐、特殊教育、营养以及和家长联系等。过不了多久，这些方面的能力随之退化萎缩。当这些学区需要重新回归到这些基础领域时，它们的相关员工、知识以及开展工作的能力都不复存在了。它们对"快修"产生依赖，无法逃脱了。

就像所有的"上瘾"症状一样，这种依赖状况还会导致更严重的困难。当在考试中获得好成绩的压力增大，而学校进行有效教学的能力又被削弱的时候，人们开始觉得为了实现这样的目标，可以不择手段。于是，就可能存在与这个系统博弈的巨大诱惑，比如，以某种方法操纵考试结果。退后一步去找到另一种方法的努力变得愈加难以执行，因为完全没有时间顾及。最终，这种"快修"一点儿也不快，它会吞噬一切。

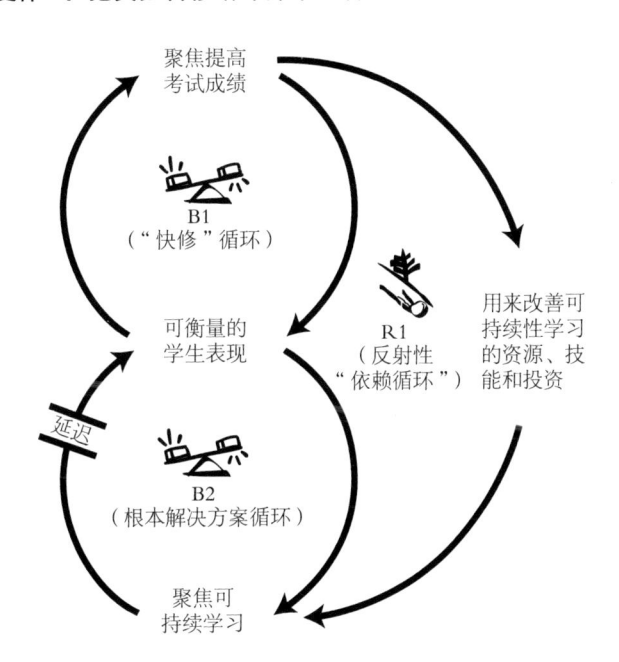

变体2：把负担转移给外部干预者（不可缺少的专家）

注：这个因果循环图描述了一个"转移负担"结构。面对改善可衡量的学生表现的压力（中间部分），教育工作者面临一种选择。速度较快的"快修"方法（B1）聚焦于提高标准考试成绩。"根本性解决方案"则需要在提高读写和数学能力、课程规划修订、加强营养等许多方面进行深层投资。因为后一种办法更加困难，也更具不确定性，而且还需要更长的时间（注意图中的"延迟"），产生结果就更慢，但这存在根本性收益的更多机会。在图的右边，是一个"依赖"的正循环（R1），它会降低这所学校回归根本性循环的能力，并因此使其更进一步依赖于"快修"。

有时候，当一个外部专家被请来帮助解决一个棘手问题的时候，就会产生一种组织"依赖"。外部"干预者"的角色原本是临时的，但应对这个难题的人们却逐渐对这种干预产生依赖，不再学习如何自己解决问题。如果那个外部专家真的可以解决这个问题的话，这种情况还可以接受。但从长远而论，只有系统内部的人们，才能做出解决这个问题所需的根本转变，并将这种转变持续下去。

这种情况常常发生在诸如阅读教师、特殊教育专家、循规蹈矩的管理人员和学校的心理辅导师等教育专家身上——教师们把越来越多的问题推给他们。如果这些专家没能帮助课堂上的普通教师提升能力，这些教师就会变得能力更低。这是因为每当他们将一个情况特殊的孩子交给专家时，他们也就丧失了与这样的孩子打交道的实践机会。他们会越来越依赖这些专家。

变体3：逐渐被侵蚀的目标（不可缺少的专家）

在这种"转移负担"的常见形式中，预期成绩与真实成绩情况之间的差距变得如此巨大，于是人们不再努力提高学生成绩（通过根本性的改善措施），而是满足于接受一个较低水平的成绩，从而将压力排除到系统之外。比如：很多学校都有这样一项政策，成绩差的学生被禁止参加课外活动——（例如）即便他们是运动员，或者即便那个课外活动是他们喜欢学校的为数不多的原因之一。

在教育工作者的心中，这不是惩罚，而是代表了一种富于同情心的解决方式。所有令他们分心的事情都必须要屏蔽掉。这名学生要利用一切可用的时间来学习（比如）数学或科学课，而不要把时间浪费到摄影俱乐部、曲棍球或是军乐队的活动上。当你们强制一个人将注意力放在学习上，随着这个人最初接受这样的束缚，往往会产生短期效果，但通常效果不会持久。迟早这个学生会在心中内化这样一个真实信息："我一定有什么问题。"这个学生与学校之间原本就为数不多的联系之一就这样被割裂了。最终结果往往要么是产生对抗，要么是"消极抵抗"式顺从，以及可能导致暴力倾向的一种被排斥和孤立感。

"我本来正在努力成为一个有团队精神的球员，"一位曾经处于这种情况的学生告诉我们，"在冰球队里，我终于找到了在学校里我所热爱的东西，而且我也开始与教师们建立更好的联系。但是，现在成了这个样子，我还有什么要在乎的呢？"

采取更根本性的解决方法，就要详细观察每一位学生的问题背后的各种原因，其方法可能并非显而易见。这个学生可能需要个别指导，或者由于读写障碍、注意力缺陷障碍等问题需要评估。也许适当的方式是让球队中的所有孩子为了球队整体，在提高英语和数学能力方面互相帮助。

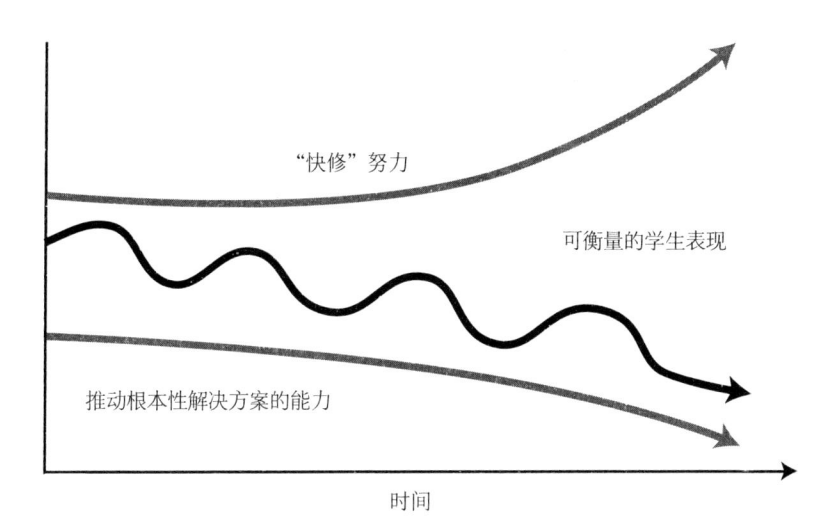

注：这幅"行为—时间图"描述一个"转移负担"结构的影响。在"快修"上花费的努力和时间持续增加。这个问题的症状（可衡量的表现）上下波动——有时候稍有改善，但总体上持续恶化。从长远来看，基础能力由此逐渐下降。

"目标侵蚀"的另一种常见案例，往往发生在一个学区决定将"所有孩子都学习"作为指导原则之后。经过几个月兴致勃勃的努力，人们逐渐看清，要将这个原则转化为实践是多么困难（或者，人们的态度要在其中做出多么大的改变）。由此一来，这个学区的愿望就一步步地在不知不觉中发生着改变，先是变成了"多数学生会获得更好的机会"，而后又成为"我们为就业市场培育更多孩子"，最终则又完全回到了这项行动启动时的那种情况了。

应对"转移负担"情境的策略

如果你们发现自己处在一个"转移负担"的结构之中，或是它的某种变体之中，要先尝试更深入地了解这个局面。你们曾经试图应对的问题表现是什么？哪一种"快修"让你们觉得有吸引力？产生了（或者可能会产生）哪些预料之外的结果，这些结果又会如何影响这个问题的本源或基础原因？

然后，你们的思维就要转变一下了：如果"快修"的通道不可用，你们可能会尝试哪些其他替代方案呢？这些更根本性的措施是如何应对这个问题的呢？你们需要进行哪些投入，要进行多长时间，才能让这些措施产生效果呢？你们如何持续进行这类投入呢？

人们往往倾向于这样假设：自己偏爱的解决方案就是根本性的解决方法——不管这个方案可能是什么。教师们认为某一种解决方案是"根本性的"，家长们则看好另一种方式，管理者们又看到了第三种选择。正是由于这个原因，要在问题的所有相关方参与的各个团队中，详细探讨大家共同面临的局面，并且要"悬挂"自己对于最好解决方案的预判。

当你对长期和短期的解决方案有共同的敏感性时，就要去强化长期解决方案。如果可能的话，对于已经形成的依赖，采用"断然戒除"（cold turkey）的方法——完全采用短期解决方案，看看情况如何。如果你们必须要采用一个"快修"的措施，应对某个问题的症状，也要慎用。要时刻意识到自己的主要目的：这样做是为推进根本解决方案争取时间。有的时候，也存在着这类短期解决方案，它们实际上可以促使你们朝着长期目标前进。比如，某些"应试教学"内容可以设计成为课程计划的一部分，同时为学生学习进行长期投资创造条件。

5. 高中游戏规则

内森·达顿（Nathan Dutton） 雷克·宽茨（Rick Quantz） 诺兰·达顿（Nolan Dutton）

对于许多成年人来说，上高中的孩子看上去似乎对学校不大在乎，但这也许是由于他们的注意力，在同时发生作用的两个类似"高压锅"的系统中耗尽了——一方面是没完没了的各种限制，另一方面则是无穷无尽的百无聊赖。首先，他们必须在课堂上和考试中持续提高成绩。其次，他们陷入了一场社会博弈游戏。几十年以来的流行书籍、电影和电视节目——从 S. E. 辛顿的《局外人》到蒂娜·费的《贱女孩》，再到 J. K. 罗琳的《哈利·波特》以及许许多多的其他作品，都以形形色色的这类博弈游戏作为它们故事线的中心。从这类博弈游戏中获得的伤疤，会在人们身上存留许多年，甚至可能终其一生。但是，几乎没有什么人会像那些身陷其中的孩子们那样看待这个过程。

这篇文章的写作初衷，是我们熟识的几个高中生（这本书的共同作者贾尼斯·达顿和记者贝蒂·宽茨的儿子们）让我们看了他们制作的一张有关学校生活的博弈大游戏的秘密地图——这些孩子现在都已长大成人。我们相信，在全球的几乎每一所学校里，都可以画出类似的地图（在分类细节上或许有不同形式）。

如果你们经历的高中与我们经历的类似，你们每天就要在学校里度过七个小时。半小时的午餐时间以及在校外其他时间与各种朋友相处这两件事，恐怕会是你们在智力上投入最多的时刻——尽管我们的教师有他们的良好意愿。其余的六个半小时，无论课上还是课下，你都一直忙到发疯——试图谈个恋爱、急着消除有关自己的流言、传播别人的谣言，以及其他所有能让你在高中里继续生存下去的事情。高中博弈游戏根源于成人的各种求偶仪式以及阶层等级的社会化复制。在某种程度上，这个博弈游戏决定了你在学校里的成功——对此几乎没有任何家长、教师和学校管理人员会承认。家长、教师和学校管理人员可能声称，每个学生都有同等的机会，被给予同样的尊重，或者遵守同样的规则；但我们不是，也没有那样做。成年人也许觉得，他们重视的是学业，但其实他们并没有。事实上，这个系统中的所有成年人已经共谋建立了各种潜规则，其日复一日的作为就是一面镜子，反映了他们自己在"真实世界"中展开的博弈游戏。

其实这不是个游戏，至少人们不能像坐下来玩玩大富豪那样，仅凭自己简单选择就能参加这个游戏。大多数人并没有察觉到它的存在，甚至意识不到它在多大程度上影响了他们的选择，控制了他们的行为。对于我们来说，它也一直是无形的，直到一天晚上我们几个一起在一个朋友家过夜。那天，我们聊的是学校里各种不同的团体和帮派。在我们这个小镇上，许多家庭来往密切，我们中的许多人从学前班开始就一起上学——如果不是从日托就在一起的话。这种年龄、背景相同的人组成的小团体，有些多年来一直未变；多数则在初中阶段发生了变化，结果到了高中的时候，有些在三年级曾经是朋友的人，甚至不承认彼此的存在了。到凌晨3点左右，出于某种原因，我们决定画一张学校各种社会团体的地图。

我们当时一直在讨论大众媒体勾画出来的中学生，他们说我们组成了一个个小圈子，彼此之间特征迥异、区别清晰。而我们觉得，我们彼此之间的区别并没有那么明显，我们之间的边界也模糊不清，就像连续光谱一样。我们先是把相互对立的兴趣和价值观像指南针上的刻度那样画在图上。我们完全没有考虑社会等级。像大多数中学生那样，对于任何一个不在场的人，我们都不会说什么好话。然而，虽然我们在画图的过程中，可能用了各种说法去描述所有那些圈子，但最后的结果还是用了这些圈子在那个时候习惯给自己贴上的标签——酷哥、黑帮、乡巴佬，以及怪胎。我们知道也许会有人觉得这些名称不合适，但是我们觉得，大家应该有给自己起名字的权利。不同学校的学生，来源不同，可能会在不同象限贴上不同的标签（有些学校可能会在一个象限放上"运动控"，但不会有"乡巴佬"）。

正如地图上的大多数地点都不是正南或者正北方向，学校里的学生也没有纯粹的"酷哥"或者"怪胎"。几乎每一个学生都会符合这个圆圈上的某个位置。多数人都不会聚集在极端的各极（酷哥、黑帮、乡巴佬和怪胎），而是处在它们之间。比如，我们和我们的朋友们，大致属于酷哥–怪胎那个象限，对于与之完全相对的黑帮/乡巴佬，我们所知甚少。还有，我们的地图显然代表了男孩子的视角，一群女孩子画出来的可能是完全不同的安排。但我们猜想，所有学校的情况大致都如此。

没过多久，我们这些年龄、背景相仿的人，就到了一个求知探讨时刻，我们的地图背后的种种含义也迅速变得显而易见。虽然我们原本没有讨论社会等级，但地图上还是显现出了一个社会等级结构。"酷哥"们处在顶端，但也有一个处在底部，由社会阶层激发的"底层阶级"文化。图中那些象限代表的是我们所有人效仿的理念，并不一定是我们的真实个性。许多"酷哥"效仿的是一种与他们自己的生活方式相比，更为丰富的生活方式；而黑帮们则在效仿城市黑人的生活状况，也在效仿贫穷和反抗，尽管他们实际上来自郊区的上中产阶层。至少在我们这个学校里，一个人的实际经济状况与种族，以及这些想象的社会个性毫无关系。

我们在学校里向一些人展示了一下这张地图，比如，在一堂四年级的法语课上，还有就是朋友们来访的时候。许多人对于这张地图大体上都同意，而后他们就让我们为他们在这张地图上安排一个位置。一些人对于我们对他们的归类非常生气，觉得受到了羞辱。我们发现，尤其是酷哥们不承认自己是酷哥。他们会说，"我只是普通人"。但是，如果让其他人指出一个典型的酷哥的时候，那位说自己是个"普通人"的家伙就会成为首选。

酷哥是学校这个博弈游戏中最成功的玩家，但是要和他们讨论这个问题却相当困难。他们在这个游戏中的表现是那样的从容不迫，又经历了那么长时间，以至于他们对于自己的特权和文化资本视而不见——正像更大的人生博弈游戏中那些占据统治地位的圈子一样。

在我们的学校里，这个游戏有一些不成文的规矩——在美国（乃至全球）任何一所公立中学里恐怕都是如此。

规则1：抵抗是无用的

这场游戏是由这个学校中的所有共享经验构成的。一旦你身处其中，它就是一切。它是生存之道。一旦你找到了属于自己的位置，适应并融入其中的压力便无法抗拒，你的衣着、行为、活动都由你所属的社会圈子决定。你并非因为看上去是那种样子才加入某个圈子的。你看上去是这个样子，是因为你加入了这个圈子。看看发型，你就可以分辨这些孩子属于哪个圈子了，因为他们按照自己圈子的发型理发。如果你在穿着打扮、行为举止上不再"合群"，你的圈子就会做出反应。"你这个蠢货，滚远点儿。"于是，你就要再找另一个圈子混了。这也就是为什么这场游戏要花费这么大精力，因为你不得不遵循的穿着打扮、行为举止的方式，在不断变化。①

我们把这个规则讲给了我们的一位朋友，他听了很不高兴。"我觉得自己像是电影《黑客帝国》里的那些角色，一旦你脱离了那个帝国，并了解了它如何控制你所做的一切，你就再也回不去了。我现在还在玩这个游戏，是因为如果我不玩下去的话，就会感到无所事事。"

这场博弈游戏实际并非科幻小说，但是就像《星际迷航：下一代》中的外星种族博格人那样，这个游戏会尽一切可能将你同化。抵抗倒不一定完全是徒劳的，但如果你真的要抵抗的话，后果会相当严重。

规则2：如果你想要得分，就必须要玩这个游戏

这个游戏实际上是一种求偶仪式，操控着你的社交生活。如果你选择不参与（或者是被排挤出去了），你就不再是这个学校的社会结构中的一部分了。我们的一位朋友曾经说，"我不想认真地玩这个游

---

① 2000年，第97页上的"博弈游戏"图表首次出现在本书的初版上。我们之所以对于新版中的内容参考不做修订，是因为任何一版的具体参考内容都会过时，而这些具体细节不可能适用所有地方。但在任何一个时点，每个有中学生的学校都可能会有一张与这个"博弈游戏"图相仿的图。

戏，但这也就是为什么我连一个女朋友都没有的原因"。那些没有传统爱情生活的人，比如，许多书呆子、同性恋的孩子，以及那些接受特殊教育的学生，在学校的社交圈里毫无立足之地。他们不在这场游戏之中。

酷哥
组织的活动。
乡村俱乐部。
Abercrombie & Fitch, the Gap①品牌服装。
返校活动中的国王与女王们。
学生会，学校年刊。
排行榜前40名的音乐。布兰妮·斯皮尔斯，瑞奇·马丁。
威尔·史密斯，《救命下课铃》。
《独领风骚》中的大部分角色（包括默里，一位装作黑帮的酷哥）。
从其他圈子中吸收"酷态度"。

乡巴佬–酷哥象限
大多数球队运动员，尤其是橄榄球运动员。
大多数玩棒球和垒球（这也就是为什么酷哥不玩棒球，即便他们喜欢这项运动）。
《吸血鬼猎人巴菲》

乡巴佬
牛仔靴，
超紧身牛仔裤。
宗教保守主义者。
葛斯·布鲁克斯，莎妮娅·特温。
皮卡汽车。
《校园蓝调》，
标志性乡巴佬电影。
我们学校里唯一没有黑人学生的圈子。

黑帮–乡下佬象限
烟民。
对这个圈子我们了解不多（因为我们处在与之相反的象限）。

黑帮
街头篮球。
《独领风骚》中的默里就装作一个黑帮的酷哥。
在我们这个中西部农村中学，这个圈子里主要是白人孩子，他们模仿城市中心的说唱音乐流行文化。
说唱音乐，节奏蓝调音乐。

酷哥–怪胎象限
大多数在毕业典礼上告别致辞的优秀学生。
玩网球、越野运动员。
学校交响乐团和乐队成员。
不抽卷烟的烟民。

怪胎
敢于特立独行，
彼此欣赏。
电子游戏和角色扮演游戏。
对性取向不明确，
对同性恋比较宽容。
另类音乐：平克·弗洛伊德、感恩之死乐队、费西合唱队。
小提琴、大提琴、吉他。
装作他们不在乎这个游戏（其实很在乎）。
《独领风骚》中玩滑板的人。
骑自行车。
近几年更让人尊敬。
理想主义，
公共财产权。

怪胎–黑帮象限
在他们一生中从未接触过一件运动设备的那些人。
哥特摇滚乐，
垃圾摇滚乐。
《独领风骚》中的"第三女孩"。
《吸血鬼猎人巴菲》中的吸血鬼。

---

① Abercrombie & Fitch是美国休闲服饰品牌，1892年创立于美国纽约。Gap1969年创立于美国，专注于美式休闲风服饰。

规则 3：你是谁取决于你跟谁混

你在学校里的地位不取决于你穿着打扮的方式、行为举止的方式，或者是你的思考方式，所有这些都是由你在圈子里的地位决定的，而你的地位则是由你所交往的那些人决定的。比如，可能所有人对你都很反感，但你的死党是酷哥乔·史密斯，那么大家就会说，"他是个浑蛋，但是他还蛮酷的，他有一群挺酷的朋友"。我们也听到过一些孩子说过类似的话，"我想当个酷哥。但是他们那些人，我一个都不喜欢——所以，我现在就是一个怪胎"。

你是如何与学校中的某类人，而不是另一些人混熟的呢？这部分取决于你是和哪些人一起长大的。最大的转变是在上中学的时候发生的，你一下子置身于来自各个不同小学的孩子们中间，感觉被抛到了半空中。你不再有一个你上课的班级来定义自己的圈子了，于是也就不再有一个显而易见的地方找到自己的位置。你四处寻找，看到了高中里的那些圈子。作为一个高中新生，你开始试着确定自己的身份：其中有"新生怪胎"和"新生乡巴佬"。在九年级的这一年里，你慢慢地找到了自己在学校里的位置。你最终对自己的圈子有很高的忠诚度，即便你并不喜欢这个博弈游戏，因为你是通过选择自己的朋友，或者是他们选择了你，而确定了自己的身份的。有些人被人认为是"准酷哥"，但他们从未真正进入这个圈子，以为"酷哥"们是相互选择、认可的。要想做一个"酷哥"，只是在 Abercrombie & Fitch 服装店有一个账号是不够的。像进入任何别的圈子一样，这是一种通过贯穿一生的融合、同化，而修习得到的一种行为。你的父母也是属于这个圈子的——虽然对此你可能并不喜欢。

规则 4：智力与能力都不作数

在这个游戏中，完全没有头脑或者学术能力的位置——或者就此而论，任何才能在这里也都没有什么意义。我们学校里的大多数"全美高中荣誉学生会"（National Honor Society，NHS）会员，的确都属于"酷哥"圈子。但这并不表明这些酷哥就更聪明，他们不过是更容易成功而已。在我们这所学校里，要想成为"高中荣誉学生会"的成员，你就必须要提交一份申请，并由一个教师组成的专门小组选定，这个过程产生的结果偏向于"酷哥"们。在学校里，到处都有聪明绝顶、才华出众的人，而那些学术成绩最好的家伙，往往在其他许多方面并不那么机灵。智力能力或许让人更容易适应这个游戏，但是这个游戏本身并不奖励智力能力。事实上，具备批判性思考的能力或许反而会对你不利。

有一些成为"黑帮"的家伙实在太聪明了，学校对他们毫无办法。他们和他们的朋友一起，以成绩垫底作为一种对抗方式。我们认识一位属于"黑帮"的家伙，他参加了全美优秀学生奖学金竞赛的决赛。任何一所大学都会录取他，奖学金也在向他招手，但是他在毕业前却退学了。他不再交家庭作业了，因为他意识到大多数家庭作业的忙忙碌碌毫无意义。有些教师在课堂上为此嘲笑他，于是，他就失去了学习的兴趣。

规则 5：相异者并非相互吸引

无论你属于哪一个圈子，有一点可以肯定：一个人越是靠近那个与你完全相反的圈子，你对这个人的了解就会越少。在我们整个高中生活中，跨越圈子的男女关系，我们连一个都想不出来。（《油脂》这部电影代表的是一个酷哥和一个黑帮之间的浪漫，《风月俏佳人》也是如此。那只是美好的童话。）1999年，在格伦拜恩高中（学生数量与我们学校类似）发生的校园惨案，可以描述为两个属于怪胎/黑帮圈子的学生，试图攻击与他们完全对立的那个圈子中的敌人——这些人嘲笑他们是"同志"（与之对立的乡巴佬/酷哥圈子，在所有的标签中，最恨，也最怕同性恋）。

我们（这篇文章的作者们）将自己放到了这张图的右上方的象限。我们知道自己并不理解左下方象限中的"黑帮/乡下佬"，他们也不理解我们。我们曾经无意中听到他们说，我们三个人是"酷哥骨干"，而这恰恰说明，他们对我们是多么缺乏了解。许多不一致的社会行为，可以将我们这类"酷哥/怪胎"与最纯正的"酷哥"区别开来。我们熟知"酷哥"的特征，但弄不明白那些可以帮助我们解读"黑帮/乡巴佬"圈子中细微差别的线索。他们看不透我们，正如我们看不透他们。

规则6：要从别人那里得分

让你在圈子里的地位越来越高的方法，是要在"酷哥"里成为最受欢迎的酷哥，在"乡巴佬"里成为最强大的乡巴佬，在"怪胎"中受到其他怪胎尊敬，等等。这个博弈游戏一年比一年难玩。在我们这个"酷哥–怪胎"圈子里，有些人感受到越来越大的压力，让他们终止与K.的来往——这位K.是一个书呆子型的家伙，不属于这个圈子。这种压力或许完全只是我们的想象，但我们对它却有真实的感受。

你可能会感到，如果你滑倒了一次，就可能永远失去自己的地位。大家都有一种无法捉摸的奇怪感受，尤其是在"酷哥"圈子里，除非你打败了什么人，否则你就无法真正出人头地。那些在这个游戏中处于领先位置的家伙，会出手刁难那些取得了更好成绩或者在年级中获得更多认可的人，他们可不愿意分享权力。

规则7：这个博弈游戏决定了你在学校里可以做到多好

这个博弈游戏对于一个学生的社会生活的各个方面起着决定性的作用，但它也对学术上的成功产生着潜移默化的影响。教师和学校管理人员可能没有意识到这一点，但他们利用这个游戏作为一种指南，在各个方面帮助他们——从成绩到惩戒措施，因为某些学生所在的圈子就对他们偏爱有加，对于他们不再喜欢的圈子的成员，则想方设法开除出学校。当然，你可以试着去问一问这些教师，他们是否有偏见，而他们则会觉得这个想法荒诞无稽。这个游戏对于他们来说，就像是对于所有学生一样，是完全看不到的。事实上，教师和管理人员不仅允许一个学生圈子左右自己的行动，还通过各种学习规定以及与学生的非正式交往，在无意中鼓励和维持着这个博弈游戏。

这所学校的正式权力结构是围绕着酷哥们转的。这些人生来就获得了住大房子、大酒店的契约，学校也就把这样的大房子、大酒店放到他们手中。管理人员在学生圈子中唯独偏爱他们。学生会也是酷哥人气的一场比拼。酷哥的运动项目占据了学校大部分预算和校内活动时间表。教师和管理人员公开表扬的也大都是酷哥，于是每个人都知道他们是谁。在某种程度上，这所学校是以一种让酷哥们出人头地、让其他圈子成员无法抬头的方式存在的。他们还可以逃脱惩罚，因为他们手中掌握了所有"赦免"卡（"Get Out of Jail Free" cards）。正是以这样的方式，学校、教师以及管理人员促成了现有等级/圈子的层级体系。

规则8：游戏不会结束，没有人是赢家

当我们最初意识到这个博弈游戏的存在的时候，我们把它看作一种止于高中时代的现象。现在，我们开始认识到，这个游戏永远都没有结束，它只是改变了形式。当许多学生升入高年级之后，他们也看到了这个游戏，并且试图与它保持距离。这也是广为人知的"论资排辈"顽疾的源头之一。但是，这些高年级学生就像我们最初那样，只看到了这个游戏的表象。即便他们或许没有认识到这其中存在着一个博弈游戏，他们也知道，那些令自己如鱼得水的规则将会改变。我们中的两位现在已经进入了大学，我们知道自己的新学校里也有类似的博弈游戏，但到目前为止，我们还不大可能辨别出来。其中的原因之一是，你选择学校的过程，是一个自己选择自己圈子的过程，因此，尽管所有规则一成不变，但生态链却不那么明显了。当我们离开学校，走入创造了我们这一个个"小世界"的"真实世界"的时候，注意到那些与我们不同的人恐怕就更难了。到了那个时候，性别、种族以及阶层的种种规则就会更常见。毕竟，全国的大选也只不过是一场"酷哥"的人气大赛而已。

我们还在继续与人们分享这个地图和这个博弈游戏的规则。我们依稀感到，仿佛从高中毕业越久，这个博弈游戏就越普适，因为成年人有时间回过头去反思自己的经历。那些刚从高中毕业，或者还在学校里挣扎的人，要看清自己的面目就更困难。他们或许会说，"其他学校里真是如此，但我们这里不是"。这其中最具有讽刺意味的是，这个博弈游戏阻碍了学生们进行学习和发挥他们的全部潜能，而那些身处其中的人们应该最先对其做出抵抗，因为在这类规则存在的情况下，没有人会是赢家。

你们学校里的博弈游戏

内尔达·康布-麦凯布　贾尼斯·达顿

目的

探讨可能用来将学生分门别类或者是学校中限制他们潜力发展的那些心智模式，创建一个支持所有学生的更加包容的文化的方法，展开分析。

环境设计

可以进行 4~6 人小组讨论。

时间

1~1.5 个小时。参与者应事先或在研讨会开始的时候，阅读"高中游戏规则"一文。

我们把"高中游戏规则"当作生成小组谈话的一种强大工具，探究学校中对许多学生的学习可能产生损害的各种做法。

第一步：小组中的提问

在小组中，讨论以下问题（大约 45 分钟）：

a. 在你们学校里，年轻人的文化博弈游戏是什么样子的？不同的学生圈子有哪些不同的定位？他们如何看待自己？其他人如何看待他们？

b. 你们对于每一个圈子的看法，可以画出什么样的"推断之梯"？

c. 每一个学生圈子的故事对于学生的学习有哪些潜在影响？

d. 在这个系统中有哪些占主导地位的心智模式？

e. 与你们自己做高中学生的经历相比，有哪些相似之处？它们对于你们的人生产生了哪些影响？（教育工作者往往记得他们自己高中博弈游戏的个人经历。他们的故事显示出那些圈子分类难以消除的影响。）

f. 这个学校中的故事是否与任何一个系统基本模式相似？

g. 确定一些可以改变教室中的互动、参与和沟通活动的杠杆作用点。在这所学校里，你们如何才能听到并确认更多学生的声音呢？

在每一所学校里，难免会有一些学生圈子要比其他学生团体有更好的待遇，更容易获得理解。对这些问题的反思可以帮助教育工作者，更加深入地意识到自己在推行、延续这类做法中所起的作用，并更加深入地意识到如何支持那些不符合这个学校社区理想学生的心智模式的学生。

第二步：大组汇报

邀请每一个小组描述自己对这个学校里的年轻人文化的看法，及其驱动这种文化的心智模式。

第三步：小组探讨下一步行动

在建立一个对所有学生更加包容的文化方面，请每一个小组推敲并梳理总结自己的建议，并简要报告。这些建议可以在此后用来为这个学校社区设计一些具体计划。

团队探讨的其他选择

学校的辅导顾问们可以将"高中游戏规则"这篇文章分别与几个小组的学生分享，帮助他们描述和了解自己学校的社会文化。

教育工作者可以安排一个类似的研讨，分析他们自己的社会系统。比如：不同的教师团组（比如，课程教师或不同年级的教师）是否可以用这个模型描述？哪些人在学校中最受重视，哪些人最不受重视？

学校领导人也可以应用这个模型，分析自己周围更大的系统。校区委员会最重视哪些家长成员或社区成员呢？哪些人最不受重视呢？

6. 青年领袖论坛

乔伊斯·比索（Joyce Bisso）

在本书中，我们多次谈到形成共同学习过程的重要性：经历过这种过程的学生们，在他们的学校和社区里的学习中，起到了一种全面的生成性作用。乔伊斯·比索博士在本文中描述了这样一个学习过程，是她在纽约州休利特市出任乔治·W. 休利特高中（George W. Hewlett High School）校长时逐渐形成的。这样的一个学习过程，让学生们获得了在学校与社区两个层面发挥影响，以及创新和参与的机会。[①]

21世纪前十年的中期，我作为我们这个学区领导团队的成员之一，开始运用组织学习和系统思考的各种工具。这又很快引导我将这些概念和工具，嵌入自己在学校里与教师们共同进行的日常领导工作中。当我看到这些成年人渐渐做出回应时，就意识到这种做法可能为高中生的学习带来潜力。于是，在2005年11月，莱斯·面谷博士和我一起，发起了第一届乔治·W. 休利特高中青年领袖论坛（Youth Leadership Forum，简写为YLF）。

今年是这个论坛成立第七年。在现任校长汤姆·拉索（Tom Russo）的领导下，这个论坛持续发展和深化着我们的青年人对学校系统和社区的承诺。每次论坛的会议上，有50~100名学生和十几位成年人参与，目标是让参与者倾听各方的声音，并投入相互尊重、意义丰

---

① 乔伊斯·比索博士现任休利特–伍德米尔公立学区的学监，她的前任莱斯·面谷现已退休。

富的谈话之中。我们形成了叫作"青年领袖论坛参与规则"的指导原则，我们在多次论坛中都会对这些原则进行讨论，使我们持续关注我们对于倾听、探询和相互尊重的承诺。

"青年领袖论坛"参与规则：

- 领导人倾听。很难做到积极倾听，这需要修炼。
- 探询的含义是提出问题，而不是表达观点和宣扬自己的立场。
- 补充的含义是添砖加瓦，而不是把他人的说明、视角和观点拿走。
- 尊重传递的理念——探讨的核心是观点而不是个性。
- 表现出关心和同理心，让谈话更轻松、更少威胁。领导人可以让人放心安全地表达观点。
- 寻求理解需要耐心、探询、尊重和发自内心的探讨。

在我们设计这个论坛的时候，我们请学校辅导员和教师提名能在最大程度上代表这所高中学生群体多样性的学生。我们需要的不仅是教师们通常培养、认可的那些学生领袖。从候选名单中，我们从每个年级（9~12年级）挑选了25名学生，代表着所有群体类型：学术、体育、俱乐部、种族、语言，以及课外活动兴趣小组。为了论坛的成功，我们需要全校学生主体的一个缩影。[①]

青年领袖论坛每年举行4~5天（时间安排在周五）。研讨的内容围绕着五项修炼和服务型领导力进行。参加论坛的学生和成年人学习探

[①] 参与青年领袖论坛的成年人是教育工作者，以及学校和学区层面的领导者，他们在支持学生提出的项目、解决问题，以及提供资源帮助学生实现其想法上具备知识，也有决策能力。有时候，这些领导人恰恰就是学生们希望改变的那些规则和结构的始作俑者。

询和宣扬，并有充分的时间一起实践这些技能。他们从个人生活和学校经历中，创作出自己的"推断之梯"故事，描述妨碍自己理解事件状况的各种心智模式。他们利用"冰山"练习，确定改变系统的各种杠杆作用点。他们掌握的有关系统的语言，给予他们更多信心参与其他领域的讨论，比如：可持续发展、本地与全球环境问题、学校文化问题，技术、跨代合作、高中如何进行变革、学生在学校系统与社区中的领导力，以及社区可持续发展。

除了论坛的各种正式会议，学生们还在社区中参与由学生引导的各种项目。他们自己选择项目，收集数据，形成策略，并予以实施。其中的一个项目，是设计和销售可重复使用的袋子，减少由塑料袋产生的废弃物。在另一个项目中，学生们"梦想"自己理想的高中，并直接促成了我们的"笔记本电脑一对一"行动——为这个高中的每一位学生配备一台笔记本电脑。在第三个与康奈尔大学农业合作推广部门合作的项目中，青年领袖论坛在社区的"丰收节"（Harvest Festival）上，发起安排了一个幼苗展台。一位学生说："我们感受到了作为一个群体对自己的社区产生的影响。我们就是未来，我们能够影响未来。"

每年启动青年领袖论坛的一种强有力的方式，是请学生们参与有关他们自身高中文化与实践的探讨。我们采用了"高中的博弈游戏规则"的练习。在每一个人都阅读《高中游戏规则》之后，有些学生往往会说，"那不代表我们这所高中，我们没有这些圈子——其实什么圈子都没有"。但另外一些人则肯定地说，"我们实际上是有各种圈子的"，并且那些占主导地位的圈子，认为他们的经验就是所有学生的常态。

在某种程度上，许多学生已经感受到了这些差异的存在，但他们还没有在教育和社交上，直面这种差异对于整个学生群体的含义。当他们投入这类谈话之中的时候，第一次开始"看见"一些其他的学生。

一位学生评论说:"在青年领袖论坛之前,我都是从他们所在的圈子角度去看待其他人的,但我对于他们的看法是一种成见。而现在我们在青年领袖论坛认识了他们,这些障碍也就被打破了。"①

采用"高中的博弈游戏规则"这个工具是有风险的,因为这有可能会将一些强烈情绪公开分享。参与者必须要培养发展与深度会谈和深思熟虑的探询的有关技能。信任与团队建设都是必要条件。虽然如此,以我们的经验看,这是为学生和成年人开创的最令人信服、最有意义的学习体验。

青年领袖论坛的一个关键元素,是为参与者的相互交流创造最大机会。参与论坛的所有学生都有自己独特的见解和信念,需要有与其他人接触、交流的空间。我们采用了各种谈话设计,例如,拼图讨论(jigsaw discussions)、世界咖啡馆(World Café)、画廊漫步(gallery walks)以及团队项目等,把学生们带出他们的舒适区。学生们也会担任社区对话的主持人,家长们反应良好并出席和参与了论坛。

这些学生告诉我们说,所有这些经历,让他们在课堂上以及晚餐向家人表达自己的观点时,获得了自信。这种新的自信也延伸到他们

---

① 我们发现,戴维·休肯(David Hutchen)的系列学校寓言,用在学习系统思考上非常见效。学生们与这些故事建立起了联系,并将其中的系统思考元素与自己的经历联系到一起。参见《超越狼群:在学习型组织中生存与成长》(Outlearning the Wolves: Surviving and Thriving in a Learning Organization,1998 年),《尼安德特人的重重影子:揭示限制我们组织发展的观念》(Shadows of the Neanderthal: Illuminating the Beliefs That Limit Our Organizations,1998 年),《学习的困境:有使命的生命,有愿景的领导》(The Learning Dilemma: Living with Purpose, Leading with Vision,2000 年),《冰山一角:管理可以左右你的组织成败的那些隐蔽力量》(The Tip of the Iceberg: Managing the Hidden Forces That Can Make or Break Your Organization,2001 年),《倾听火山的声音:让我们的心灵向新的可能性开放的谈话》(Listening to the Volcano: Conversations that Open Our Minds to New Possibilities,2005 年)。这些文章均可从 Pegasus Communications 获得。另见休肯的网页 www.davidhutchens.com。

与教师的关系中。一位学生说："我很喜欢教师与学生一起学习的感觉。这是我们第一次感受到，我们处于同等的地位——都是在同一张课桌上的学习者。在课堂上，教师的视角决定一切。在青年领袖论坛上，我们的观点同样重要。他们的确在倾听我们的观点，他们让我们感到，我们的观念也是合情合理的。"

从学生们毕业之后为我们提供的反馈中，我们认识到，在帮助他们看到自己在塑造未来的过程中担任着重要角色方面，青年领袖论坛是最重要的途径之一。由于我们对这个做法深有感触，于是在今年就为初中学生也举办了一次青年领袖论坛，学生们反响热烈。我们所在的学校系统，对于在培养年轻人满足未来领导力要求上的这样一个角色，持欢迎态度。我们中的一个学生让我们回想起了我们开展这项工作的原因。"我们看到自己成为国内与国际变革的积极参与者。如果没有人帮助我们思考自己作为领导者的角色，每个人就错失了一次机会。"那些亲身经历了12年学制学习的学生们的心声和思想充满着勃勃生机，也是任何变革与改善努力获得成功的必要条件。[①]

"高中博弈游戏"练习的调整版

乔伊斯·比索

目的

那些对于许多学生来说往往无形的东西，博弈游戏的练习有助于

[①] 如果各州和国家层面的决策者们、各个校区委员会、管理人员，以及教师们都真心愿意积极改变我们这个国家的公立教育系统，他们就会主动支持在美国所有高中采用青年领袖论坛这种做法。

将它们显现出来。

材料

针对每一条"游戏规则"设定一种颜色。

高中博弈游戏的八条规则：

> 抵抗是无用的
>
> 如果你想要得分，就必须要玩这个游戏
>
> 你是谁取决于你跟谁混
>
> 智力与能力都不作数
>
> 相异者并非相互吸引
>
> 要从别人那里得分
>
> 这个博弈游戏决定了你在学校里可以做到多好
>
> 游戏不会结束，没有人是赢家

第一步：第一桌

将参与者安排到每桌八人的不同小组中，每一位参与者都被分配一种颜色，每种颜色对应八种游戏规则中的一种。每个人都代表自己的规则，然后小组分别讨论这些规则的意义。

第二步：第二桌

参与者转移到新的桌子上。每一个新的小组都必须具备所有八种颜色及所代表的规则。分享你们对于每一种规则的认识，探讨这些规则是否符合你们学校里的情况，如果符合，探讨规则是如何产生影响的。

确定你们高中的社会团体的名称，描述它们之间的关系。在一张纸上，画出各个象限和它们的名称，再把其他的团体或者团体组合填进去。在一张活动挂图上，把你们小组的关系图画出来，用于展示。

第三步："画廊漫步"

每一个小组留下一个人，作为主人向其他人解释自己小组画的关系图。其他人则逐个观看各组的关系图。

第四步：回到第二桌

在回到各自的小组之后，讨论以下问题：

- 各桌的小组之间有哪些值得注意的相似/不同之处？
- 要在你们的高中里获得成功，该做些什么？
- 是否某些团体受到更多偏爱？

第五步：大组

在大组中，讨论这个问题：不同个体可以或者应该做什么，就可以打破"高中"的团体关系樊笼？

实践的社区

阿特·克莱纳

"学校博弈游戏"并非仅仅存在于学生们与那些电视节目制片人的想象之中。不同的社会团体圈子处处都像组织一样发挥着作用。"实践者社区"理论，是由以艾蒂安·温格（Etienne Wenger）和琼·雷夫（Jean Lave）为首的一批合作研究者发展形成的。这个理论认为，各种组织往往更多以人们的非正式网络，而非通过层级分明的指挥链条，展开其活动；处在非正式网络中的人们日复一日地以数以千计的细微方式，传递着各种各样的信息与价值。在学校里，这些非正式网络，也就是社会圈子，也正是学习发生的主要场所。

温格写道,"学生们去上学,随着他们走到一起,并以他们自己的方式应对这个势力强大的机构的种种安排,以及作为年轻人让人心烦意乱的种种奥秘,各种各样的实践社区就纷纷涌现出来——既有在课堂上的,也有在操场上的;可以是正式形态,也可能是隐而不露。尽管有课程安排、有纪律要求,还有告诫规劝,但对于个人来说,变化最大的学习,其实是与这些实践社区中的成员身份有关的那些学习"。[1]

斯坦福大学语言学与文化人类学教授佩内洛普·埃克特(Penelope Eckert),将实践社区如何确定高中生的学习范围的方式详细记录了下来。她于20世纪80年代在底特律的几所高中进行了为期三年的实地研究,最终形成了《运动族与气馁族》(*Jocks and Burnouts*)这本书。她在书中回应了"高中游戏规则",她写道,学生所处的社会阶层决定了孩子们如何选择朋友,如何开展他们的活动,并最终决定了他们的未来。她研究的"运动族"(与前文中的"学霸",或者S. I. 辛顿所著的《外来者》中的"索克斯"相对应)来自中产家庭,气馁族则来自工薪阶层(这些名称与"高中优秀规则"中的标签类似,都来自学生们自己)。那些想要在未来脱离低收入的孩子们,必须要跨过这两个圈子之间的边界。即便他们想要尝试,也还会面临源于自己内心的种种令人畏惧的挑战,以及来自许多教师、管理人员和学生们的让人无法忍受的打击。

"我跟踪调查的那个班上'最大'的气馁族之一,"埃克特说,"在初中的时候一直是一名啦啦队员。她说,那挺有意思的,然而其他的啦啦队员之间都是朋友,但她自己的朋友没有一个参与这个活动。成为啦啦队员不仅让她疏远了自己的朋友,也令她在与啦啦队员相关的

---

[1] 参见艾蒂安·温格著《实践的社区:学习、意义与自我认知》(*Communities of Practice: Learning, Meaning, and Identity*, Cambridge University Press出版,1998年)。

那些社会活动中被排斥在外。最终她退出了啦啦队，此后在学校里一直就是个气馁族了。"[1]

埃克特的实地调查显示，一旦气馁族发现他们自身必须要做出很大改变，一般会放弃改变。最令人痛苦的变化，往往是他们要对自己的老朋友（以及新朋友）采取那种不同以往、不动声色的态度。对于朋友和家庭的忠诚是大多数气馁族文化中最强大的文化束缚。他们要在边界的另一边交朋友也不容易。这类变化制造出来的伤疤，会在一个人的一生中挥之不去。即便他们的职业生涯很成功，他们也往往感到自己似乎无所适从。

对于埃克特来说，学校的教师和管理人员，有意无意地牺牲气馁族让运动族出人头地。"没有那么多资源让所有的孩子都参与、从事相同的活动，"她说，"所以，有许多课外活动，比如，参与学生会，是竞争性的，由此形成了在一个班上只占不到5%的等级阶层。这就在学校里制造出了一个等级系统，它让某些孩子获得了机构上的控制权。他们这些人可以决定毕业舞会上跳什么舞，由谁来组织筹款，并且决定跳舞的装饰，等等。"

除非让一个学校里的精英结构及其对于学校的影响浮出水面，否则学校变革的努力就没法完成。那么，那些看到了这种破坏作用的人可以对此做些什么呢？在埃克特的研究中，没有发现任何一家学校逆势而为获得成功，以对待"酷哥族"或"运动族"同样的尊重和细心，对待"气馁族""黑帮族"或者是"怪胎族"。但是实践社区的研究文

---

[1] 佩内洛普·埃克特的话摘自一次对她进行的采访。另参见佩内洛普·埃克特著《运动族与气馁族：高中里社会类别与自我认知》(*Jocks and Burnouts: Social Categories and Identity in High School*, Teachers College Press 出版，1989 年）。她近来的研究成果，参见 www.stanford.edu/eckert。

献,以及温格和埃克特等对此做出研究的人们,还是在可能做出改变的措施方面,提出了一些理论观点。

- 为那些有兴趣讨论自己学校"高中游戏规则"的学生们,组织课外讨论会或者对话会。要想在这所学校里取得成功,需要做哪些事?有哪些社会团体圈子比其他圈子受到更多偏爱?就像所有对话一样,不要计划(期待)任何结果。只要讨论这个问题就好,理想情况下要有一位教师/推进师参与,他们可以帮助学生们悬挂他们的各种假设,可能做出一些改变。对于某些学生来说,这可是他们首次探讨他们生活中的那些重要限制因素。

- 组织广泛的课外活动,包括那些为"气馁族""黑帮族"或者社区中无论哪个被系统忽视的部分特别设计的活动。比如,这些活动可以包括汽修小组,男孩和女孩可以一起修车;也可以包括对"气馁族"的另类戏剧或音乐的支持。埃克特说:"在某一所学校里,我认识了许多关注特殊奥运会的气馁族孩子。因为他们要花很多时间照看年幼的弟妹,就对这个群体非常关注。"

- 聘用"气馁族"教职人员。在可能的情况下,聘用并晋升那些有"气馁族"背景(或者任何在当地没有优势背景)的教师。

- 在学生会建立代表选举制。多数学生会都是由本年级的全体学生选举,或者是由一两个圈子主导的方法确定。当其他学生对此有了真正的关注(比如,当他们想要到校园外吃午饭的时候),他们无法发出自己的声音。但是,如果学生选举代表了他们的社会结构,比如,假如学生可以自行选择参加30人为单位的小组,并在每个小组中选出自己的代表,那么学生会就会变成不同学生社区成员会面的正式场所了。

- 考虑采用年级混合班级课堂。"气馁族"的学生往往更加适应人数多、大家庭式的朋友网络，其朋友关系超越了年级的界限。他们更加适应与兄弟姐妹、堂兄弟姐妹，以及不同年龄的邻居在一起。

- 如果学校要推进共享愿景的进程，就要将更大范围的社区与这个共享愿景的进程联系起来。

- 吸引所有人，而并非仅仅精英学生的参与。请教师们参与家访或者社区拜访，也可以使学校重新获得活力。他们常常发现，那些在学校里看上去无精打采、偷懒逃课的孩子，在家里却过着一种充满活力甚至精疲力竭地照顾其他人的生活。一个高中二年级的男孩，可能每天都要先把自己两岁的妹妹送到托儿所去，然后自己才去上学。而另一位初中女孩，可能在课后教堂活动或者社区小组里极为活跃。

书呆子：两个迷路的孩子如何靠互联网走出爱达荷州[①]

乔恩·卡茨是一位作家，他也为《连线》(*Wired*)、《滚石》(*Rolling Stone*)以及网络杂志Slate撰稿。他讲述的有关两个中学生的故事令人难忘。他们一个叫杰西，另一个叫艾瑞克，都精通技术。在作者的鼓励和不同寻常的信任之下，他们逃离了爱达荷州的一个小镇，去了芝加哥。在我看来，教育工作者们——无论在哪里从事教学，都可以从杰西和艾瑞克这类书呆子学生的生活中，获得深刻的洞察——他们大都自学成才，在学校和社区的边缘过着丰富而又与世隔绝的生活。当

[①] 乔恩·卡茨（Jon Katz）著（Broadway Books出版，2000年）。

我在2001年读到这本书的时候，就马上将其介绍给了我的研究生学生。这些看似隐形实则才能卓著的被放逐者，游离在大多数成年人的视线之外，往往鲜有人关注（比如，在他们"侵入"学校的计算机系统的时候）。把这类学生排除在外相当容易，但学校的教学规划无法与网络世界竞争，而他们在那里掌握的钥匙，却可以开启各种更具挑战性的大门。

——内尔达·康布-麦凯布

第 11 章
告别"快餐式"教育发展

1. 不再需要"快餐式员工发展"
五项学习修炼作为通向综合学校变革的途径

爱德华·T. 乔伊纳（Edward T. Joyner）

过去 25 年来，爱德华·乔伊纳在改善员工发展方面，尤其是在城市中心的学区，一直都是一位思想领袖。在 20 世纪 90 年代与 21 世纪初，他在耶鲁大学担任儿童及青少年发展方面的助理教授，他也担任了耶鲁大学学校发展项目（这是以"科莫过程"著称的学校变革方法，方法命名源自其创始人詹姆斯·科莫）的执行主任。在建立科莫中心的教师培训项目过程中，乔伊纳持续地将学校教学效果与教师发展学习导向联系到一起。他也曾是一位社区活动者——参与了全美第一家对抗贫困组织"社区进步"机构（Community Progress）的活动，并担任过高中教师和初中校长（康涅狄格州纽黑文市）；目前在康涅狄格州费尔菲尔德市的Sacred Heart大学任教育学副教授。[1]

有关学校变革的讨论大都是在一种权力-强制的框架中展开。州里的立法机构实际上公开宣布，"这些孩子可以达成目标"。不管这些孩子营养是否充足，居所是否邻里安全，家中是否有父母，医疗方面是否有保障，以及是否生活在一个平和、安宁的环境之中，他们都会被放到那些拥有了这一切的孩子之中加以评判。州政府实际上就像是农业部门在对一位农民说，"今年你要获得高产。我们希望玉米在45天里成熟——虽然以前一直要用60天，而且还一定是好玉米才行"。他们期望的结果值得称赞，但是这也显示出，他们对于产生这些结果必须自然发生的过程毫无认识。

这就是当下的员工发展的基本环境。往往只是"快餐式员工发展"：外部培训师空降进来，提供数学或者阅读的新教学方法。他们不了解这些员工已经知道了什么，也不知道员工们在教育这个具体社区的年轻人的过程中遇到了哪些挑战，更不清楚这所学校或学区的其他任何方面。他们也不会去努力发现。他们只是提供了他们的新方法，比如数学、阅读。对于教育工作者或者是其中的任何人，都没有安排任何时间去反思、去参与。

其结果是一场大杂烩式的大型表演——讲授者们不倾听参与者的声音，彼此之间也不交流，甚至相互矛盾。讲授的内容或许蛮有煽动力，感觉上也令人信服，但没对学到的技能进行强化，于是参与者紧接着还是回到了他们原先的方法，回归到自己原有的舒适区中。讲授者赶着奔赴下一场培训，因此也就没有任何指导，让受训者可以掌握

---

[1] 本文由本书第一版中的文章增编，第一版中的内容是乔伊纳博士在耶鲁大学期间撰写的。我们对詹姆斯·科莫的影响力、表率作用以及支持，表示衷心感谢。

培训中呈现的那些技能和知识。除此之外,校长、学区中心的管理人员、家长,以及其他利益相关者往往被排除在外,或者选择不参加这些活动。最糟糕的是,这种打包式经历传递了一个信息,人们没有能力解决自己的问题,他们随之就将学校改善与改革的负担转移给了外部专业人士。

需要满足的三个功能

与之相对的方法,是一种反思性、生成性的员工发展过程,在这样的过程中,培训融合了教育工作者们已经掌握的知识技能,并以他们在当下面对的各种挑战为基础,帮助他们提高能力。目前,我正在与负责纽约州长岛市尤宁达尔学区的威廉·劳埃德(William Lloyd)博士合作,设计一个这样的项目,并将其付诸实践。在这个设计中,各个培训环节的主讲人,都对这个学区的环境进行了研究,并愿意分享他们的知识与技能。教师和管理人员并非依赖外部咨询师,而是通过一个让他们彼此合作又不被挑错和指责的过程,解决他们自己的各种问题。这样的员工发展模式,并非将教育工作者视为个体传递知识,而是试图通过持续不断为他们提供一种相互学习、共同工作的方法,改善整个学校的能力。

在尤宁达尔学区,我们确定了我们这个设计的三条基本原则。

a. **关注学校面对的各种真实挑战**。每一个培训环节都要由教育工作者当下试图要解决的各种问题驱动。比如,在这个学区的一个地区,近来有人口组成的变化:新近来到美国的萨尔瓦多的父母们,带着他们的孩子们迁移到这里。忽然之间,这里的小学生中,增加了大量以英语为第二语言的学生。职业发展项目也因此进行了相应调整,以帮助管理人员和教师做出前瞻，预测这种情况对于教学与课程安排，将会产生哪些影响，以及如何调动本地和州里的资源进行协助。

在这个学区的其他地方，语言也是问题。孩子们在讲非洲裔美国人白话英语（也叫黑人英语，ebonics）的环境中长大，学校要帮助他们学习标准语言和批判性思考，为读大学和工作做准备。这不仅是英语课、阅读课以及补习课教师的责任，比如，在科学与健康课上，也涉及大量日常生活中并不常用的重要词汇。科学课的教师们需要接受培训，以提供诸如情境练习和实践等方式，让学生们有可能以标准的、科学的语言轻松阅读、交谈和写作。这成为员工发展的优先选择之一。

b. 培训中与培训后的行动学习。在耶鲁的"科莫过程"中，这被称为"回家做计划"。每一个员工发展设计都应该明确认识到，当没有适当的后续行动时，新技能通常会逐渐衰退。需要事先规划好策略，将实践得来的各种新洞察带回到工作中，反复进行刻意尝试、评估其如何起作用，并相互交流其效果——所有这些都要得到管理人员的积极支持。如果一个新想法不值得管理层注意，从一开始就不值得引入。在每一个培训环节，都要包含"对培训师进行培训"的元素，参与者因此就可以思考，如何将这个新方法应用到自己学校的环境之中，并吸引他人加入。另一种后续行动的形式，是运用数据对新方法是否产生作用，进行定量与定性评估。这样的经验和结果应该进一步对下一轮培训产生影响。

c. 领导力与社区参与。教学不是一个教师独自行动的单向过程。它是嵌入在教师与学生、学校系统的管理人员、家长以及社区领袖的关系之中的。尤宁达尔学区的员工发展设计，就是要在所有这些相关利益者中，孕育出积极学习者。这个设计明确遵循学区研习会（由学区委员会和管理人员参加）确定的优先选择，并选择与之相匹配的外部演讲人。

父母们受邀参加员工发展的这些培训环节,其中安排了充裕的时间,让他们与演讲人,并在彼此之间开展对话与反思。这种形式的员工发展进程流畅、反响热烈。比如,一位儿童发展专家可以受邀与教育工作者们、家长们共同研习——帮助家长们更深入地理解自己的孩子学习与成长的各种方式,使每一个人的理解相互和谐起来。培训过程也包括共同学习的元素,人们分享教师对于自己的学生和教学方法的内隐知识——这些他们一般不会分享,从书本中也无法获取。

员工发展的五项修炼

在员工发展从"快餐"模式转变为一个更为生成性的系统过程中,心智模式、自我超越、团队学习、共同愿景和系统思考这五项学习修炼至关重要。

心智模式

在今天的公立学校中,成千上万的教师在教育贫穷孩子们的时候,无意之中都在以一种"缺陷视角"开展教学。无论是否有意,这些教师都习惯了"正态分布曲线"的心智模式——学生们的学业表现应该符合"钟形分布曲线",有些学生的表现终归要低于平均水平。无论如何,总有一些人处于顶端的10%,就像有一些人会是最好的2%。我们一般会期望,在这条曲线上富裕家庭孩子们的表现比贫穷家庭孩子们要好,白人出身的孩子的表现比黑人、棕色及红色人种出身的孩子要好。与这个心智模式相关的是那种普遍流行的心理,认为孩子们的大脑是与他们生活的所有其他部分相互分离的,就像我的老朋友和同事杰克·吉勒特（Jack Gillett）所说，孩子们就像是"棍子上的大脑"，要么可教，要么不可教，这取决于这些大脑的先天学术能力，与这个孩子生活的其他部分毫无关系。

这些心智模式都对教育工作者产生了影响，令他们降低了对某些孩子的期望，减少了对这些孩子的积极挑战，也不再去寻找那些或许存在并可能会对这些孩子起作用的杠杆作用点了。对于那些在贫困社区中长大或者来自少数民族背景的教师们来说，这种心智模式具有双重危害，因为这些成年人为自己感到羞耻。比如，一位小学校长告诉我说，根据他们对于这个社区的学习能力的认知，"我们试图让教师要求孩子们每个月学习一个单词"。这种水平极低的内化期望——每年只学10个单词，很可能会成为自证预言。

根据认知科学目前的研究成果，更准确的心智模式是把孩子们看作不同的系统，他们的学习受到相互关联的各种因素的影响。比如，阅读能力直接依赖于营养水平、参与程度、父母培养，以及孩子年幼时的身体发育。社会认知（理解并与其他人打交道的能力）、心理-情感发展（气质发展、与年龄相当的成熟度、毅力）、语言能力（以口语和标准形式表达与接收语言的能力），以及道德发展（做出公平和公正的决策的能力）彼此之间都会相互影响。从长期来看，学术表现和良好的公民意识依赖于所有这些能力。太多的教育工作者把时间用来指责孩子、家长、前一个年级的教师们，以及他们自己，但我们却可以把这份能量和注意力用到努力满足孩子们的全面需求和相互支持上。

大自然为我们提供了最好的发展案例。比如，一棵树的成长取决于它在哪里种下。同样，一个孩子的潜能植根于其成长的社会、情感和物理环境，以及培养照顾这个孩子的那些成年人的种种行为做出的榜样。虽然每一个个体都应该有满足基本生活需求的途径，但非物质因素在塑造个体行为方面起了更大的作用。人们有时会假设，如果家长可以提供不错的居住条件、一辆汽车，以及冰箱里的食物，孩子们就会茁壮成长。但我们看到了许多家境贫寒的孩子学业优秀，也见到过许多来自富裕家庭的孩子丧失了发展潜力，从未利用好自己未经努力就获得的那些优势。

我们无法通过逻辑分析或辩论改变这些心智模式，更不用说通过"快餐式员工发展模式"了。我们改变这些心智模式，只能通过与同事、家长以及社区成员开展深度会谈，在这样的交流中我们公开检验我们的各种看法，并审视导致这些观点产生的那些影响因素。

以应对这样的挑战为目标设计的员工发展进程，可以以四个问题展开深度会谈。

a. 我们对于孩子们如何学习的基本看法是什么？对于学业成绩与自然和营养的各种联系，我们了解什么？是什么让我们得出了那些结论，我们可以指出哪些可观察的"数据"？

在一个采用了"科莫过程"的学校——弗吉尼亚州诺福克市的保林公园小学，一位学校管理员对于某些六年级男孩的行为感到担忧，于是他就设法获得校长的批准，组织这些孩子在学校周围开展绿化工作，并支付给他们少许酬金。没过多久，教师们就注意到这些孩子的行为发生了很大变化，他们的成绩提升了。过去他们几乎要被停学，现在他们变成了行为规范的公民。这位管理员没有能力教授他们代数，但可以参与这些孩子的社会与道德发展过程——通过身体力行让大家看到，不论哪一种工作都有其内在的尊严。当这位校长获得我们颁发的一个全国领导力奖的时候，这位管理员与他一起站到了领奖台上。

b. 学生们需要哪些技能与知识，才会在一个技术高度发展又高度多元的社会中持续成功呢？

许多员工发展项目将不同学科割裂开来，目的是要应对标准化考试。阅读改善项目的对象是阅读课的教师们，数学项目的对象是数学教师们。这类项目强化"为考试而教"的模式，同时也倾向于关注各个学科领域中为数不多的成绩优异的学生，对其他学生则降低要求。相形之下，在我们的员工发展项目中，我们将涉及各个年级的所有课程内容作为一个整体看待，努力将我们希望授课的所有科目、我们必须授课的所有科目，以及所有那些可以帮助孩子们进步的科目协同、配合起来。

c. 所有这些内容最好以何种方式传授呢？如果我们想要为教育好孩子们而竭尽所能，那么我们应该做些什么呢？

许多人认为，要想达到高标准，教师只要以同样的方式，更加努力地去教学就好了。但这种观点却是对我们在人才成长方面认识的无知。教书育人是所有职业中最复杂、丰富的工作，因为孩子们来到学校时已经在那么多其他因素的影响之下被塑造成形了。教师的工作必须是去发现、去适应，往往还是去抵消一个孩子在家里和同辈文化中学到的那些东西。这就意味着要采用任何必要的方法，以各种不同的方式与各种不同的孩子打交道。套用马尔科姆X（Malcolm X）的话，我们要以"任何必要手段"去教育孩子们，只要这些手段合乎法律和道德。

教师们在这方面需要接受培训，仅有良好的愿望是不够的。良好愿望带来的是我在20世纪70年代常常看到的那类教育：教师们随随便便地说说，这些孩子多么地处于劣势，他们又多么地需要关爱；于是教师们就给了他们轻松的功课去做，让他们没学到什么就毕业了。或许最大的侮辱就是把他们的贫困背景浪漫化，或者试图以模仿他们的表达方式的办法寻求支持。这些"抱有良好愿望"的教师，不是帮助这些孩子在美国主流社会中"杀出一条路"来，而是强化那些让这些低收入家庭的孩子持续贫困、接受不到教育的行为。优秀教师是要帮助孩子们克服那些不公平地加到他们头上的劣势。

d. 员工发展如何才能获得最好的组织支持？我们在学校系统和社区层面需要什么？我们在这方面的思考有哪些不同？在我们结束此次培训以后，要做些什么？

如果进行员工发展培训，但不要求大家回去之后做出规划，或许就没有烦恼了。以我们的经验来看，如果一次培训后 30 天之内，没有什么具体的事发生，就不会有什么事发生了。管理层必须要支持这些行动，而且从这个新方法中获得的经验必须在学区之内教授给其他教师。而只有当所有教师都考虑他们需要从学校系统和社区中得到哪些支持，思考他们打算拿这些支持来做什么的时候，这样的情况才会发生。组织对于人们期望的种种变化的支持，对于有效的员工发展至关重要。

自我超越

高效的员工发展要包括自我超越的核心修习：修习如何既保持个人愿景，又保持对我们面对的当下现实的清醒认识。如果你是一位教师，你自己的个人超越与你课堂上孩子们的自我超越是紧密联系在一起的。如果你限制了自己的热望，你就会在无意之中影响你的学生，令他们对自己有同样的感受。

我在杰克·罗宾逊中学做校长时，有几位六年级学生面临得不到支持的极大危险。他们对于学校没有应有的重视，彼此之间还形成了一种反对知识学习的圈子文化。我与教师、家长和学生分别进行了讨论，形成了一个应对这个问题的策略。我在和这些学生聊的时候说，"听着，你们这些同学必须要更加努力学习。如果你们对某些东西不了解，就必须要提问。你们也必须要做作业"。他们在知识学习上都相当聪明,但他们需要在心理上成熟起来——他们都有许多教师所说的"情绪问题"。况且他们此前还获得过支持,尽管他们不具备条件。

到了这一学年结束之前,我把他们当中相当一部分人拉了回来。他们的家长和教师都同意,我们不应该让不具备条件的孩子升入下一个年级,但我们为了留住这些学生,可以调整时间安排。我们也就因此可以设计一种教学计划,帮助学习表现差的孩子升入高一年级。

当他们九月份回到学校的时候,他们仍然在六年级,他们中有些人表现得更不自信。到了这个时候,许多孩子不再努力了。但我对他们说,"如果你们在第一学期表现好,我们就会在下个学期开始的时候,让你们升入七年级"。

这个群体中的大多数人都回到了他们"被降下来"的那个年级——实际上是做了同年同学的两倍的功课。教师对于这些孩子的看法以及对于自己的看法都发生了改变。他们看到了这个系统中的弹性,如果为了对孩子的发展有利必须要加以利用的话,他们是可以这样做的。

团队学习

在许多人类事业中,关系的质量决定着结果。出于这个原因,员工发展和团队学习应该是同义词。通常,教师受到的教育是进行个体工作,因此员工发展必须帮助他们学会共同工作。而且,这应该是一个持续的过程,要有足够的时间学习新的教学方式,形成团队精神,以及去除以往的习惯。

共同愿景

员工发展的设计可以也应该包括这样的环节,参与者们在其中共同创造自己的学校将会如何演化的远景。我第一次看到共享愿景的力量,是在担任中学校长的时候。我在每一个月都会召开一次我们称为"家庭会"的为时一天的会议——只是为学生们提供一个讲话的地方,每个年级逐次展开,内容涉及任何他们想谈的事情。话题从一个自由社会中的公民精神,到有关种族成见,以及着装标准和男孩是否应该戴耳环。但总会回到他们想要从生活中获得什么、想要从学校获得什么这类问题上。①

我们曾经谈论过"酷"和"徒有其表"意味着什么,也探讨过坚持以及弹性是什么含义;我们谈论过在"我们不玩象棋,只玩跳棋"或者"我们不玩弦乐,只跳街舞"这类观念中,你们可能会如何陷入困境。于是,就在这一年的这类会议之中,我们学校里的孩子们尝试着什么都去试试,其中有象棋,也有小提琴,因为现在他们相信,尝试不会被人嘲笑。

教师们同样也会陷入自己的困境。就像孩子们一样,教师们也难以走出自身的困境。他们需要得到社区和学校支持的、深入细致的会谈。员工发展是自然之所在。

---

① 有效的学习行为:

在我们的员工发展工作中,我们运用这些明确的规则,作为教师和学生判断自己的领导力和学习潜力的一种方式。传递给教师们的信息是:你们的行为对于学生们如何学习会产生重大影响。传递给学生们的信息是:你们的行为也会影响教师。对于那些反应积极的学生,教师们会提供更多的帮助;因此与最好的教师做出的承诺投入相比,要求学生们做出相同或更大的承诺投入并不过分。——爱德华·乔伊纳

有效的教学行为(对于"优秀教师"):适应、计划、建立关系、评估、管理、授课、期待、弹性。

有效的学生行为(对于"积极的学生"):注意力、合作、任务导向、意愿、表达、积极。

系统思考

在许多学校里，年级之间、学科之间基本上没有什么沟通交流。一个孩子在一学年中获得的经验，与下一年的经验可能毫无关系。这种情况使得学校在面对各种考试的时候尤其脆弱，因为每一个年级的教师都会感到，自己必须"独立作战"，让孩子们为测验做好准备。但是，将所有不同年级间的课程规划协调、配合起来，需要应用系统思考的技能。在学生们处于什么初始水平以及以多快的速度引领他们在成长道路上前行等方面，教师们必须达成一致。各个年级的教师需要将自己看作接力赛运动员，传递接力棒。在年复一年的教学中，随着学生们的变化和州政府要求的调整，教师们需要公开讨论，哪些工作卓然有效，哪些工作不尽如人意，以及他们需要做出的改变。

如果你们具备制订员工发展计划过程中的系统思考能力，那么你们就要重点关注建立协作关系以及变革的结构。你们需要有一个机制和一个推进过程，让人们跨年级、跨学科，以及在一个学校系统中跨学校地探讨，他们想要孩子们如何成长、他们需要什么支持。为了建立一个支持孩子的网络，学校只是其中的一部分，你们也需要让学区委员会和当地政府参与进来，而不是仅仅从他们那里获得指令。

总而言之，员工发展的目标应该是，将对于一个学区的系统认识机制化，成为一个能够持续自我更新的知识组织。教育工作者不需要被迫依赖快餐式员工发展培训。我们能够以农民们利用技术推广合作的同样方式，运用员工发展培训；分享与增长我们的现有知识，一点一滴地引入新信息、新做法，在实践和交流中对其进行校验，我们也就因此可以为一代一代的学生构建我们的能力。

2. 认知研究小组
教师们可以采用的策略

费思·弗劳勒尔（Faith Florer）[1]

过去20年的大量研究，带来了对于学习、智能、动机、情感、注意力等心智过程，以及这些过程的相互作用的新认识。了解了这些过程的教师们就能够理解，学生们如何形成各个不同学术领域、他们的社会世界，以及他们自己的各种知识。这样的认识可以帮助教师们构建更有效的教学技能。

以记忆为例。当人们学习一条新信息时，这条信息存储在他们的长期记忆中。长期记忆以一种联系性方式工作，不同的记忆相互之间联系在一起，当一个记忆被激活的时候，其他所有相联系的记忆也被激活了。鹰的概念与鸟、羽毛、秃顶的概念，以及一个人心中任何与鹰相关的内容，都联系在一起。当有关鹰的记忆被激活的时候，所有与之相关的记忆也都被激活了。情感和动机则为这些联系增加了"效价"——心理上的吸引力。因此，与一个记忆相联系的概念越多，它就越容易从长期记忆中被提取出来。

认知心理学也解释了为什么授课环境如此重要。与我们产生联系的那些概念，导致这种学习材料留存率最高。联想学习的研究表明，每一个学习者，无论是成年人还是孩子，都会以其独特知识和经验为基础，在自己的记忆中形成独特的联想模式。通过与这些模式建立联系，一个人就可以更好地学习。因此，授课内容要以这样的一种方式

---

[1] 费思·弗劳勒尔是认知心理学家、学习教练，纽约的莫西学院的教师。我们感谢丹尼尔·沙克（Daniel Schack）为我们提供这篇文章的原文。

讲授给所有学生：将这个信息与他们的经验联系到一起，并产生一个更好的联想网络，以利用我们对于怎样学习的认识。

只是将教学内容与学生们的现有知识和个人经验联系起来是不够的。知识是在突触（神经元之间充满化学物质的各种空间）中创造并存在的。这些突触会受到情感和动机的影响，而情感和动机又会帮助或阻碍记忆。教师们可以学习如何激励学生，以及如何识别和创造一种合适的情感学习环境——既可以延伸学生们的认知，又不会让他们在情感上产生抵触。那些既能解释为什么一个话题与大家相关，又能以多个议题将其与学生们建立联系的教师，只需做出适当的延伸，就会让学生们记忆深刻，并且更容易从记忆中提取出相关信息。

联想学习的其他认知理论揭示了，为什么学生们应该在课堂环境中积极参与，而不是被动接收信息。这些理论显示，为什么教师应该在课堂阅读以外，鼓励学生们寻找与课程相关的更多内容。这些理论还表明，为什么学生之间的互教互学，在增加施教者与学习者对于内容的理解上，是一种十分理想的方式。

许多教师对这些观点已经有所了解——尽管他们对此感兴趣，也有热情，但要让这些认知科学的概念在头脑中生根却十分困难。这是因为几乎没有哪位作者能将这些洞察转化成为有效的教学实践。可以说，任何一本书都不能单独完成这项工作，因为教育工作者的学习也同样受那些认知原则的影响。比如，一种改变教学方式来"促进长期记忆"的方法，只对适用这种方法的那些教师才有意义，也只有在他们自己开发出这种方法的条件下才对他们有意义。只有在这种情况下，他们才能将这些认知科学建议的教学实践新方法，与他们自己的经验联系起来。

这也就是认知科学研究小组的价值——最好由教师们自己组织。

在这样的小组中,专业人员可以共同努力,以实践的方式探索有关学习、记忆、注意力和动机的基础知识,而不是去强调缺乏合理理论基础的技能,参与认知研究小组的教师们可以探讨某一个原则,建议一些方式和方法,在自己的课堂上做尝试,然后再回过头来探讨结果。

可以从以下这些书中的一本入手。每次阅读一个章节,然后会面一次。彼此讨论一下这些问题:这段内容对于你的教学方法有什么意义?采用哪些方法与这一章里的观点更合拍?通过共同设计你们的教学方法,并相互指导,你们自己同样也在参与一个认知过程。

《思考,快与慢》[①]

《思考,快与慢》是诺贝尔奖获得者丹尼尔·卡尼曼的杰作。它讲述了隐藏在决策背后的两种思维方式——快速、来自直觉、基于习惯,并且或多或少受情感支配的 I 型思维;较慢、比较有逻辑、控制型的 II 型思维。这本书描述了作者与阿莫斯·特韦尔斯基(Amos Tversky)的开创性工作,表明个人的思维过程不是逻辑的。比如,当被问到的时候,大多数人都会错误地认为,字母 K 出现在一个单词开头(比如 kite)的可能性要比处在第三个字母位置(比如 cake)的可能性高,因为人们更容易想起字母 k 开头的词。同样,与更容易发生的危险相比(比如,没戴头盔骑车的事故),人们一般会高估各种容易想到的危险的重要性(比如,被陌生人绑架)。这本书涉及了这些认知领域的最有影响的研究成果,帮助人们理解如何以一种逐步深入、引发思考的方式评估与调整两种思维模式。考虑一下在学生们回应多种选择和各种

[①] 《思考,快与慢》丹尼尔·卡尼曼著,2012 年由中信出版社出版。——编者注

简单问题方面，在教师们理解他们对于学生们的下意识反应方面，这本书可以起到多大的帮助作用。

《人：让每个人独一无二背后的科学》[①]

与动物王国相比，人类具有的生物功能及与大脑相关的功能，使人类成为独特的人。在这本书里，当代神经科学家和教师迈克尔·加扎尼加，对于这些功能进行了讨论。他游刃有余地传递出了范围广泛的多种概念，内容包括语言、艺术、意识以及社会交往。他对于这些议题的论述感情丰富、不偏不倚，并且认识深入。这本书为教师们提供了对理解人类心智非常必要的基础概念，又能够帮助他们理解如何为学生们创造出最好的学习环境。

《突触本身》[②]

当代许多有关认知、学习和记忆的研究，都在探索大脑中的各种神经元系统是如何制约与创建我们对这个世界的知觉的，以及我们对

[①] （*Human: The Science Behind What Makes Us Unique*）迈克尔·加扎尼加（Michael Gazzaniga）著（2008年由Harper Collins出版）。

[②] （*Synaptic Self*），约瑟夫·勒杜（Joseph LeDoux）著（2002年由Penguin出版）。

于自己的理解。纽约大学神经科学中心的著名神经科学家约瑟夫·勒杜的这部著作,写的就是这个主题。勒杜的研究以各种情感(尤其是恐惧和焦虑),以及情感与思想、行为的关系为中心。如果读者期望了解神经元和突触(神经元之间的空间)是如何制约和创建我们的学习环境、我们的社会交往以及我们自己的,这是一本必读书。这本书还提供了他在纽约大学的个人网站的链接,其中保存了目前和过去的研究材料,以及他的摇滚乐团"杏仁"(以"杏仁核"命名,是大脑中与愤怒和情感有关的区域之一)。这个乐队演出与大脑及大脑失控有关的歌曲,其中一些音乐源于他的研究成果。

《你不是你的大脑:四步法解决方案》[1]

难道我们都是被自己的神经元回路控制的病人?对于那些被诊断为注意力缺陷或者患有其他精神疾病的学生来说,难道只有药物治疗这一种方法能帮助他们吗?著名神经科学家和加州大学洛杉矶分校的研究员杰弗里·施瓦茨和临床心理医生丽贝卡·格拉丁的回答是"不"。这本书解释了在不借助药物治疗的情况下,专注力如何帮助人们控制各种不良行为。这本书可以帮助读者理解推动替代思维策略(Promoting Alternative Thinking Strategies)等项目背后的原理,以及开发可能的个人项目,以帮助孩子们(和成年人)调整自己的情感与行

---

[1] (*You Are Not Your Brain: The 4–Step Solution*)杰弗里·施瓦茨(Jeffrey Schwartz)、丽贝卡·格拉丁(Rebecca Gladding)合著(Avery出版,2011年)。

为，去改善他们的学习和课堂行为。

《身体的智慧：发现人类精神》[1]

我在学习人体生理学课的时候，这本书在哪里呢？这是现存最深入、完整描述身体及其功能的著作，但这本书也有一个精神维度，因为它展示出身体发展是如何影响了我们生命的每一个方面的。设想你是一个幼儿园的孩子，由于某种健康问题影响了听力，但还没有人做出诊断。这对于你的学习会产生什么样的影响呢？你又会对你自己做出什么假设呢？或者考虑一下，如果阅读障碍是遗传性疾病，可以用基因疗法治愈吗？努兰是耶鲁大学的一位外科学教授，他以我们的发育成长过程为背景，描述了身体的各种功能。他从临床的角度清晰地呈现出我们身体的自我与我们在这个世界上的所作所为之间的联系。这是一本极具魅力的书，但如果我是在从事职前教育，这就是一本必读书。

——爱德华·乔伊纳

---

[1] (*The Wisdom of the Body：Discovering the Human Spirit*) 舍温·B. 努兰 (Sherwin B. Nuland) 著（Knopf出版，1997年）。

3. 学习教学

协同、反思与探询实习教学经验

南希·霍夫曼（Nancy Hoffmann）

20世纪90年代初期，约翰·古德拉德将全国上下的注意力投向了学校的一个关键困境：在优秀学校与优秀教师教育项目之间，孰先孰后？除非我们培养出优秀教师，否则我们就不大可能会有好学校；然而，如果在学习期间，接受学习的教师们不在优秀的师范学校中投入大量时间去实践，我们也不可能输送出优秀教师。教育实习不发生变革，可持续的变革不可能在学校里发生。

古德拉德创立了全国教育复兴网络（National Network of Educational Renewal，简写为NNER），从那时起，这家机构便在大学与公立学校之间的伙伴关系中成为一个宝贵而又影响深远的发源地。这个网络建立并培育了新型伙伴关系，以反思、对话和合作协同的经验，利用孩子们与未来教师们的教育机会。这其中的许多伙伴关系在20世纪90年代中期便已存在，随着公立学校教师们和大学教师们共同工作、强化他们的项目，这些伙伴关系依然在开展实验并持续改善教育。

下面的两篇文章写于1999年，但现在仍让人感受到这段基于一个NNER合作伙伴关系（与俄亥俄州的迈阿密大学合作）的反思性教学经验的宝贵价值。第一篇文章由南希·霍夫曼写作——她当时作为一名助理教师，在辛辛那提市郊区的马德拉学区与实习教师们一道工作，现在她是俄亥俄州迈阿密大学在终身学习领域的新任教师团队成员。第二篇文章的作者是伯纳德·巴迪亚利（Bernard Badiali），时任迈阿密大学的教育领导力项目的主席，现在担任宾夕法尼亚州大学教育领导力教授。

我想，我的教学实习经历，与正在读这本书的其他教育工作者们大致相近。我们中几乎所有人当时都沉浸在一种全力以赴的实习教育体验之中，这是教师学习中最通用的模块，也是公认的、影响教学者们的"最关键经历"。作为实习教师，我们和那些指导我们、富有经验的教师们一起工作，他们逐渐将课堂责任转交给我们这些新手教师。我还清晰地记得，我在教室最后一排座位上耐心坐了几个星期、细心观察并记下了指导教师的每一个动作，焦急地等待着自己上场。我对她既佩服，又尊敬，但时刻都没有忘记这个关系中的权力差异。我的任务非常明确：模仿这位导师，即便这意味着不假思索地复制她的做法。深入思考具有挑战性的教育问题，或者对于她的教学方法提出问题，都超出了正常要求，况且也没有时间。[1]

像所有实习教师一样，我的注意力集中表现在自己熟练掌握课堂内容和落实具体方法上，并不关注教师们学习教学的过程，以及如何从他们的实践中构建其意义。教师教育项目往往提供的是"菜谱式"教学方法，学生们在担任实习教师期间必须一一照搬。这个过程不是推崇一种批判性、反思性实践，未来的教师实际上一入门接触的就是这样的现状：人们把教学视为一种非政治化、技术化和程序化的活动。从这个意义上看，学习教学是说教式的，也是等级分明的。有关教学的学习是被动的——是被人塞到手里的东西，而非参与式的、建设性

---

[1] 由托马斯·S. 伯克维茨（Thomas S. Popkewitz）编著的《教师教育的重要研究》（*Critical Studies in Teacher Education*，The Falmer 出版，1987 年，第 298~335 页）中兰登·拜尔斯（Landon Beyers）和肯尼思·蔡克纳（Kenneth Zeichner）著《文化环境下的教师教育：超越复制》（"Teacher Educatien in Cultural Context: Beyond Reproduction"）。

的，与参与者形成联系。这样的做法将初学教师的身份塑造成为"一个知识的推行者，而不是知识的生产者"。[1]

现在，我作为一名大学实习生导师，参与了马德拉学区与迈阿密大学的合作伙伴项目，旨在改变这些做法。这个合作伙伴项目的指导原则之一，就是教学不是一种静态的、固定的，并且一个人就可以精通的过程，而是一种持续发展的、流动的过程，在我们的职业生涯中展开并演变。在他们学习教学经历之中，我们的实习生们既是知识的接收者，也是知识的生成者。我们安排了各种反思与探询的机会，并将其作为他们经历的主要部分。除了写作有关自己经历的反思文章外，所有实习生在整个学期过程中都要开展一项探询项目（行动研究），探究和质疑自己的实践。他们将他们正在学习的内容内化，对其进行反思、分析，并从中找到意义。

在迈阿密/马德拉实习教学模型中，为每位实习生安排了一名指导教师（或者指导教师团队），在实习过程中，指导教师一直与实习教师在同一课堂上工作。实习教师与指导教师持续开展深度会谈，将引导他们实践的心智模式展示出来。他们的谈话内容包括提出与某个课堂内容有关或者是与学校环境有关的问题，以及与周围更大的社区有关的问题。他们反思自己在学校和大学里的经历是如何塑造自我认知的，也反思了教师是如何通过各种媒体文化建设的方式定义教师的角色和

---

[1] 将教师们看作探询者"假定研究——或者说对于你们正在参与的过程进行批判性思考，并非是你们掌握了如何教学之后才做的事情。这是你们为了掌握如何教学要去做的事情。"

摘自 N. 阿曼达·布兰斯科姆（N. Amanda Branscombe）、迪克西·戈斯瓦米（Dixie Goswami）与杰弗里·施瓦茨合编的《学生教学，教师学习》（*Students Teach, Teachers Learn*，Baynton/Cook-Heinemann 出版，1992年，第293~295页）一书中，B. 鲍恩的《回应》（*Response*）一文。

形象的。他们对于这些形象提出挑战，并建构与自己的特定环境背后的价值与信念相符的新身份。

我们的合作伙伴工作方法的主要元素之一是团队学习，指导教师与新手教师一起开展研究（探询项目），以便更好地理解自己的实践和自己作为教师的不同角色。这个过程给未来的教师传递了这样一个信息，无论新手还是有经验的教师都在持续学习如何施教。这个过程也强调，将理论与实践联系起来的最好方法之一，是对于教学采用一个自我批评和系统探询的进程。通过这样的探询项目，不仅生成了知识，也强化了实习教师和指导教师之间的个人与专业关系。

向实习教师学习

伯纳德·巴迪亚利（Bernard Badiali）

探询项目中最有趣也最令人震撼的案例之一，是由詹·瑞德进行的一项研究，1999年的时候，她是高中英语课的实习教师，与她一起工作的是DJ·哈蒙德（DJ Hammond），马德拉学区的一位高中教师。詹对于高中生的性别公平问题很感兴趣，具体来说，她关注的是高中女生在课堂上的参与方式。此前，她已经将这个题目作为夏季学期项目的一部分，阅读了大量文献，其中包括《唤醒奥菲利亚》与《女学生们》等著作。年轻女孩是否比年轻男孩更不愿意在课堂上发言呢？如果真的如此，如何帮助她们做出改变呢？

DJ对这个问题也感兴趣，因为她观察到，自己班上的那些头脑聪明、善于表达的女孩，在课堂讨论中却不大愿意发言。实习生詹和拥有25年教龄的老手DJ就把这个题目当作她们联合教学的一部分，设计了一个工作计划，从几个不同的高中班级中收集信息。在那个学期里，她们定期对这些女生进行访谈。她们在一批杂志上征询意见，询问这些女孩关于在课堂上发言、表达自己的观点，以及她们的发言时间，与课堂上的男孩们进行比较，有什么看法。

詹与DJ在这项研究中是合作伙伴关系，而非典型的上下级关系。这个探询项目的各项成果影响深远。詹与DJ收集到的数据让她们两人大吃一惊。女孩在谈话与写作中都提到她们在讨论中感到不如别人，她们担心男孩对她们的话有什么看法。詹确认了自己在上一个学期文献阅读中的发现。她和DJ便开始设计行动策略，鼓励自己班上的女孩更积极地参与。她们与参与调研的班级讨论了这个问题。她们两人对于教学、课程规划，以及女孩社交活动的特征，都做了深入而意义深远的谈话。[1]

在每个学期结束的时候，马德拉学区都会安排一个活动，所有实习生都要用20~30分钟的时间，向教职员工报告他们的发现。詹汇报的对象是约25位马德拉学区的教师、几位迈阿密大学的教授，以及其他学校的来访人员。她在呈现自己的数据时，引用了访谈中的谈话内容、女孩们的文章的抽样样本，以及课堂活动的实际故事。教师们，尤其是那些教授高中女生的教师们，聚精会神地听着她的介绍。这个介绍令人震撼，有时催人泪下。在詹的汇报结束时，马德拉学区的数

---

[1] 玛丽·皮弗（Mary Pipher）著《唤醒奥菲利亚》（*Reviving Ophelia*，Grosset/Putnam出版，1994年），佩姬·奥伦思坦（Peggy Orenstein）著《女学生：年轻女性、自尊以及自信的鸿沟》（*Schoolgirls, Yong Women, Self-Esteem, and the Confidence Gap*，Anchor Books/Double Day出版，1995年）。有关男孩子的各种挑战与障碍，另请参见威廉·波拉克（William Pollack）著《真正的男孩：从少年时代的神话中拯救我们的儿子们》（*Real Boys: Rescuing Our Sons from the Myths of Boyhood*，Owl Books出版，1998年）。

学教学负责人站起来说："就是这样了。我班上的每一个女孩从明天开始都会参与进来，从现在起，我就要找到一个办法让这成为现实。"

当时在座的学校校长后来告诉我说，她对于詹的报告引发的强烈反响感到瞠目结舌。有些教师承认，他们从一个新的角度看到了高中女生。将这类项目公布于众的美妙之处在于，这会引发教师们的讨论。实习生对于自己的发现，享受着某种"政治豁免"。经验丰富的教师们，可以把那当作一个新手在发现教师技艺的进程中进行的表面化调研，但也可以从这些实习生的发现中学到新东西。然而，从他们在这个报告过程中和报告后的提问中可以明显地看到，教师是愿意从那些为他们提供有关学校的可观测数据的实习生那里学习的。实习生们则对于能够为实习了一个学期的学校提供一些反馈，感觉还不错。[1]

《教育复兴：更好的教师，更好的学校》[2]

这是一部用于重新设计教师教学的书，也适用于那些关心教育的人士。约翰·古德拉德关注的不是提高阅读成绩，或者是讨论如何开展数学教学，而是教育的目的这个长期问题。人们将会有哪些公民特征？他们如何学习思考？他们如何赚钱谋生，如何看待这个世界，如何了解大家、了解自己，如何追求知识？他们会有什么样的道德感？

---

[1] 詹·瑞德后来在1999年成为马德拉学区全职语言艺术教师，授课7年。她曾担任题为"年轻女性为改变辛辛那提而写作"项目的主任。她现在俄亥俄州达顿市的地区STEM学校中担任语言艺术教师——这个学校的女生人数众多，男女生比例为1∶2。

[2] 《Education Renewal：Better Teachers, Better Schools》约翰·古德拉德著（Jossey–Bass出版，1994年）。

古德拉德认为，大多数学校（以及大学的教育系）都失去了这种目标感。他建议创造出多个"教学法中心"，将当地的学校系统与大学紧密联系起来，以重振学校教育。对于"工业时代学校模型"抱有矛盾心态的教育工作者，应该到这本书里去寻求替代方法。

——内尔达·康布–麦凯布

第 12 章
教育领导力

1. 超越"校长做得对"模式的教育领导力

查罗特·罗伯茨

虽然查罗特·罗伯茨不是这本书的共同作者,但在本书形成过程中,她是一位关键人物。她是组织学习领域的杰出咨询师,《第五项修炼·实践篇》与《变革之舞》的共同作者之一。1993 年,她开始帮助丹佛斯基金会定义一个新的公立学校校长领导力模型,自那时起,她一直与教育工作者和学校一起工作。

在一次为期一年的学校管理人员有关组织学习的课程的最后一期课上,一位小学校长向我求助:"我们学校的女教师们要求我做所有决定,并且告诉她们怎样做。她们不想参与我们学校的任何规划工作,也不想做出任何决策。"这是一位年轻的校长,从研究生院毕业不久,他的这个说法让我非常好奇。他刚刚花了12个月的时间，学习了如何让自己的团队真正参与的各种方法，难道他真的觉得所有这些都是在浪费时间吗？

几个月之后，另一位小学校长给了我一个我正在寻找的让我不禁"啊哈"的惊喜。她是来自美国中西部的一个学区团队的成员，这个团队同意把自己的经历作为"学习"学习型组织案例的六个团队之一。每个团队都包括教师、校长，以及管理人员，有些团队还安排他们的学监也参与其中。我们一起研究了哈佛大学商学院教授克里斯·阿吉里斯的不同理论，这些理论为心智模式修炼提供了必要的基础。阿吉里斯写道：

> 似乎存在这样一种普遍的人类行为倾向：一个人会按照四项基本价值设计自己的各种行动：
>
> a. 保持单向控制；
>
> b. 利润最大，将损失降到最低；
>
> c. 压制负面情绪；
>
> d. 尽可能保持"理性"，其含义是：要清晰地定义目标，并且从是否实现这些目标的角度，评估自己的行为。[1]

所有这些价值的目的是要避免难堪或威胁，防止产生无助感或者无能感。

在这篇文章里，阿吉里斯指出，这些价值的净效应，阻碍了一个组织中任何一种富有成效的学习或者变革。我们的谈话气氛活跃、大家都畅所欲言，大家坦诚地说出自己的种种过失，空气中洋溢着一种

---

[1] 克里斯·阿吉里斯的这段话摘引自《教聪明人如何学习》[*Teaching Smart People How To Learn*, Harvard Business Review（1991年5–6月刊）]。

解脱和自由的气氛。突然，一位名叫贝姬·弗朗（Becky Furlong）的校长大叫了一声，中止了我们的讨论，"等一等，所有这些都是倒退。这四项价值，恰恰就是一个好学监、好校长的衡量标准！"接着，她就带领着这个小组，详细描述了盛行的公立教育的领导力模型。我开始认为，这就是"校长做得对"模型：

a. 优秀领导人始终控制着一切。永远不会让他们看到你心虚、出汗的样子。明确立场并保持这种状态。没有人会为孩子们（或者各种政策、教师以及课程规划）承担责任，只有你会这样做。

b. 优秀领导人在所有对抗中都是"赢家"，无论对方是谁——孩子、家长、教师，管理人员、校董会成员，以及政治人物。总做赢家不大可能，因此能够重新塑造条件将其作为学习、规划和谈判的过程。无论如何，在追求"赢"的过程中，要理性地让对方屈服。另一个成为赢家的策略，是将问题定义为一个需要私下解决的局部情况。通过区分复杂局面，并着手采取具体的、局部的"修理措施"，领导人就可以宣布"获得了成功"。

c. 校长表达出来的负面情绪，显示其失去控制，或许也是无能。如果这个学校存在着负面情绪的基调，这就是校长还没有激发、激励教师团队的一个标志。校长或者学监公开表达愤怒、焦虑以及担心，都是在毒化学校的空气，最终还会影响到孩子们。"如果负面情绪在我的学校里立足，"一位校长说，"就会像在一个老房子里驱除蟑螂那样困难。"

d. 保持理性是受教育的标志之一——就这么简单。一个教育工作者的工作，说到底是开发年轻人的心智。表现得不理性，就是无能的表现。即便是处理类似意外暴力行为这样的情绪化问题，领导人也要把控局面，并迅速找到应对的理性解决方案。

贝姬的描述让我想起了几年前参加过的一个教育管理者博士项目

（我放弃这个项目，是因为我意识到自己还不具备应有的素质，去接受公立学校领导人承受的那种待遇）。在这个项目中，我们被灌输的也是一种潜在的领导力模型：宣扬自己的主张，澄清面临的问题，明确自己的立场，千万不要退缩，要坚强，要理性，要有说服力，要正确。这种"校长做得对"模型本身，就是强加在我们许多公立学校教育工作者身上的一个沉重负担。它直接导致了各种各样的行为，让探询、深度反思以及让人们形成共同目标变得更加困难。

"我的女士们要我做出所有的决定。"现在，我意识到了这位校长一年前说的话背后的原因。他的意思是，"她们避免介入其中，而我要去应对这个学校里的所有冲突"。他的职责——就像他真心信奉的那样，是为自己的员工屏蔽掉所有问题，以便让他们专心教学。但实际上，他所有的领导力方法都围绕着一个目的：在其他人可能着手接触之前，把所有问题直接留给自己（对他来说是一种单向控制形式）。简而言之，"校长做得对"领导力模式，是他采取的行为背后的主要动因。①

由于领导力的风格本身不可讨论，甚至是下意识的，他就无法意识到这种领导模式在自己学校里施加的影响。他只能看到，他的"女士们"不仅容忍了他的控制，还在要求他的控制。他也不允许自己看到，他的领导力风格带来的任何负面影响，比如，他由于出错而感受到的焦虑，或者由此在教师群体中产生的消极被动和怀疑态度。想象一下他掉入的陷阱。他可以去参加上百个有关组织学习的研讨会，但如果其中内容与"校长做得对"的风格产生冲突的话，他就要被迫将其抛到一边——也许颇感遗憾，但也有一种不得已为之的感受。说到底，难道还有其他的教育领导力模式吗？

---

① 有关单向控制的更多内容，以及帮助人们克服自己适得其反地"主导"谈话倾向的一个练习，参见《变革之舞》，第 252~254 页。

教育领导力新模型

在丹佛斯基金会的支持下，我与一批学监一同工作，用 5 年时间探索出一种新的公立学校领导力模型。我们着重关注人们在领导时无须控制的四种关键能力。

a. 参与。哈佛大学肯尼迪政府学院教授（也是我们这个项目的导师之一）罗恩·海费茨（Ron Heifetz）将领导力定义为调动人们处理各种棘手问题的能力。在我看，这就意味着参与，其中包括两个元素。首先认识一个没有明确定义、没有简单的原因，也没有明显答案的问题或当下局面的能力（罗恩·海费茨称其为"适应性问题"，已故系统理论学家罗素·阿科夫则称其为"麻烦"）。在面对这样的复杂局面时，就需要召集系统中适当的参与者，推动他们的深度会谈。这就是参与的第二个层面。

海费茨在他的著作《领导力没有简单答案》中，提供了 12 个用于反思的问题，而这些问题本身呈现的就是一个参与过程。其中前面 5 个问题的目的，是退后一步，平心静气地分析、判断这个危机或问题的特征，以及人们对其所持的各种态度：

- 造成这种苦恼（从"麻烦"或者"适应性问题"出发）的原因是什么？
- 这种苦恼表现了哪些内部冲突？
- 这些内部冲突的历史是什么？
- 我和其他人的哪些视角与利益，代表了社区里相互冲突的各个部分？
- 我们在这个组织或者团体中，以什么样的方式反映了这个社区中问题的动态关系？

其后的三个问题，呈现的是这个社区（在案例中，是学校系统）对于矛盾、苦恼以及学习的容忍程度。

- 这个社群对于不平衡的典型反应是什么——对于未来方向的困惑，对于外部存在的威胁，对于角色关系的混乱，对于内部冲突以及打破现有规则的反应？
- 这种困境在过去什么时候似乎达到了极限——社会系统开始产生自我破坏行为，比如内战或者政治暗杀？
- 传统上，高层权力机构采取过哪些行动，可以恢复组织平衡？鉴于我目前的权力，有哪些应对困境的机制目前在我的掌控之内？

最后四个问题有助于发现采取干预措施的着力点：

- 这个社区特有的工作模式与避免工作模式是什么？
- 对于目前适应性挑战的困难和性质以及其包含的各种工作问题，现有的避免工作模式预示了什么？
- 高层权力人士提供了哪些初步想法？
- 这些问题中哪些已经成熟？应对这些成熟问题的可选方案有哪些？使一个还未在人们心中固化的问题成熟起来的可选方案有哪些？

参与并非看起来那么容易。局面的复杂性通常伴随着利益相关者的大量情感。创造一个会谈、推动倾听和表达的安全空间，不是研究生院教授的技能。在缺乏澄清但充满高调情感的环境之中，人们趋于回归到阿吉里斯所说的四项价值中的第一条：获得单向控制和创造暂时的和平。[1]

b. 系统思考。认识复杂系统的隐藏动力的能力，以及发现杠杆作用点的能力，与参与能力并存。系统思考的前辈大师路德维希·冯·贝塔朗菲（Ludwig von Bertalanffy）曾提出过一个关键问题，"这个局面的边界是什么？"要求人们在面对一个复杂问题采取行动之前开展反思。

这不是一个小问题。如果你们觉得这是个小问题，就向一个团队提出它，看看要花多长时间，人们才能达成共识。这个问题的答案，识别出（或开始识别）需要参与思考和行动的那些人员。贝塔朗菲建议，当团队将自己的思考，从他们确定的边界扩大一层的时候，往往就会产生各种宝贵的洞察。比如，如果一个团队认为，某个情况只是与自己的中学有关系，他们可以从学区这个更大系统的角度，去探究这个问题。也就是说，他们可以考虑学区中的其他学校或其他地方，在多大程度上也是这个问题的一部分。[2]

当问题的边界暂时设定之后，要提出的第二个问题（来自梅

---

[1] 对于那些试图与其他人一起应对"适应性问题"的人，罗恩·海费茨、马蒂·林斯基（Marty Linsky）和亚历山大·格拉肖（Alexander Glashow）所著的《适应性领导力实践：改变你的组织和时间的工具与策略》（*The Practice of Adaptive Leadership: Tools and Tactics for Changing Your Organization and the World*，Harvard Business Press 出版，2009 年），是一项不可多得的资源。

[2] 由哈佛大学肯尼迪政府学院开发的一个案例，是学校管理人员需要应用这种判断力的一个令人信服的故事。它讲述了在一所小学发生的一次社区危机的干预过程，参见苏珊·罗斯格兰特（Susan Rosegrant）所著《决定由谁来做：在麦迪逊学区的一所学校里，有关一次同性恋照片展的讨论》（*Deciding Who Decides: The Debate Over a Gay Photo Exhibit in a Madison School,* Harvard Kennedy School of Government, Case Study#1440.0, 1998 年）。

格·惠特利的研究）就是："谁与这个系统有关？"去了解他们的想法，与这个社会系统互动。

比如，邀请一个团队，请大家思考影响这个问题的各种因素，以及这些因素的互动关系。一个有代表性的情景是：州立法机构做出决定，评估每个学校的绩效，这产生了焦虑，焦虑又引发了管理人员的过度监管，过度监管又导致教师们的恐惧，最终促使他们去做两件事。他们可以"为测验而教学"，放弃可教育的时刻与鼓舞人心的接触。他们也可以让那些在测验中预期会得低分的孩子在考试那几天请假在家。于是，学校成绩提升了，立法机构将此归功于自己，而所有学校则继续为考试而博弈。学校的成绩似乎不错，但孩子们却丧失了学业。

一位新学监在这个学区上任后，发现了真实情况。她应该披露被掩盖的事实，将人为的高分成绩暴露于阳光下吗？这个系统的愿景是什么？这个问题是谁造成的？这个系统的边界在哪里？谁属于这种情况，而他们知道自己属于这种情况吗？

c. 引领学习。应对公立教育中的各种复杂问题，激发人们参与的能力与研究系统的能力还不够。引领学习意味着要形成一种"以学习者导向"，而非"以权威为中心"的模式，应对课堂内外的所有问题。

我们大多数人获得的教育是，自己通过现有的教育系统获得了进步，我们也以这种方式体验了"以权威为中心"解决问题的方式。教学以自上而下的权威形式，让孩子们接触各种理论、技术，以及规则，并且要求孩子们通过考试证明自己准确地接收了这些信息。教师们用"打分"的方式评价孩子接收信息的质量。如果某个孩子在一段时间内分数不高，就要去上"补习"课。简而言之，教学是为这个系统中的成年人组织安排的——"校长做得对"的领导力也是以同样的方式，为管理人员的自我形象而组织安排的。

以权威为中心的解决问题方式,在隐匿中产生作用,有时难以察觉。即便在学校墙上的一块牌匾上有这样一句话,"我们以学生为中心",还是令人生疑。去看看学校的各种规定吧。你会发现,这些规定的目的以学习为代价来强化权威,让成年的教师们感到自己生活得安全又舒适。

那么,"以学习者为中心"的领导力,作为教育领域领导者的一种核心能力,看起来是什么样子呢?你们把学习以及接纳作为学习一部分的不确定性,看作这个系统的文化,或者遗传密码的一部分。教师们仍然在教学,但与他们自学的方式有着千差万别。当孩子不理解一个概念的时候,教师会问自己:"对于目前这种情况,我应该承担什么责任呢?怎样才能让这个学生获得成功?我能说些什么或者做些什么,帮助孩子理解和应用这些概念?这个学生感受到自己的学习了吗?还有谁应该加入这个谈话,这些人知道他们应该加入吗?"

在这样一种文化中,系统中的所有人都被看作学习者,也都担任学习者的角色。貌似"饱学"已经不再重要——拥有几个研究生学位和官方权威作为领导力的主要证明。恰恰相反,领导者们预料到自己和其他人都是不确定的,是处于探询之中的,是要为各种意外做好心理准备的,并且恐怕还要乐于勇敢面对各种未知的事物。领导学习给了校长们和学监们这样去说的自由:"我不知道我们在往哪里去……但我还是愿意和你们一起去仔细探究这种混乱的局面,找到一条前进的路。"

d. **自我认知**。这项能力让我回想起,我们在丹佛斯研究小组的谈话中产生的最痛苦也最有价值的几个结论。公立教育中的领导者们来来去去(自愿地或者不情愿地),其速度令人吃惊,我们小组中的学监们也是如此。我们所有人难道忽视了什么吗?有哪些早期预警信号正在显示,学监们都不再符合教育组织的要求了,就要失业了呢?

我们的结论是,领导者们必须要有自我认知。他们必须了解自己对于其他人和这个系统的影响,以及这些影响如何随时间的推移产生变化。或许,领导力模型自他们上任之时起,就已经改变了。聘用了学监的校董会,在 2~4 年之后,很少还会有完全相同的成员。新任成员们会要求另一种新的领导力模式。而这时学监也要离开了。

自我认知是一种实力定位。发展这种能力,至少要包括两个要素:走出办公室花时间进行自我反思,以及在一段时间内在办公室找到一位个人教练。走出办公室的安排也许是一个提升个人能力的项目,也可以是一位理解公众领导力压力的心理治疗师。个人教练是这样一个人:真正喜欢你,并关爱你的全部。当你在"我还能继续为这个系统提供价值吗?"这个决策中摸索的时候,这位教练要对你的这段旅途做出承诺。

被炒鱿鱼或者被迫提前退休,还是被当地媒体大肆报道之后,这种痛苦十分恐怖。当然,在任何一个领导岗位上,总会有痛苦(和快乐)。了解自己的优势、自己的个人愿景和价值观,以及你自己的"底线"在哪里,就会构筑起你的个人认知的基础,它会帮你打造你的职业生涯,并让你按照自己的方式离开,对于自己对组织的贡献深感满足。

2. 同事伙伴
丹佛斯基金会的学监论坛

在 1993 年到 2003 年的 10 年间,丹佛斯基金会(一家设立在圣路易斯的非营利基金会)会定期召集大约 60 位学监,探讨他们开展的有关组织学习的工作。"丹佛斯论坛"(我们对其的称呼)正式名称是"美国学监论坛",它与通常的专业会议全然不同。丹佛斯基金会为学监们提供部分差旅费用,也资助过一些小规模学习活动,但其收获远远超过了资金。参加论坛的学监背景各异——来自城市、郊区和乡村学区,但他们所有人所在的学校至少有一半学生失败的可能性很大。他们所有人也都有着一个共同承诺:让所有孩子都学习。在早期形成这个论坛的议题的时候,与会的学监们就在规划自己的学校复兴策略的过程中,求助于组织学习的各种概念,他们都感到,他们不可能单独来做。他们相互之间需要帮助和支持。

即便是现在,在论坛结束多年之后,那些参与过论坛的人们还会说起,那是一种难忘的经历——对于所有人,都是一个礼物。由此产生的网络今天仍然存在,对于我们这些参与者来说,它依然重要。在我们编辑这本书的第一版时,我把这个团队中的几位成员请到一起,对这个论坛的设计和价值做了一次讨论。我们认为,对于那些正在从全国各地或者在自己学校里寻找同事支持的各地教育工作者同行团体,这里的一些概念影响深远。[1]

——内尔达·康布-麦凯布

让参与者确定议题

林恩·贝克威思(Lynn Beckwith)[2]**,密苏里州大学城**:这些论坛一直都聚焦于我们作为学监关注的那些问题。我们集中讨论的话题——领导力、公众参与、校长职责、儿童早期教育,以及种族与阶

---

[1] 9位曾经参加过丹佛斯论坛网络的人士一起成立了一个新的网络论坛,叫作全国学监圆桌会,形成了一个影响深远的学监学校团体,主要关注如何设计21世纪的学校。参见www.superintendentsforum.org。

[2] 林恩·贝克威思现任密苏里大学城市教育专业教授。

层，都来自我们提出的问题。

彼得·内格罗尼（Peter Negroni）[①]**，马萨诸塞州春田市：** 由于这些论坛的对象是学监，并且是由学监们自主开发的，我们就能保证其内容与我们相关，并在问题一出现时就采取应对措施：培养校长、回应年幼孩子们的需求、培养学区中所有孩子的学业表现，以及吸引公众参与。在这个论坛的发展过程中，对于一些重大学校问题，在它们引起全国注意之前，我们就做出了预判。我们一直有能力在各个分小组中积极应对这些问题，并且随后在更大团队中分享我们的经验。这意味着对于任何一个议题，我们都有60个人在努力推进各种策略行动，为各个学校带来更好的领导能力。通过我们自己设计议题，我们把自己和其他人都看作学习者——能够在自己所属学区中持续开展组织学习的学习者。

在参与者之间培育关系

葆拉·巴特菲尔德（Paula Butterfield）[②]**，蒙大拿州博兹曼市：** 丹佛斯论坛的成员们，都是致力于在公立教育领域推进持久变革的人。我们建立了深厚的友谊，不仅是在我们这些推进各自行动的人们之间，也是在整个学监的群体之中，还包括与我们一起工作的咨询师和学者们。我还从未见过有任何一个类似的组织或者群体，在这么长的一段时间里，做出持续的努力。在这个过程中，这个关系网络变得比论坛本身要大得多了。

你还记得埃伦·伯斯泰因（Ellen Burstyn）和艾伦·阿尔达（Alan Alda）出演的电影《明年此时》吗？对于这个团体，我就是那种感觉。

[①] 彼得·内格罗尼现在是大学委员会中负责关系发展问题的高级副会长。

[②] 葆拉·巴特菲尔德现已退休。

在这个论坛结束的时候，我自己感到十分恐惧，因为我刚刚认识到，我们创造出的这些关系是多么强大。在学监们参加的其他一些会议上，会议目标似乎是让大家吹嘘所有一切是多么顺利。推进自我吹嘘的会议，不是丹佛斯网络的目标。

彼得·内格罗尼：由于有了丹佛斯的经历，我不再感到孤单了。我觉得背后有人支持，觉得自己获得了动力。我感到我们在做正确的事情，因为我们持有相同的观念，在一所学校里，孩子们才是至关重要的。我的动力来自这个网络论坛。建立这种网络关系，对于我来说，意味着汲取他人的能力，去构建自己应对各种问题的动力。这就是在丹佛斯所发生的，这也就是为什么我们在维系我们的关系上如此成功。

林恩·贝克威思：我来到这个论坛，是因为我知道自己能从这里获得帮助。在这里我能够学习。在这里我可以分享自己的内在情感，因为我们是兄弟姐妹。极少有人能走过这样一段经历。虽然我们来自彼此差异巨大的学区——有些规模相当大，有些则规模较小，但我知道我们会彼此理解。当我遇到一个难以解决的问题时，这里会有一些人帮助我。比如，在刚担任学监的时候，我在应对一个事事都要插手的学校董事会的问题上遇上了困难，那时我就需要有人帮助我找到一个抵制这种做法的途径，我在这里找到了我需要的帮助。

把洞察和资源带回家

葆拉·巴特菲尔德：我一直努力在自己的学区中建立我在丹佛斯发现的那种关系：人们在其中可以公开探讨问题，而不仅仅是进步。我们请来了一些我们通过丹佛斯结识的外部人士，请他们回到我们的学区和我们一道工作：研讨、提出各种问题，发现有益的成果。这对于那些在我们的学区中工作的人影响非常大，也让学校董事会认识到了这个项目的重要性。我想，这也使这个论坛与我们这些学监们的一些其他经历相比大不相同。我们总会去其他地方参加某个会议。但是，与这个群体一道工作的时候，我们有时候就待在家里，大家会到我们这里来。

维恩·坎宁安（Vern Cunningham），丹佛斯论坛推进师： 有一天，我在华盛顿机场与一位参与丹佛斯论坛的学监不期而遇。他和他的学区中的一位校长在一起。在我们聊天的时候，我提到我相当钦佩这位学监的授课天赋，我是在最近的论坛探讨中见识到的。与他同行的校长对他说："你要是回到学校也这样做就好了。"这让我大吃一惊。我意识到，学监们在全国性活动中的行为表现，与他们在自己学区中的行为表现可能会有很大的差异。这次偶遇之后，这位学监一直积极地与自己的团队一起开展这类活动。

鼓励可能会影响"学校中"的各种变革的大胆尝试

林恩·贝克威思： 丹佛斯基金会项目产生的影响，会在你的学校系统的整个社区中产生连锁反应。在社区应对教育与孩子的各种问题上，往往会产生系统变化的效果。在我们的"所有孩子的成功"的行动中，早期护理与教育都提高到了一个新水平，不仅在大学城学区，而且在整个社区都如此。我们着重提高所有孩子的就学预备状态，无论他们是在我们学区里、在自己家里，还是在托儿所里。

社区中的一些成员曾一度认为，关注不属于这个学区的孩子，不是学监办公室的职责。衡量我们成功与否的标志，只看我们如何应对12年制教育中的各种议题和问题。现在这个社区认识到，如果我们早一些着手应对年幼孩子的发展问题和需求，或许就能避免一些以后不得不进行的补救性工作了。其结果是，在早期儿童护理与教育上，目前已经形成了联系所有关键社区成员的基础架构,持续开展这项工作。这项系统变革始于丹佛斯论坛。这个社区曾一度四分五裂,现在已经成为一体了。

葆拉·巴特菲尔德: 在博兹曼,"所有孩子的成功"行动对于存在于社区成员间的各种关系,产生了极大的影响。在丹佛斯为我们组织的第一次会议上,我可以将以往从未交谈过或者从未与学区有过密切合作的那些人召集到一起。在此之前,他们中的一些人之间存在着传统的隔阂,其中并无什么充分理由,只是习惯而已。这次会议开始打破这种隔阂。

这个社区的不同力量,让人们开始互相交流,并最终开始共同出资推进项目。大家建立了一个资金申请流程,以保证所有资助拨款都不会在博兹曼收到任何竞争性申请。大家在丹佛斯架构之下组成一个团队共同申请。这是神奇的一步,但来之不易——也不是很快。我们开玩笑说,大家都需要学一学"协同"这个词如何拼写。

实际上,本地丹佛斯指导委员会成员的资格变得一席难求。即便是那些并非直接与早期教育领域相关的人,也希望成为这个团队的成员,因为他们知道,如果有一个人申请了项目资助,整个团队都会支持这个项目。但是,并非只有丹佛斯委员会才拥有社区各个部分的代表。每个人都在不同的委员会里交叉任职。比如,我接受邀请加入了县健康委员会,这个委员会与凯洛格基金会(Kellogg Foundation)共同申请了一个项目资助,并成为一项全国健康行动的一部分。县健康委员会里的那位新任官员,在这个委员会里没有其他管理人员。一个具备管理经验并且了解县健康部门的工作对于孩子们的影响的人,对她有帮助。

或许可以说,我们在彼此的委员会"相互授粉",既是由于支持,也是源于思考。在蒙大拿这样独立自主意识特别强的一个地方,相互依赖和开发的意识正在逐渐成形。

互相做表率

林恩·贝克威思:当来自不同学区的学监在国家层面上聚焦到一起的时候,仅仅从他们的谈话中,你就可以判断,哪些学区的学监已经全身心地投入到变革项目之中了。有些学监对于这类项目明确表示赞许,但自己从未参与。

那些获得了成功的学监们意识到,当你成为自己所在学区的领导团队成员的时候,就必须把自己学监的帽子摘下来。你的说法和想法,并不比所有其他人的说法和想法更加高明,但这并不容易。有时候,当我觉得自己"有答案"的时候,就必须要克制自己,不要"给答案、下命令",而是让委员会发挥领导作用。

在一次委员会会议上,一位负责社区早期教育的成员告诉大家,"我不是到这里来做贝克威思博士的公共总监或者是让他面子上好看的。他只是这个委员会的一名成员。"我对此心领神会。他的话完全正确。

当然,放下领导人的角色定位,并不是给自己找借口,放弃全身心参与项目的责任。我一直认为,从这个论坛中发展出来的那些工作,不是那种可以授权给其他人的事项。我的责任是出席和完全投入这些会议之中,尽管有时候我的日程很紧张,安排参加这些会议相当困难。在评估这个项目的时候,有些团队成员特别指出,学监出席与参与这些会议,将这个行动提升到了一个新的高度。

内尔达·康布-麦凯布:我注意到,许多学监在角色定位上都发生了变化。比如,许多学监改变了自己的领导风格。在罗德岛的普罗维登斯学区，黛安娜·拉姆（Diana Lam）参加了一次由校长们参加的研习会，一位与会的校长议论说，他以前从来没见过哪位学监以这种方式参加会议。他说："通常，学监都是走进会场，介绍一下外部专家，等这个人开始讲话的时候，他就离开了。但黛安娜却一直在做记录、提问题，鼓励她的校长们参与其中，努力思考提出的各种想法。"这为我们在这个领导力项目中采用的罗恩·海费茨的适应性领导力概念提供了一个典范。海费茨认为，领导力的有效性不仅取决于你如何创建人们共同学习的环境，还要取决于你如何与他们共同学习。

给变革一点儿时间

葆拉·巴特菲尔德：丹佛斯论坛的工作有一个关键特征，就是它并不要求马上产生结果——在当下这个即时满足的年代，这是一种激进的做法。这个基金会富于明智的耐心，在变革发生方式上创造出了一个全然不同的视角。我们每个人一直以来通常都在应对其他人那种"我们现在就要"的态度——如果不是在应对我们自己的这种态度的话。由于这个论坛的工作，我改变了这种立场。

林恩·贝克威思：对于我们之中的一些人来说，似乎我们一度没有取得什么进展。但是我认为，丹佛斯基金会不要求马上产生结果，显示出它的智慧。这个项目最终开始产生结果，并且达成各项目标。

创造一个可以安全探讨危险的空间

林恩·贝克威思：当我在与我的教育董事会开展工作的时候，这个论坛上与种族和等级问题相关的几个会议对我帮助很大。与许多其他社区类似，种族和等级在大学城都是敏感问题。有时候，人们会有这样的感觉：太多问题都是由种族和等级造成的。但是，我记得在一次论坛会议上，一位白人妇女做了一个有关白人特权的介绍。我把她的介绍材料拿回去,跟学校董事会成员进行分享。一位董事会成员要求和我进行一次单独讨论,并且说:"林恩,我从来没有这么想过。竟然有白人特权这回事。"

这是一个相当大的突破。对于我关注的问题,不再是那种不屑一顾的回应了:"你又来了,贝克威思,你总是在说种族和等级。"

我也在论坛的会议上发现了不同之处。起初,我们对于种族议题三缄其口。老实说,当我听到一些非洲裔美国人充满激情地高声谈论种族问题的时候,我觉得这会让某些白人学监特别反感。于是,我们找到了那些非洲裔美国人学监,让他们在讨论方式上不要再那么激烈。我们跟他们讲,如果我们想要在这些议题展开一场讨论的话——我们的确想要这么做,那他们就不能只是"提出起诉"。他们必须要倾听。

在一次会议上,一位家庭出身贫困的白人学监说,必须要克服的是由等级而非种族,带来的各种问题。这深深打动了我。这位学监的表述为我打开了一个全新的世界。我终于认识到,不管你是什么肤色,如果你在美国是个穷人,你就会遇到问题。

葆拉·巴特菲尔德: 那次会议也让我深受震动,因为我在此之前对于这些学监同事的背景是有一些假设成分的。面对有钱人会感受到威胁,因为我是在贫困环境中长大的。在那次会议上,我意识到,我们中的大多数都有类似的背景,不是出身贫苦,就是不够富裕。分享这样一种共同的纽带,强化了我与其他学监们形成的强大关系。

如果我们早些时候就试图处理这些问题的话,如果是在我们彼此如此相知之前,这种讨论就会无法进行下去。但是,我们已经在一起工作相当长一段时间了。我们之间已经形成了相当强大的纽带。一开始的时候,有些窘迫,但我们都了解,我们想要这样做。而且我们明白,如果连我们都不能这样做,在美国还有谁会这样做呢?

往往当有人问我,"你们这群人在做什么"的时候,我会回答,"你知道,在我心里,这是一个心灵团体"。

《学监实践手册:知行领导人指南》[①]

这本书的组织模式与本书类似,内容选自丹佛斯基金会支持的谈话与实验,由工具、修炼方法、一线研究和故事组成的文献汇编而成,对于基层领导人极富价值。它似乎是书面上的同行社群——或许是成为这样的社群的第一步。正如一位学监所说:"我们对于如何取得成功的大部分认识,都来之不易。"

——阿特·克莱纳

《领导力,没有简单答案》[②]

对于罗恩·海费茨来说,各种"适应性挑战"是要求在态度、行为以及价值观方面做出改变的难题。这包括了复杂的社会与政治挑战,比如骚乱和经济危机,造成这些难题的原因不明朗,解决方法也不是显而易见。这其中也包括了学校领导人面临的许多问题。海费茨明确

[①] (*The Superintendents Fieldbook: A Guide for Leaders of Learning*) 内尔达·康布-麦凯、布鲁文·坎宁安、詹姆斯·哈维、罗伯特·卡夫合著(Corwin Press 出版,2005 年)。

[②] (*Leadership Without Easy Answer*) 罗恩·海费茨著(Harvard University Press 出版,1998 年)。

认为，领导人应对"适应性挑战"的方法，不是通过提供权威性答案，而是通过提出那些可以刺激整个社区重新思考自己所有假设的问题。他通过提供各种指导原则、解读那些要求人们做出困难选择的领导人故事（从甘地到罗纳德·里根，再到一个要告知患者家属患者已身患癌症的医生）。这些问题会帮助你们确认适应性挑战、创建讨论问题的环境、紧密关注这些议题（并推断人们为什么会逃避这些问题），并将处理这些问题的工作交还给这些人。[1]

——内尔达·康布-麦凯布

3. 从"独行侠"到学习带头人：一位学监的旅程
"学习型"的学区领导者如何思考自己的个人与职业发展

彼得·内格罗尼

1989年，曾在纽约市公立学校系统中做过校长，也当过学监的彼得·内格罗尼，在距离波士顿大约20千米的马萨诸塞州的春田市（Springfield）接受了一个规模不大、财政上困难重重的学区的学监职务。内格罗尼坚信"所有孩子都能够学习"的理念，他到这里来是为了让这个学区变得与众不同。但是，事情并非如此简单。他不仅要学会建立人际关系、学会处事谦逊，更要学会建立起一种更个人化、更

---

[1] 有关产生影响，但又不会被"靠边站"的更多内容，请见罗纳德·A. 海费茨和马蒂·林斯基（Marty Linsky）著《领导力的挑战：在领导的危险中生存》(*Leadership on the line: Staying Alive Through the Dangers of Leading*, Harvard Business Press 出版，2002 年）。

尊重他人的学习导向。本文描述的四个阶段代表了一个发展旅程：那些想要"推进改革"的校长们如果想要让各种改革措施在自己任期结束后还能持续实行下去，就没有谁能绕过这四个阶段。内格罗尼博士在春田市的工作结束后，去了美国大学委员会（College Board），目前担任负责关系发展的高级副总裁。

2001年，当我从马萨诸塞州春田市的公立学校系统学监岗位上退休的时候，一家全国性的主要报纸把招募我的继任者的广告放错了位置。他们没有按字母把广告放到education（教育）所属的"E"类里面，而是放到了superintendent（学监，但物业管理员也是这个词）所属的"S"类里。结果建筑和物业管理人员的申请滚滚而来，热心申请者们纷纷夸耀自己在管理加热炉、清理建筑以及公寓房收租方面的专业经验。

这件事很好笑，但并不那么有趣。这个错误反映了学校管理中一种令人不安的趋势。过去几十年里，学监和校长们越来越关注教育这个机器和它的结构，越来越关注提高学生测试成绩。与繁杂而往往又被人忽视的教学与学习工作相比，这类议题更容易让公众理解、把握。

在今天的环境下，成功领导团队的活力来自让所有孩子都获得高标准教育的意愿。这样的领导力首先依赖于学区学监自己为大家树立的榜样，这意味着要对学监这个岗位本身做出根本性的改变。如果管理意味着我们要忽视教学和学习，意味着我们把教学这件事交给别人去做，那么我们就无法管理其中的各种系统。如果我们不对教学的核心部分进行探询质疑、仔细考察，基本上让它处于神秘状态的话，我们就无法引领学习。如果我们真正想让所有的孩子都获得高标准的教育，学监就必须重新成为在课堂教学的教师。[①]

学监的旅程

大多数学监都是从各个教学与管理岗位一步步升迁到这个位置的。他们对于自己要面对的领导角色毫无准备。他们担任教师的经历，到此时通常已成为遥远的记忆，他们的领导能力培训通常是在日常工作的忙碌之间进行的。一个富有成效的学监必须要重新认识，做一个教育工作者意味着什么。

我是从自己的经历中领悟到这一点的。当我成为春田市的一名学监的时候，这个系统急需教育方面的领导力。这里的员工思想保守、与外界隔绝，学区没有全面的教学计划，学校里的年级设置随意杂乱。有些小学是四年级制（K–4），而其他的小学则是六年制（K–6）的。有的学生最多要上四所不同的学校，才能开始高中的学习。

最关键的一点是，这时的春田地区已经从一个主要由白人和黑人组成的社区，快速转变为越来越像一个西班牙裔社群的城市了。许多社会领导者，包括那些学校领导人，都还没有意识到这种变化。地区的高中辍学率是51%，并且没有任何改善的迹象。当我来到这个学区的时候，首要目标是改变这个一潭死水、一成不变的系统。

现在回想起来，我意识到，当时我踏上了一段有时确实会置身于死地的旅程。如果一个人像我那样，头脑里装着那些传统的领导力观念接受这个职位的话，能够维持三年就算是幸运的了。我在这里连续

[①] 这篇文章改编自内尔达·康布–麦凯布、鲁文·坎宁安、詹姆斯·哈维和罗伯特·卡夫编写的《学监实践手册：知行领导人指南》(*The Superintendents Fieldbook: A Guide for Leaders of Learning*, Cowing Press出版，2005年）的较早版本中的一篇文章。那篇文章是由本书英文第一版中的一篇文章改写的，文章写作的时候彼得·内格罗尼仍在春田市担任学监。

做了 11 年。我没有中途退出，要归功于一种特殊的好运。当我力图"让变革发生"的时候，也幸运地遭遇了这个社区的挑战，其方式迫使我获得了痛苦但又重要的一些发现。如果我的经历具有典型意义的话，那就是所有获得成功的学监都要经历一个由四个阶段组成的旅程。在这个过程中，他们从"独行侠"转变成为"学习带头人"。

第一阶段：独行侠

许多在一个学区新上任的学监，总想要事事都一展身手。他们往往会带来很多其他系统的经验，但对于新环境却并不熟悉，于是他们通常是孤身一人。即便他们带来了一些彼此相互信任的同事，这些人同样是这个学区里的新手。新学监做事往往会像个独行侠。我知道，那时我就是这个样子。

我以为自己知道，这个系统的问题出在哪里，也假设自己知道如何解决。我做事总是绕过工会和学区委员会，而不是尝试去和它们建立关系。大多数情况下，我都觉得自己遥遥领先于它们。我自己就有能力改变那些局面。而且，我还能按自己的喜好去改变那些局面。

相信我说的话：你还是可以靠独来独往享受一些激动人心的成功的。在最初阶段，我努力开发完成了一套定义清晰的学区标准和测评。我把所有学校都调整成统一的五年制小学（K–5）、三年制中学（K–8）和四年制高中（K–12）的结构。除此之外，我承诺要建设一批急需的新学校，并在这个过程中打破了曾经阻碍所有新校建设的政治僵局。我还把春田当作一个具有种族主义倾向的城市，我认为如果我们想要创造出所有孩子都能够学习的各种条件，我们首先要做很多功课。

但是那三年相当残酷。我觉得自己时时刻刻都在遭遇人们的挑战。在各种公众会议上，我狠狠地训斥那些不同意我的想法的学区委员会成员。我会大喊大叫说："好吧。如果你们不同意我的想法，我可以到别的地方去。"我知道自己可能有点儿不计后果，但我就是不知道如何让自己慢下来。

我现在意识到，在这个阶段应该学习三件事。这三件事应该成为任何一位学监的发展路线图的一部分。第一，我必须更有效地描述目标，不仅是我想要实现什么，而且还包括这些目标背后的激励因素。第二，我需要学会如何在真正的会谈中与大家建立联系。我自己那套"公众参与"模式，实际上不过是一种手段，强迫大家接受我已经同意的那些变革。第三，我需要深入种族问题的表面之下去探索，发现其根本原因。这个问题的根源不是种族主义，其根源是缺乏高质量教育选择方案和人们对于未来的焦虑。

一个"独行侠"是无法推行那些必要的变革的。执行变革需要另外一些东西——一个更深层、更强大，让学监本人和每个人都可以依赖的关系网络。

第二阶段：重新考虑各种关系

到了第四年，我开始意识到，我孤身一人是绝对没有能力实现持久变革的。然而，我依然把自己看作春田这个故事的主角，所有其他人都是次要人物。

在两场危机几乎同时袭来之后，我认识到自己不能独行其是。第一个危机与教师合同的谈判有关。我当时仍不明白，关键问题不在于让工会会员认可我，而在于我必须学会认可他们。工会会员投票否决了这份合同时，这一点表现得再清楚不过了。投票以后，他们和我坐到了一起，大家达成了一致意见——否决合同是个信号，表明我们之间完全不来往。

我还需要多关注我和学校委员会的各种关系。我那时已经有了"从纽约来的自高自大的新人"的名声。第五年，我又通过重组中心办公室的做法，巩固了这个形象——在重组中，我削减了所有现有岗位，节省了大量开支。不久，就有一位学校委员会候选人在竞选中，以将我逐出学监岗位作为他自己的竞选目标，而且还当选了。这个学校系统中有些人把我看作一个标志，并非象征拯救这个学区的种种解决方案，而是象征所有那些必须彻底铲除的问题。

在这之后不久，我向哈佛大学的罗恩·海费茨谈起了在春田遇到的这些困境。他问我，支持这位候选人的那些人会失去什么。他指出，那位吹响胜利号角的候选人拿到了 18 000 张选票。"她代表了哪些人呢？"他问，"一旦你发现了她所代表的是什么，你可能就会发现，你们代表的原则相差无几。"

一开始，我的反应和往常一样："这是个别有用心的女人。我是对的，她是错的。"然而，当我开始慢慢听进去，我意识到，海费茨给了我一个真正深刻的洞察。我的对手并非与学校为敌，也不是一个种族主义者。她并不反对高分成绩，恰恰相反，她对学生关心至极。她根本不是一个敌人，她所代表的是一种观点，这种观点可以融合为追求卓越的努力。

我开始转变了。我做了一些让家长真正参与的新尝试，努力保证自己可以听到他们的声音，也愿意接受他们的劝告——而不仅仅想让他们感觉不错。在与工会的谈判方式上，我做出了彻底改变。我不再以自己获胜为目标坐到谈判桌上，而是把让工会也能赢作为目标。我和学区委员会打交道的方法也发生了转变。我不再是做半个小时的报告，说我下一步想要做什么，而是开始收集委员会的意见，看看处理问题的最佳途径是什么。

第三阶段：教学教练

我的个人角色自然而然地从上司演变为教练。我开始为其他人的反思和共同行动创造各种机会。这意味着大家要自主尝试各种做法，也意味着要接受不时会发生的失败。我放弃了事必躬亲的管理模式，而是帮助校长、员工和教师发现他们自己的做事方式。

优秀教练通过提出问题提升人们的认知水平。提出问题并创造各种机会的最好地点是课堂，而这里最好的话题，都是围绕教学与学习的核心问题。我进行的调研访问，以及这类访问的状态，会在整个学区传递强烈的信号。我的访问让大家看到，这才是最要紧的事。我的工作是做持续改善的教练。因此，我便开始去课堂调研访问了，并且从未停下来过。到了这个阶段，我每年要去150个课堂调研。

这些调研访问变成了学习的体验，与只是做一个持批评态度的旁观者去看看课堂相比，这是一个强度更大的过程。其中最具体的表现形式是"走进去"。在我访问的每一个课堂上，我都会去寻找孩子正在学到一点儿东西的证据。从他们和教师打交道的方式上、他们做的功课中，以及他们与自己的同学互动的方式上，我都可以看到。

有些教师对我的访问反应非常强烈。他们质疑说，我竟然敢走进他们的课堂，打断他们的授课。我总是解释说，这里的关键并非对教师做判断，而是和他们展开讨论，看看如何才能满足学生们的学习需要。

我们鼓励校长在自己的学校里和他们的教师一起做同样的事。为了支持实践、形成模式，在学年的开始，我会和三、四位中心办公室的管理人员一起，在46天里访问46个课堂，每次访问的时候那所学校的校长都在场。之后，所有这些管理人员和所有这46位校长聚在一起总结我们看到了什么。

最初，没有人在我们的会上对任何事情提出批评意见。但是，人们渐渐地具备了这种能力，可以在不压制讨论的状态中，确定议题和改善的方向。校长们也意识到，他们那些谁是好教师、谁不是好教师的假设，是有失偏颇的。我记得一位校长说："我一直认为那位教师是我的教师队伍里最好的，因为我看到他班上的孩子受纪律处分的不多。"然而，当然是孩子们的学业进步重要，而非教师如何让校长少些烦恼重要。

在这个阶段，我给得克萨斯州的一批学监做了一次展示。他们惊奇地发现，一个拥有46个校园、28 000名学生的学监，竟然可以几乎每天都泡在学校里。然而，我知道让他们相信我的话相当困难。他们问我究竟是如何做到的。我说，我把所有其他的事都授权其他人去做。对我来说，待在学校里更重要。我的员工会告诉打来电话的人："他去学校调研了，那是他分内的工作。"终于，我不再管理机器了，而是聚焦关注我们的核心事业。

第四阶段：社区教练

一旦你让校长们和教师们持续地进行他们自己之间的深度会谈，让他们真正参与到自己的成长和发展之中，并将管理这架机器的工作授权给其他人去做的时候，你自己该做什么呢？在这个与第三阶段有些重叠的最后阶段，你从课堂教练转变为社区教练。

我们都明白，我们在学校中所做的一切，只是我们的社区对孩子们教育的一部分。2003年，一个新成立的"风险儿童委员会"证实了我一直以来的想法。要让学生们在学校里获得成功，他们需要这个委员称之为"权威性社区"的支持，也就是尊重学生的同时也获得学生尊重的社区。

尽管我在春田学区进行社区参与的最初努力收效甚微,但它树立了一个先例,建立了一种可以进一步发展的模式。我们继续构建一系列互动沟通活动,以便对这个社区所持的各种教育观念进行细致考查、明确表述,并且在必要的情况下加以改善。我们邀请家长、企业、宗教团体以及社会服务机构参与进来,这样我们大家可以一起确定彼此之间的契约承诺。在我们的课程规划中最可见的这样一个契约承诺,就可以推进我们的共同事业。

在最后这个阶段中,许多学监产生了真正的个人转变。他们从鼓吹者,也就是带着现成答案来传递的专家,转变为深度会谈的召集人,在会谈中,正确答案可能从房间里的任何一个人那里产生。在这个阶段,学监完全终止了对于这个机器的管理,率先垂范为大家创造机会去实验、去创新,并且让自己和学校系统实现自我超越。

我自己还没有完全放下源于我大半生经历的那种观念——对于那些给我汇报的人,我应该告诉他们工作的重点和方向是什么、告诉他们要做什么,而他们应该照着做。你可能也会是这样看的。但是,我自己的经历让我相信,真正的领导力意味着增进机会,来让人们自我思考、自我行动、自我成长和自我发展。这样一个旅程始于个人动机的发现,进而转化为吸引自己的同事乃至更大的社区的参与。如果你想要推进公平的学生学习,这就是一个你必须要去经历的旅程。

4. 没有"废品"孩子

玛丽·莱克(Mary Leiker)

一些城区的人口特征可能会迅速发生变化,特别是在相对富足的家庭(往往是白人)从他们觉得正在没落的社区匆匆离开的时候。在这之后，少数族裔和低收入居民逐步搬迁进来。19世纪八九十年代以及20年代初期，孟菲斯、底特律和新奥尔良等许多城市中属于"第一环城带"或者"内环城带"的近郊区一再发生这类情况。这些城市流失了一半以上的白人人口，随之而来的是那里的学校少数族裔学生占了大多数，教育质量和学生成绩也经历了大幅下降。具有讽刺意味的是，20年代后期的经济危机过后，出现了一个相反的迁移趋势：为了缩短上下班路程、逃离那些四处是银行没收房产的远郊社区，相对富足的家庭搬回到"内环城带"区域。

当社区在迁徙和经济危机之中发生改变的时候，社区中的学区就要面临许多重大挑战，也会有各种重大机会。20世纪90年代初，密歇根州肯伍德公立学区（Kenwood Public Schools）的学监玛丽·莱克和当地的学区委员会意识到，从临近的大急流城（Grand Rapids）涌入的大量学生，正在改变这里传统的白人学区和社区的人口特征。他们没有把持续增加的多元化当作一个问题去关注，而是把它看作一个为所有学生增加各种教育机会的途径。在他们与自己的社区建立的共同愿景中，多元化成为每个人学习的巨大资产。

1991年，我刚被任命为肯伍德学区学监之后不久，一连串由种族问题触发的标志性事件引导我们去梳理、澄清一个问题：我们想让这个学校社区变成什么样子？在一所高中的走廊里，两名非洲裔美国男生袭击了一名白人男生。那个男生的伤势非常严重，需要生命维持设备才能存活。事件之后的听证会进行了33个小时，到场的律师就有4位——一位代表那名白人学生，一位代表两名黑人学生，一位代表学监，还有一位代表校区委员会。听证会期间，3K党在当地报纸上大肆招募成员。于是，在整整33个小时里，各种不同背景的中年白人坐到校区委员会的后排座位上观看、等待着。这里的非洲裔美国人的社区则心存疑虑地观察着我们，看我们会做什么。看起来我们这个社区似乎真的就要爆发危机了。最终，那两名黑人学生被学校除名，但这并没有让白人社区完全满意，同时又激起了黑人社区的愤怒情绪。

当我在1991年被任命为学监的时候，有9%的学生来自少数族裔，10%的学生被列为危险分子（依据是他们的家庭收入低）。在小学阶段，测试成绩达标率维持在45%。我相信每份抱怨中都存在一分真理，这个学区里一定出事了，我需要深入了解情况。然而，当我开始试图去调查的时候，这个社区中的紧张程度却加剧了。我的家人和我自己都收到了分别来自白人和黑人的死亡威胁。一些非洲裔美国人打着"我们要求公正"的标语到我的办公室示威。由于我的态度不偏不倚，没有一方认为可以指望我。

很快我们就发现，少数族裔的学生没有获得同样的机会。在高中里，少数族裔学生进不了高级班。在每一年的九月和来年三月之间，通常有80~150名学生被学校开除，其中多数是少数族裔的学生。在10年里，只有两位黑人学生被选中进入篮球队。面对我的质疑，人们回答道："这就是肯伍德，我们就是这样做事的。"①

展开艰难的谈话

在这个紧张时期，全国有色人种协进会（NAACP）和其他一些组织的代表，问我们是否愿意与美国司法部合作。我回答说："当然可以。"我们需要其他人从不同视角来看一看这种局势，况且我觉得一个正在学习的组织应该没有什么好隐瞒的。无论发现什么都是好事。

在两年的时间里，司法部代表和我每月都会与代表社区里的高中

---

① 16年之后，玛丽·莱克博士在2007年6月从肯伍德学区退休。她在任期内建立的系统方法，在斯科特·帕泽斯基（Scott Palczewski）领导下继续实行了下去。

学生和家长的一个小组见一次面。如果我们要在各种问题上取得进展，就不能急于求成。两年的时间避免了讨论半途夭折，让这个社区有时间展开反思。

我们进行了长时间、艰难的谈话，这种谈话要求我们所有人都放下彼此之间各种根深蒂固的假设。倾听在形成新认识过程中至关重要。司法部规定"禁止媒体报道"，这让我们得以坦诚面对当下的局面。我们意识到，学校员工的许多态度必须转变。我们需要更多少数族裔的教师，数字表明我们在这方面一塌糊涂。我们不得不向认定有些孩子没有能力学习的种种习惯性假设挑战。我们在采购、投标、场地服务、商业区域以及面试流程中建立了各种目标，确保各种团体的代表性。我们承诺对于我们的系统持续进行监控，衡量我们在实现这些新目标方面取得了哪些进步。[1]

在一个社区里，没有什么比文化上的转变更困难了，因为它动摇的恰恰是特权和安全感的基础。我们在肯伍德遭遇的困境，是罗纳德·海费茨有关适应性议题著述的完美案例。人口结构变化及其带给我们的一切，都不能从学监的角度以技术处理方式对待。学区委员会必须愿意让自己的社区在这个问题上苦苦思考，学监也不能试图把问题掩盖起来，或者为了让人们不受干扰，让问题悄悄消失。你要打破人们心中的平静，为了让他们实现更高水平的学习和领悟，你要让他们参与到可能不愉快的谈话中来。当我面对其他学监时，我能够看到其中许多人对于探讨社区多元化心存疑惧。然而，在你担心、害怕的

---

[1] 在学校中打破种族不平等方面的沉默的策略建议，请参见格伦·科林斯（Glenn Singleton）和柯蒂斯·林顿（Curtis Linton）合著《有关种族的无畏谈话：在学校里实现平等指南》（*Courageous Conversations About Race: A Field Guide for Achieving Equity in Schools*, Corwin Press 出版，2006 年）。

时候,你就会试图去解决这个问题,而不是参与到适应性的工作中。如果我们把多元化看作一种优势,而不是某种负担,我们就会庆幸这种多元化的存在。我们可以把它当作一件给我们的学生、学校和社区的礼物。①

逐步提高期望和成绩

在我告别那次种族事件,结束了我们为期两年的激烈讨论的时候,心中留下了许多问题。我们得到的经验和教训是什么?这里面存在什么机会?有什么办法可以让这个学区和这里的学生成绩更高,名声更好呢?学区委员会和我都感到,我们可以向这个国家的其他学区展示,如何创建这样一个学区:它并非仅仅接受差异,而是从它们带来的优势出发,重视这些差异。我们可以成为一个吸引来自方方面面的学生的学区,因为这里的学生们可以获得优质教育。我们需要多元化来保证肯伍德的学生们为全球化社会做好准备。如果学生们是在一个封闭的系统中接受教育的话,他们就会有严重缺陷。②

从那时至今,肯伍德表现出了自己对于多元化的信念。1991年那场袭击事件发生的时候,少数族裔学生占学生人群的9%,有10%是危险分子(根据他们的家庭收入衡量)。在小学里,考试成绩达标率只有45%。到2007年我退休的时候,肯伍德学区40%的学生是少数族

---

① 我们学校学生的多元化让这里的学校和社区变得更加强大。由于我是理工科出身,我领会到了生物多样性和生命系统中相互连通性的重要性。你拥有的多样性越高,生态系统就越强大。

② 早在特许学校出现之前,我学区就在谈以客户为中心了。现在就学的选择那么多,家长们不需要费什么力气,就可以让孩子从一所学校退学,送他们到同一条街上或者临近学区的另一所学校里去。我们的学校系统更加多元化,我们在对环境快速变化做出反应方面就越强,在解决问题方面也会更加灵活。

——斯科特·帕泽斯基 肯伍德学区学监(2007年至今)

裔学生，有42%的学生处于危险水平——考试成绩达标率为89%。在40%的少数族裔学生中，非洲裔美国人占28%，其余的12%来自超过50个国家的难民和移民。在学生人口特征上发生如此大的变化，学生们的学习成绩有如此大的提升，都远远超出了90年代可能做出的任何预测。

我们是如何做到的呢？我们的成功来自一个由学区委员会、学校教职员和我们的社区一起创造的、深藏在人们心底的共同愿景——为了所有学生的公平和优秀。学区委员会的愿景为我们的承诺确立了基本框架内容："肯伍德的公立学校将会是一个教育的冲动、热情与对多样化的领悟比肩而立的地方。我们鼓励每一个人都成为发展未来教育系统的一种力量。"这种话往往说说而已，在我们这里还没有实现。我们每天的工作都是这个愿景的实践。

我们从把多元化看作问题，转变为把多元化看作巨大的资产，在这个过程中，系统思考起到了关键作用。由全美学区委员会协会（National School Boards Association, NSAB）编写的《学区委员会的核心工作》一书从中起到了关键作用。[①]这本书着重探讨了学生的成绩以及为提高学生成绩而开展的社区参与，尤其强调了"没有哪个行动是在孤立之中进行的"。学区委员会必须明白，每个决策都是相互联系的，并且要探索由决策带来的各种反应和意料之外的结果。总共有八个行动领域，但它们并不是界限清晰、独立完成的步骤，而是代表学区委员会在采取行动时需要仔细斟酌的整体。我们工作中最关键的部分，是与我们的社区共同创造一个愿景，其后则是为每一位学生设定

---

① 有关《学区委员会的核心工作》一书的详细信息，请见www.nsba.org/keywork，或者详见《学区委员会的核心工作》(*The Key Work of School Boards Guidebook*, National School Boards Association出版，2000年)。

较高的标准。专业人员以此定位，就可以满足所有学生的各种不同需求，开发必要的课程规划和授课策略。

在愿景引导下取得进步，并达到各种新标准，要求我们每一个人都进行大量学习。于是，我的角色又转向了协助其他人学习。多年以来，我和一些十分优秀的学者、实践家以及研究人员一起工作过，我将学到的东西与大家分享。我定期为委员会成员、中心办公室的管理人员以及校长们提供指导。在肯伍德工作的时候，我们一起购买并共同研究了大约25本书，每个月我都会召开各种会议，推动整个系统的发展。当我谈到管理人员参与时，指的是所有支持管理人员——食品总监、交通总监、场地服务总监。在教育孩子上，每个人都有自己的角色。比如，我对保洁人员说："如果你们在扫地的时候，看见一个孩子遇到了困难，我期望你们放下手里的工作，去照顾那个孩子。一个孩子要比地面干净重要得多。"

NSBA的框架涉及八个行动领域。

- 愿景（对于期望的未来的一个共同表述，往往从学生的成绩开始）。
- 标准（各种教学期望）。
- 评估（衡量教育成果与标准之间差异的工具和流程）。
- 问责（针对上述成果分配职责）。
- 协同（资源、沟通、计划以及项目执行上完全配合）。
- 氛围（成功授课和学习的各种条件）。
- 合作与社区参与（包括教育工作者、家长、企业领导、媒体和其他社团在内的所有的教育利益相关者之间的信任和信心）。
- 持续改善（不断探索和规划改善系统的各种新办法）。

第 12 章 教育领导力

在我们系统推进学校改善的努力之中，我们转变为以数据驱动，关注客户、关注持续改善。这在授课方面表现得尤为明显。由于州里在课程规划上严苛要求，授课内容上基本不存在调整空间，但如何授课就成为真正可以百花齐放的一个机会。我们通过持续监测各方面的学生需求数据，持续寻找在学生的学习上可以起显著作用的教学方法。然而，虽然我们在学生成绩方面正在取得明显进展，我也看到，我们碰到了天花板。

最大的突破来自利用神经可塑性方面的重要研究。我坚信，在帮助存在阅读困难的孩子们突破障碍方面，这是一个不容易发现的关键联系。有许多学生，我们从各个方面看，他们都应该能正常学习，然而，不管我们做什么，他们就是不能流利阅读。他们或许是有阅读障碍的学生、有注意力障碍的学生，也许是听不到语音的学生。两个基于神经可塑性的研究项目为我们提供了关键联系，一个是"快速识字的科学学习"（Scientific Learning's Fast ForWord）项目，另一个是琳达穆德-贝尔（Lindamood-Bell）小组的研究。有了这两个项目，小学教师们可以识别出阅读困难的孩子正在经历的那些具体问题，并在开发和强化学生的记忆、注意力、进程和顺序等认知技能方面提供直接干预。[1][2]

---

[1] 有关"快速识字的科学学习"项目，请见www.scilearn.com。有关琳达穆德-贝尔中心，请见www.lindamoodbell.com。

[2] 请参见杰弗里·施瓦茨与丽贝卡·格拉丁合著的《你不是你的大脑》（*You Are Not Your Brain*, Penguin出版，2011年）以及戴维·罗克（David Rock）与杰弗里·施瓦茨合著的《领导力的神经科学》（*The Neuroscience of Leadership*, strategy+business出版，2006年春。网址：www.strategy-business.com/artical/ 06207）。

神经可塑性

心理学家唐纳德·赫布（Donald Hebb）在多年以前阐述过神经可塑性的基本原则，可以用一句话加以总结：被同时激活并相互缠绕的各种细胞。神经科学早就发现并有记录证明：当各种细胞被同时激活的时候，它们会相互缠绕在一起，并形成新的神经网络。越来越多的证据表明，与专注力或思维过程的有意觉知和一个人自我神经冲动的流动有关的注意力焦点，可以通过同时激活细胞，来加速这个过程。这一点非常重要，因为这意味着可以通过注意力的强度在脑回路和新形成的神经网络中进行系统变化：这就是那种以有意的方式进行的持续、重复和自觉的思考行为。

——阿特·克莱纳

尽管我们这里少数族裔学生比例与危险学生比例都很高，我们的每一所学校每年都达成了"不让一个孩子落后"的联邦法案和密歇根州政令规定的"每年取得一定年度进步"（adequate yearly progress, AYP）的要求。根据密歇根州对各个学生子群体的规定，达到这些要求是不容易的，因为我们有大量短期学生，以及难民和移民学生。政府对我们的期望是，每年都要缩小各个学生子群体之间的差异，同时在每一个学生子群体之内要有进步——我们对这个目标强烈支持。然而，当新来的学生中有些在一年中读了三四所学校，有些从来没有上过学，还有些从未见过自来水的时候，局面就对我们很不利了。我们是肯特郡中指定的安排难民就读的学区之一，我们接收了来自50多个国家的

500多位学生。然而，我们每年都达到了"年度进步"(AYP)的要求。[①]

社区支持的学习

我们每两年进行一次社区问卷调查。当我们面对的多元化是一个问题的时候，大家会告诉我们，他们有种种担心，也有各自关注的问题。现在他们更倾向于认为，肯伍德的优势之一就是多元化。社区成员不再像以往那样，担心随着学生多元化程度提高、危险学生比例增加，学校系统的学习水平会被削弱，因为，随着学习成绩的持续提升，他们看到的是恰恰相反的情况。在2007年毕业、有599名学生的一个年级，获得了超过250万美元的奖学金——总共有677种不同的奖学金。

我定期和中学、高中学生的家长们一起工作，协助他们穿过大学录取程序的迷宫。我们想让他们知道，他们的孩子是有选择的，孩子

---

① 玛丽·莱克与肯伍德学区管理人员和校董会成员一起探讨的书籍包括：

《第五项修炼》，罗纳德·海费茨所著《领导力，没有简单答案》，丹尼尔·格尔曼所著《情商》，马丁·塞利格曼（Martin Seligman）所著《乐观的孩子》（*The Optimistic Child*, Harper出版，1996年），帕特丽夏·赫舍尔（Patricia Herschel）所著《分离的部落》（*A Tribe Apart*, Ballantine出版，1999年），鲁比·佩恩（Ruby Payne）所著《了解贫穷的框架》（*A Framework of Understanding Poverty*, 第三版，Aha Process Inc出版，2003年），朱迪思·巴德威克（Judith Bardwick）所著《舒适区的危险》（*Danger in the Comfort Zone*, Amacom出版，1995年），哈珀·科林斯所著《从优秀到卓越》（*Good to Great*, HarperBusiness出版，2001年），哈珀·科林斯所著《从优秀到卓越与公益机构：辅助论文集》（*Good to Great and the Social Sectors: A Monograph to Accompany Good to Great*, HarperCollins出版，2005年），诺曼·多伊奇（Norman Doidge）所著《改变自我的大脑》（*A Brain that Changes Itself*, Viking出版，2007年），乔治·拉考夫、霍华德·迪安（Howard Dean）和唐·黑曾（Don Hazen）所著《别去想大象的事》（*Don't Think of an Elephant*, Chelsea Green出版，2004年）。

玛丽讲述了这些书如何产生影响的故事，请见她写的《正向改变与不断运动》（*Positive Change and Perpetual Motion*, School Administrator, 2008年4月）一书。见网址www.aasa.or/ShchoolAdministratorArticle.aspx？id=5730。

上大学的费用是可以找人提供支持的。当他们看到我们对孩子有很高的期望时,他们也会树立较高的期望。当你像我们那样相信,不存在"废品"孩子的时候,教师和管理人员的期望就是"最好的"。

从这个社区对学校强大的财政支持上,可以清楚地显示它对于自己学校的自豪感。人们持续不断地投票支持债券筹资、建设校舍和新址搬迁。大家在2003年支持债券筹资的时候,肯伍德的失业率是肯特郡中最高的。当生产制造企业裁员比例高达50%的时候,我们这个州备受煎熬。然而,在2003年的选举中,我们需要资金扩大我们的学校系统,以保证我们的设施可以满足需求。结果,债券融资8 550万美元的提案以2∶1的结果通过。

得益于巨大的社区支持,我们学校的设施保持在一流水平——从校舍本身到课堂上采用的技术,再到橄榄球场和足球场上的优质人工草坪,以及音乐教室里的高保真音响系统。四年级以上,有3 000多名学生参加课后活动。如果有谁买不起橄榄球鞋或者买不起长号,我们会去找人提供支持。我们希望孩子们参与到我们中间,如果他们参与进来,他们就会保持联系并远离麻烦。①

多元化对于我们的重要性,在2005年7月得到了体现。《急流》杂志在这一期公布了基于2003~2004年数据的肯特郡29个学区的排名。肯伍德公立学区总分并列第五,但和我们排在一起的那些学校系统,却与我们大相径庭。我们的多元化比例(非白人学生的数量)是40.1%;排名在我们前面的那些学区的多元化比例是2.6%~5.8%;

---

① 根据"不让一个孩子掉队"法案的定义,"每年年度进步"(adequate yearly progress, AYP)由各州确定,代表了阅读与数学方面的学习水平目标。该联邦法案要求,达到这些目标的学区和学校方可被认定为"正常运行",并要求所有学生在2014年达到目标。

肯伍德的经济劣势是35.8%，排名在我们前面的那些学区则在4.2%~9.0%。有趣的是，我们的社区和教职员工认为，我们与那些比我们富裕的郊区社区相比，在质量上不相上下。

我们渴望成为正在经历人口特征根本变化的那些其他学区的楷模。我认为，我们现在就是楷模。由于我们对于系统方法的承诺、对于共同学习的承诺，我们战胜了不利局面。我们可以说："看到了吧，随着你们学区风险增加、少数族裔学生比例增加，你们的学区就会分崩离析的想法是错的。那是完全不对的。如果你接受了这种思想，这种情况反而会发生。但是如果你们真的接受了这种想法，就太可耻了。你们这样做是在破坏我们最有价值的资产的未来——那就是我们的孩子。"

来自肯伍德校区委员会的观点

> 比尔·约瑟夫（Bill Joseph），肯伍德校区董事会成员，
> 1995—2011年

肯伍德是这个国家在民族和社会经济组成结构上的一个缩影。一直以来，我们的长期愿景是要向大家展示，那些"危险学生"都可以取得成就——无论他们是非洲裔美国人、波斯尼亚人、西班牙人，还是埃塞俄比亚人、亚洲人，或身处贫困和不利地位。在我们变得更加多元化的同时，我们没有退步、下滑，这让我身为非洲裔美国人委员会成员深感自豪。我们不断改善，也在持续获得一种令人人受益的丰富文化。我们的愿景让我们有了关注的焦点——如果你想要有所成就，就必须知道自己渴望成就什么。

同时，你必须要敢于承担风险。肯伍德学区在许多重要的变革上走在了前头，比如，为12年级（K–12）学生提供的基于标准的报告卡（在美国是最早采用报告卡的学区之一），以及最近开展的基于神经可塑性研究的项目。

专业技能发展一直是委员会成员的主要工作之一。教育工作者往往会忘记，我们自身也需要发展。我们会参加州里组织的学区委员会会议，但是需要学习的东西比这要多得多。由于我们一直以来的学习，我认为我们领先于其他学区委员会的成员。事实上，在州里组织的会上，我们对情况的掌握程度常常令他们大吃一惊。在"不让一个孩子落后"法案立法之前很久，我们就已经对于贫困问题和成绩差异有了相当深刻的了解。

在开展学校转型变革的时候，与市政府的合作关系不可忽视。随着学校系统的发展，整个城市也在发生变化。这里的市长和各个部门行政主管了解这种关系。我们定期召开市级学校会议，市长、部分行政主管、学区委员会成员，以及所有学监都是会议成员。有时候，我们把会议安排在学校里，这样市里的代表就可以到课堂上去考察了。最近，我们在两个周六上午举办了"边走边聊"活动，学校和市政府的负责人一起走访这个社区的几个地区，向当地居民了解他们对我们工作的想法。为了满足学生的各种需求，我们一起合作了为数不少的项目，比如，暑期学校。市政府方面很快表示，由于有了我们这些学校，有更多的企业迁到了肯伍德。他们明白，我们的未来是捆绑在一起的。

一个拥抱多元化的家庭

桑迪·塔尔博特（Sandi Talbott），前肯伍德学区委员会成员

由于我既是家长，又是学区委员会成员，所以我对我们这个学校系统的愿景很了解，这也是我们一家留在这个学区的原因之一。我们原本可以在任何一个我们想要居住的社区里生活，因为我们希望成为这个"每个孩子都在学习"的多文化社区的一部分，所以我们选择了这里。我的两个女儿高中毕业后，都感谢我们选择了肯伍德，因为这里没有让她们感到受威胁——她们都相当自信，并从她们自己的经历中获得了同理心。她们学到的许多东西是教不出来的，一定要从生活中体悟而来。

在毕业典礼上看着我们的高年级学生，总会让人惊叹。当你的目光扫过这批学生的时候，他们似乎像是联合国。他们都很成功，相互赞美，也相互拥抱。你知道，这些孩子是会成才的——这里的每个孩子都会学习、都会成功；你也知道，这个学校系统是让这一切在他们身上发生的一个重要因素。有一年，我们的一个学生发言者评论说，这里不存在标签。"我们现在要离开这里了，我们就会被贴上标签了，"她说，"但我们知道自己是谁，因为我们都来自这家学校，来自这个社区。"

肯伍德是个可以提出各种尖锐问题，并直面这些问题的地方，像这样的社区为数极少。我记得，在我刚刚当选委员会成员的时候，我们正在给我们的高中学生发放调查问卷，问卷里涉及一些种族和个人认知的尖锐问题。我当时说，是否该问这类问题，我不是很有把握。坐在桌子对面的一位家长说："那么，如果我们不问的话，谁又会去

问呢？"

在这里，大家都竭尽全力去工作，这是一场走上坡路的艰巨斗争，而且一直会这样继续下去。有时候，你会听到人们说："我们现在正处在一个十字路口。"但是，我们总会在那里。这就是我们的归属——提出尖锐问题，并且直面这些可能会彻底击溃我们的东西。在这里，在所有学生的教育和行为上抱有很高期望是行得通的，因为这必须要行得通。此事的成败关乎太多人，况且学生们指望我们帮助他们成为一个个事业成功、人生丰富的成年人。

来自学校厨房的看法

厨师莫·沙马里（Mo Shamali），肯伍德学区膳食服务总监

我的工作不仅是给所有学生提供食物，也是教育他们。我们膳食服务部门了解自己的角色，知道自己所处的位置。我们必须在膳食方面教育所有学生，还要保证为了让他们在课堂上表现出色，他们就要吃得好。饥肠辘辘的学生没办法集中精力。我们尽可能为他们提供可以享受的食物。

所有学生都是我们的挑战，无论来自哪个民族、属于哪个种族，还是信仰何种宗教。我们想让他们了解健康膳食和营养，我们认为，我们的职责之一是创造出对他们以后的选择产生影响的饮食模式。否则，他们就会什么"酷"吃什么，那又导致他们去吃那些对他们无益的食品。

为了对他们的饮食习惯产生影响，我们从小学低年级学生就开始着手。我们设立了沙拉吧，摆上大量新鲜蔬菜和水果。学生们很喜欢。

之后，到他们上初中和高中的时候，他们还会吃这些蔬菜和水果。从前，在这个年纪，没有人吃蔬菜和水果。我们的另一个策略是把食物隐藏起来。炒菜的时候，我们把胡萝卜、芹菜和白菜混到一起。有了一个个好吃的菜，他们就会接受我们在健康膳食上提供的各种选择。我们放弃了牧场沙拉酱，改用淡口味沙拉酱和其他低脂肪选择，这时候他们会问，"为什么沙拉酱的味道不一样了？"一旦他们改变了饮食习惯，他们就不再喜欢脂肪含量高的食品了。

我们不让那些享受免费食品的学生引起别人的注意。我们建立了一个系统，保证包括收银员在内，没有人知道谁吃饭是免费的。做了这个调整之后，有更多符合免费标准的学生开始来吃饭了，因为没人会知道。

我们让家长也参与到孩子们的饮食中来。每个孩子都有一个账号。当孩子们用自己的账号购买食物的时候，所有购买的项目都记录了下来。家长可以上网检索，也可以直接问我们，看看他们吃了什么。还有，如果有些东西家长不想让自己的孩子吃，或者孩子不能吃，屏幕上就会显示出来，这个孩子就不能买这类东西。

当学生和我们在一起的时候，我们教他们做出健康的食品选择；希望他们离开这里之后，还继续坚持这些选择。

来自学校领导人的观点

卡里·阿纳玛（Kari Anama），南森林小学校长

肯伍德公立学校系统的愿景，是我见到过的表达最明确的愿景。每个人都要以高标准要求——无论是学生、教师，还是管理人员。我

们做的事持续改善,我们还是以数据驱动的,是以客户为中心的。吸引我来肯伍德的原因就是这个焦点清晰的愿景;我知道,我作为领导人将会接受挑战;我也知道,我会从玛丽·莱克和其他人那里学到很多。

玛丽的言传身教作用非常强大。每个月,她和所有管理人员至少会面一次,重要关注点是我们的学习,而不是管理学校的技术问题。这段时间里,助理校长们负责学校里的管理细节。在我工作过的学区中,肯伍德是唯一把这种会面时间奉为神圣的时间的学区。在我们要发行债券或者进行合同谈判的时候,大家都会比较忙碌,但是这种团队学习的时间从没有用来处理日常工作。

我是在20世纪90年代后期到南森林小学(Southwood Elementary School)来做校长的,这里的多元化程度十分令人惊奇。学生中非洲裔美国人、西班牙裔人、越南人、白人和其他民族的人所占比例几乎相等(10%~20%)。南森林小学中享受午饭免费或减免费用待遇的学生比例很高,短期临时学生的比例在学区中也是最高之一。由于这个学校的学生成绩差,当时正面临被密歇根州接管的危险。

在此之后的6年里,我们在南森林小学逐步取得进步,从不到20%的学生通过标准测试,到99%的学生通过了数学、科学、阅读和社会研究的标准测试。我们改变了学校的氛围,改变了大家的期望,并转变为一所学习型学校和教职工团队。

在实现这场变革中,我们做的第一件事是改进阅读和写作教学。当时,有许多教师跟我讲,花在阅读上的时间过长,让他们几乎没有时间进入写作阶段了。我们采用了一个全新的阅读项目,叫作"四模块文化素养模型";这是一个让每个人每天都承担写作教学责任的框架。在这个项目里,孩子们自己选择阅读材料,接受阅读指导、写作,并练习发音。我们的学生变成了更好的思考者。①

最近，我转到肯伍德学区的另一家学校——格兰森林小学任职。这里也有类似的挑战，因此同样的原则也适用。所有教师都坚信，每一个孩子都有能力学习，也一定会学好——无论他们有什么样的背景。没有借口，只有高期望的要求。

从优秀到卓越②

为什么有些企业实现了飞越，有些却没有

我们在肯伍德公立学区取得了显著进步。临近退休的时候，我开始研究一个学校系统如何让新学监接班、如何保持来之不易的与成果有关的各类具体问题。科林斯在他的书中，对那些有能力多年保持事业卓著的企业进行了详尽考察，顶层团队的交接班是关键因素之一。过去几十年以来，这些出类拔萃的企业在现有组织中培育出了领导团队，因此总有人会将卓越传承下去。

虽然科林斯的书针对的是企业，你还是可以把这些理念用到教育领域上来。不幸的是，我并没有看到学监们把交接班当作自己的职责。新学监往往从学校系统之外招聘过来，他们很快就把重点放到如何想办法建立自己的体系上去了。科林斯建议"自己培养"。我把培养接班人当作我的核心职责之一，于是我就要为了可持续发展和学校系统的不断进步，培训各种各样的人。在我交班的时候，我推荐了内部的人

---

① 了解有关"四模块文化素养"项目，请参见网站www.four-blocks.com。
② 哈珀·科林斯著（Harper Collins, 2001）。

接替我的工作以及其他几个关键部门的工作。

——玛丽·莱克

5. 创建核心学习团队

莱斯·面谷

在学校里应用五项修炼，没有哪位学校领导人像面谷博士那样见多识广、经验丰富了。在爱荷华州西德梅因的时候，他与社区和学区（为9 000名学生提供服务）一起，组织形成了一个覆盖整个地区的学习社区。以"学校如何才能更好"这样一个激励人心的共同愿景为中心，把学校和家长小组的领导人，以及当地政府和企业负责人吸引到了一起。2004年，他受聘担任位于纽约的休利特-伍德米尔公立学区（Hewlett-Woodmere Public Schools）学监。他决心在一个高绩效学校系统里，引导包括学生、教师、管理人员、家长和市民的所有个人的共同学习。休利特-伍德米尔学区地处长岛，为大约3 500名学生服务，他们有的来自富裕家庭，另一些则来自那些处于社会经济底层但对自己的孩子期望很高的家庭。这个社区期望也乐于让孩子获得丰富的经验和教育机会，他们对学区99%的毕业率深感自豪。这篇文章让我们有机会初步了解，面谷博士和他的管理团队如何改变他们一起工作的模式。[①]

[①] 这篇文章写于面谷博士2009年退休之前。现任学监乔伊斯·比索博士当时是负责课程规划和教学的助理学监，她继续拓展了这个学区的系统思考工作。比索博士由教育委员会任命，这是经过慎重考虑的一个长期接班人计划的一部分。这个接班人计划的目的是在休利特-伍德米尔学区继续推行学习社区的工作。

常常会有人问我（或者任何一个人）为什么要去做一名学监。在我生命的此刻，我十分清楚自己为什么会在这里。这个工作所从事的是构筑一个学习者组成的社区，他们可以创建为学生提供最大机会的组织结构和组织文化。因此，我作为学监做的最重要的事，首先是要从工作中安排出时间来共同学习，这就是关键所在。如果人们是在做好自己要做的所有其他事之后，再想方设法参加一次讨论的话，他们根本不可能学会新的思考方式、新的做事方式，以及新习惯。

逐渐认识到共同学习的重要性，代表了我做出的根本改变。在我前半部分的管理职业生涯中，我周围的人希望我知道哪里出了问题，希望我提供答案，也希望我做出决定。对于这些期望我应付自如，心里觉得那都是我分内的事。说老实话，由于这方面表现出色，我得到了许多赞许和奖励。但是，领导的角色远不是赢得服从和承诺。许多人做事情，是因为别人告诉他们去做——或许是我，也可能是学区里的其他管理人员。这并不是说，我们让他们做了什么坏事，他们要做的事都有些道理，但归根到底并不是他们自己的事。这就是传统组织的运作方式。[1]

在我职业生涯的当前阶段，领导意味着和其他人一同学习，意味着服务和关心大家，意味着保证为孩子和成年人尽可能提供最佳的学习环境。我发现，这是一种更强大的领导方式，会带来更可观的成果。学校系统是所有人的工作，是他们学习和创造的成果，因此你无法事先预测它会走向哪里。但无论它走向哪里，都会到达那里，因为我们

---

[1] 面谷博士认为，眼下占主导地位的"力争上游"策略，及其强调的标准测试成绩的误用，是一种自上而下的不明智作为。它之所以被人们接受，凭借的是"胡萝卜"（资金）加"大棒"（负面处罚）的策略。他把这看作系统基础模式中"饮鸩止渴"的另一个典型案例。

作为一个团队为之艰苦努力,也坚信这是正确的方向。我们依赖彼此的各种优势和经验,我们凭借大家对这个系统的多重视角,做出更好的决策。

当我走上休利特-伍德米尔公立学区学监岗位时,我认为自己的首要任务,是与管理团队共同建立一个由各种学习者组成的社区。作为核心团队,我们不仅可以做出更好的决策,而且可以为这个学校社区中每个人的学习创造各种各样的条件。我们的学习会在这个系统中产生连锁反应,为教师和学生们展现更多的机会。正像梅格·惠特利(Meg Wheatley)所说的,我们相信"有意义的谈话会改变世界"。然而,一个由各种学习者组成的社区并不会自行形成。它需要深入细致的工作,以创造各种合适的条件,它的成员必须要获得各种新的技能。以我的经验,人们以为自己知道相互之间如何谈话,但实际恰恰相反。在会议上进行互动的传统方式,不会带来深思熟虑、卓有成效的会谈。如果我们想要形成共同的智慧和行动,就需要学习共同参与的新规则。①

形成核心团队

当时,这个学区里已经存在一个叫作DLT(district leadership team)的"学区领导团队",组成这个团队的校长和部分学区管理人定期会面。但是,据几位DLT成员报告说,多年以来,DLT已经成了一种令人却步的两小时会议,会上由大家说一说,提供一点儿信息,这并非谁的错误。会议议程往往有15项或者更多项,发言的人只有很少的时

---

① "相信有意义的谈话会改变世界"这个说法,摘自玛格丽特·惠特利所著《转向彼此:重建对未来的希望的简单谈话》(*Turning to One Another:Simple Conversations to Restore Hope to the Future*, Berrett–Koehler Publisher出版,2002年),第145页。

间说明自己的观点。如果你的发言被安排到了日程最后，那就别管它了，估计要到下一次才会轮到你。这样的会议，几乎不存在什么让个人相互学习的机会。

于是，我们就从扩大DLT入手，组建了我们的核心学习团队。这个团队由28人组成，其中包括中心办公室的管理人员、各位校长和助理校长。我们投入了大量资源，帮助他们掌握引导组织学习的各个专项技能。有许多成员说，这是他们第一次感到获得了许可，让他们可以把完整的自我带到我们的互动中来。通过我们进行的活动——哪怕像"签到"这样的预热活动，我们释放出了人们的一种渴望：想要对彼此了解更多、建立更强大的各种关系、能够更加相互信任，并且在更大程度上相互依赖。作为一个团队，我们发现我们之间的互动是有益的，起到了激励和强化的作用。

当我们最初走上这条道路的时候，所有管理人员都无法设想如何坐下来开两小时的会议，更不要说在学习的各种修炼和会谈上花一整天的时间了。这样的话，他们离开自己的办公室和学校的时间就太长了。但是很快，他们就进入想要有更多的时间去相互交流的状态了。当一个学校系统中的领导人是以这样一种方式走到一起的时候，这种情况比较典型：即便他们从前曾经只关注自己的小组、学校或者部门，他们在这时候看到了其中的相互依存关系，同时也把自己的能量带入这个过程。

让系统支撑计划

我从前在爱荷华州任职的时候，大家都把我看成是手里有全盘计划的领导人。根据我对每个团队应该学习什么、如何学习的假设，我勾画出我们的方向和路径。我们建立了一套令人印象深刻的系统方法，也实现了一些重大目标。然而，到了这次的时候，有一点十分清楚：深层学习和变革是会发生的——如果除了我之外，还有组织中的其他人共同来驱动。我们这个核心学习团队对这种方法的成败会起关键作用，因为团队中所有个人与学校系统的方方面面是联系在一起的。由于他们所处的地位，他们都要做出表率，"指导"别人。在休利特-伍德米尔学区，这个核心学习团队要引领整个学习过程。我的心中再也没有其他目标了——除了形成一个有影响的、由支持学生们的学习者组成的社区之外。

在我们的第一次谈话中，大家决定这个核心团队应该持续进行并且融合到我们的实践中去。在一个学年里，我们每个月要安排一天时间共同学习，作为个人，我们每天都要实践我们的学习过程。这个发展和学习过程就在这个学区里进行，而不是在一个外部环境之中，对我们取得成功是非常关键的。我还从未见过哪个组织通过把几个人送出去进行一些特别训练，或者请什么人来讲一两天课，就改变领导习惯的。

典型的员工发展项目都会有具体内容，也有固定时间安排和事先计划好的进程。这次完全不同。我们只是简单地说了，"让我们来一起学习和实践"。我们是以一种持续演化的方式推进的，其中每次学习都决定了下次的安排。当我们探讨和思考领导力的同时，核心团队就直接决定了进一步推进我们的学习的举措。

由负责人力资源的助理学监凯西·安德森（Kathy Anderson）带领的一个规模不大的规划团队，为我们安排第一个学期的活动提出了一项建议。由于我在系统思考方面的工作，以及我经常使用"五项修炼"的语汇，这个小组建议进行五次活动，每一次活动对应一项修炼——尽管我一直鼓励他们不要按照他们认为我想要的东西安排日程。

他们还是说服了我，他们说：如果这五项学习修炼在我的思考中如此关键，那么他们就需要理解它们背后的理论和实践。

虽然我曾经在其他场合，主持过与五项修炼的概念有关的许多活动，但我还是认为，我不能在这个核心团队中既做教师，又做学习者。这是个重大决策。我说服了本书作者之一，也是我以前在丹佛斯基金会的学监论坛的同事内尔达·康布-麦凯布，来做我们的推进师和指导。以一个学习者的身份参加，让我感受到，团队中其他人是如何体验学习的。我认为你们不能理解这样一种体验——除非你们也是在场的参与者。这需要极大的耐心与克制，这样我才不会处于支配地位，其他人也不会出于习惯让我去做指导。有时候，我会坐在那里想："我真想在这个地方说两句。"但我没有那样做。让这个核心团队的成员听见彼此的声音，比听到学监说什么更重要。大多数学监会对自己和别人说，他们善于倾听。其他人的反馈告诉我们，当我们在倾听的时候，做得并不像我们认为的那么好。我把我们的活动当作练习倾听和反思的机会。在这些方面（与我的同事们相比），我做得还不错，但还需要把它们变成持久的习惯。我真的相信，这个核心团队是在把这件事当作"我们的"工作，而不是"我的"工作。

内尔达建议我们不要采用线性的方法，每天只做一项修炼，而是把五项修炼整合集成。我们一开始就用一整天的时间，仔细探讨全部五项学习修炼。然后，我们决定把第二次活动的时间，用来探讨大家一起学习意味着什么，重点关注共同学习和心智模式。在这次活动中，我们学习并练习了本书第一版中的许多工具，包括推断之梯、探询与宣扬，以及学习之轮中的双循环学习，以及这一版的"你是否比温度控制器还聪明"。我们先是了解这些概念，但同样重要的是，我们参与到实践练习中，强迫自己应用这些概念或者技能。通过应用，我们让它们变成了我们自己的能力。

在核心学习团队成员的要求下，内尔达在第三次活动上介绍了系统思考。我们以学区中的实际问题制作了案例，用来说明系统基本模式。这个团队觉得"冰山"的概念非常强大，于是就决定把它作为下一次活动的内容。在第四次活动之前，几个管理人员小组分别做了准备，制作各自具体负责领域中的一个实际问题案例。然后，我们用冰山模型对这些案例进行了分析。每个小组介绍各自的案例和分析，其他人则一边听，一边参与相关问题的讨论。这个活动多方面推进了团队学习。不同的个体对于其他管理人员面临的挑战，有了更好的理解，每个人都获得了针对自己问题的重要反馈，同时大家有机会练习他们的倾听和探询技能。

这种逐步演进的方式成为我们制订学习计划的模式。每一次活动结束后不久，我们都会安排一次电话会议，参会人员有内尔达、凯西以及几位核心团队成员。我们会一起聊聊上次活动的情况，谈谈团队成员在工作中的体验，以及他们在哪些方面需要更多帮助。这种方式的强大能量，来自它自身逐步演进的特性。虽然我们讨论的主要是学习进程，但这些讨论中的内容也很丰富。没人认为这是岗位培训或者职业发展培训，而是把它当作大家一起工作的一种方式。我们相信，我们对于这个系统和我们自己工作的讨论，会把我们引向五项修炼和我们需要的学习流程，这些修炼和流程又会把我们引导到需要讨论的各种话题。当你创建了一个高效运行的学习者社区，并且强调沟通、会谈、协同和服务型领导的时候，这样的情况就会发生。

我们的这些活动包括形成这个学区的愿景；创建一种全然不同的DLT会议形式和结构；练习各种倾听技能和建设性谈话；运用世界咖啡馆模式（推进更大的团队活动）收集这个学区面临的关键问

题——由核心团队成员自己召集由教师、学生和其他团队参加的大型会议；形成个人愿景；区分罗恩·海费茨所描述的技术性问题和适应性问题；应用系统基本模式讲述我们的故事；以及以五项修炼为基本框架，形成一种决策模式。我们的外部推进师不提出会议议程。她花费大部分时间跟踪我们的状态，衡量我们的进度，倾听我们的谈话，并以此为根据设计每次活动。

我们学到了什么

令人却步的DLT会议转变为一个巨大的学习空间。我们原先每次会议有十几个议题，其中有三四个人发言，其他人只是倾听；现在每次会议只涉及为数不多的几项关键内容，由整个团队控制会议的方向。这是深层变革，大家常常称赞有加。每位DLT成员都不想错过这个会议。我们还在学区网站上创建了一个空间，提供DLT会议的所有信息，我们不再需要占用会议时间读取信息了。我们的会议是用来互动沟通的。

我们的互动沟通发生了显著变化。大家相互之间认真倾听，提出需要澄清的问题，都想要理解对方。会议过程中，几乎所有人都会发言。我们在"进行有意义的谈话"方面的强化练习，让我们有了一种相互支持的语言。有人会说："我们需要听到每个人的声音，因为我们都不会读心术。"大家简单说说"我们大家坐到一起是有原因的"这样的话，情况就截然不同了。

为了让这项工作融入组织，我们在不同方向上同时展开工作，这与传统变革理论强调的"战略聚焦"恰恰相反。但是，一个学校组织必须无时无刻地意识到自己是一个系统。在一个方向采取的行动，会影响到其他方向，预料之内和意料之外的后果永远并存。核心学习团队意识到了这种复杂性,对于这项工作下一步在学校系统中要在哪里进行,我们没有去做预测和计划,而是采用了持续让新人参与学习型组织工作的做法。

每个团队成员都可以放心地采用不同的方法——有些人在思考和理念方面做出表率,其他人则示范工具和策略的用法。总的来说,当他们回到各自学校的时候,更多的是去倾听。他们不再告诉大家要去做什么了,而是提出更多问题。影响是显而易见的,学校里的员工们都在问:"DLT会议怎么样了?"

对我个人来说,最大的收益是体会到,放弃提供快速解决方案的想法非常重要。我已经学会了这样对大家说:"困惑不要紧,这很正常,我们原本的期望就是如此。只要相信这个过程就好了,因为我们会做好的。"我看到一些人最初信心受挫,但坚持了一段时间,然后突然间就明白了。要描述这个过程在团队中产生的能量相当困难。最初,由于成员们担心活动时间太长,我们同意把每次活动限制在4小时之内。但是,到了第二次活动的时候,核心团队的成员们说,"时间实在不够,我们需要一整天"。

或许我学到的最重要的经验是,不要将创建一个学习型组织设定为我们的目标,我们的目标是在大家学习如何协同合作的过程中,为他们提供支持。学习社区会从这个工作中逐渐呈现。

对于那些想走这条路的学校领导人来说,你们必须持续关注信任。我不断提醒自己,信任很脆弱,同时我必须意识到,如果我不去实践我们建立起来的那些原则,就会冒着失去周围的人对你的信任的风险。如果我没有倾听他们,没有听到所有成员的声音,我会失去他们的信任。作为一个领导者,除非我自己在沟通中做探询的表率,否则就不能期望其他人也会这样做。一种安全的、相互信任的关系并不意味着我们要在每件事情上完全一致。但是，它的确意味着这是一个安全地带：让我们表达我们之间的不同，并带着这些不同为我们的学校做出更好的决策。

随着工作的进展，我看到了一个转变，那就是罗伯特·弗里茨[①]所说的，从解决问题导向转变为创造导向。做领导的人往往不是未雨绸缪，而是为忙于应对周围的事件而身心憔悴。但是，我们在核心团队里谈的更多的是我们要创造什么，这是一个重要的状态。我们需要有能力对学生们，对教职员工，以及对我们的社区说：这就是我们努力要去实现的未来。当然，我们眼下要应对各种困难条件和问题，但是我们要在救火和处理危机上少花一点儿时间，要把更多的时间放到思考策略、资源和措施上，这样才能创造出我们希望为孩子们创造的未来。

我们的下一项挑战，是更加深入地探讨当下的现实状况，进而确定为缩小差距能够开展的各项工作。这将引导我们进行更深入的自我超越修炼，在我们形成自己的个人职业发展规划的过程中，这项修炼会对我们未来的学习内容产生更强大的影响。

要进行这项工作，学校的领导人必须在时间方面有一个长期视角。这样的根本性转变要想成功实施并且进行下去，一位学监的任期内是完不成的。因此，教育委员会必须支持并批准一项领导人接班计划。我们很幸运，我们的委员会接受了学习社区的概念、目标和愿景，因此他们任命了一位核心团队的关键成员乔伊斯·比索，让这个学习的文化得以持续下去。

---

① 另参见罗伯特·弗里茨著《阻力最小的道路：学习成为你的生活中的创造力量》（*The Path of Least Resistance: Learning to Become the Creative Force in Your Own Life*, Fawcett Columbine 出版，1989 年）。

不再是一个会议，而是一个团队

凯瑟琳·安德森，凯文·巴杨（Kevin Bayen），
琼·布林格-黑格（Joan Birringer-Haig），
乔伊斯·比索，约瑟夫·德巴尔托洛（Joseph DiBartollo），
杰夫·马利斯（Jeff Malis）和彼得·韦伯

这次谈话发生在2009年，是在休利特-伍德米尔公立学区的几位核心学习团队和学区领导团队成员之间进行的。凯瑟琳·安德森是负责人力资源和学生服务的助理学监；凯文·巴杨是音乐总监；琼·布林格-黑格是欧格登小学的校长；乔伊斯·比索博士现在是新任学监，当时是负责课程规划和教学的助理学监（在此之前，她曾是这个学区的高中校长）；约瑟夫·德巴尔托洛是商业主管；杰夫·马利斯是健康、体育和运动总监；而彼得·韦伯则是负责商业的助理学监。

做这项工作需要什么？

让这个学习旅程自我演进，传统的专业开发方式行不通。

在团队中建立信任，并且持续培养下去。

在自己的学区里、整个团队一起进行开发和学习，仅派几个人出去学习，无法帮助整个团队。

学习并共同实践"开展有意义的谈话"的各项技能。

把学校系统中的各种实际问题当作一个练习场。

建立这样一种文化：学校的管理人员离开学校一段时间，为了自身的学习和发展，不会出问题。

通过分享团队采用的反思和探询的方法（心智模式、推断之梯以及其他方法），让学区委员会一同参与这个旅程。

形成一种共同语言

彼得： 逐渐积累一种共享语汇的过程，消除了我们团队谈话中的许多误解。也许我们正在正确地使用这种语言，或许没有，但至少我们在做的时候，一直有一种共享的意义。这为我们的谈话提供了捷径。如果我们在一个问题上遇到困难，提到冰山就可以把我们拉回到轨道上。如果有人觉得我们在检讨一个议题的时候还不够深入，他们就会问，我们正在做的是不是单循环分析，还是双循环分析。推断之梯成了缩写，迫使我们更加仔细地去看看那些观察背后起作用的数据和假设。

乔伊斯： 当有些人对某些事的反应让人大吃一惊，或者相当极端的时候，我马上就可以看到，他们跳到梯子顶层去了。他们跳过了梯子上的所有横档，没有数据根据就做出了几个假设，然后就跳上去得出种种结论。我现在不再会自己也跳上去做结论了，而是提出一些问题，让这样的人从梯子上走下来，同时了解到一些可能我也忽视了的东西。

琼： 上一次预算会上，我对某一位成员的说法反应强烈。当时，莱斯（面谷）正好坐在我对面，他对我的假设提出了一个问题。我完全明白他的意思——我跳到梯子顶层去了。现在我们互动交流的方式，让我们在会上可以更加深思熟虑。我们在说到某些事的时候，以及我们回应其他人的时候，那些词汇和工具让我们感到坦然自如。

彼得： 这些语言让我们得以用一种安全的办法，去探究自己的弱点。我知道自己是一个较差的倾听者。在你们的观点还没有讲到一半的时候，我不仅已经形成了我的回答，还形成了初步回答之后的两、三种应对策略。我们中许多人都和这样的同事工作过——他们不仅会跳到梯子顶上，还会反复跳下来。我们的共同语言让我们可以用一种建设性而非破坏性的方式，相互提醒我们自己正在做什么。

琼：我们现在正在做的，是把这些语汇带给与我们一起工作，但又不是DLT团队成员的那些人。凯西已经和秘书团队面对面练习过了，莱斯也和校区委员会做过有关团队学习、探询和宣扬，以及冰山的探讨活动了。虽然正式的培训还不多，但我们在使用这些语汇，也在做出行为示范，因此大家都可以看到。这也许是我们做过的最重要的事。

形成各种关系

凯西：从前，没有空间或时间让我们去建立各种各样的关系。现在，我以一种全然不同的方式了解周围的人。有人在最近的一次会议上说，通过这个过程，她学会了欣赏和尊重领导团队中的每一个成员。我认为，这个总结很到位。

乔：我们彼此信任，领导们也信任我们。这种关系让每一件事都成为可能。一旦我们受邀成为这个过程的一部分，我们就会有一种责任感。让别人告诉我们该做什么，或许会简单些，但是我们已经大大超越了那种思考方式。

杰夫：有了相互信任关系，你就不会觉得，在发言讲话的时候，别人会评判你。我心里知道，在有些人跳到结论之前，有些人会倾听并重视我的观点。

凯西：我们所有人都相信，凭借我们创造出来的各种关系，我们现在做出的决策更好、质量更高了。这在我与其他助理学监的会议中也表现出来了。过去，我认为坐在那些会议上，听其他人说财务和课程规划问题，是在浪费我的时间。现在，当我要做出一个决定的时候，我会在思考过程中问自己，彼得或者乔伊斯会怎么说？如果一个会议被取消了，我们会要求尽快重新安排时间，不会因为多了几个小时的时间可以自由安排，而感到如释重负。我们现在一起做出的决策，在过去单打独斗的情况下，是无论如何也做不出来的。

凯文：由于我们建立的关系，我们用更多的时间去解释我们要做什么，而不是总在维护自己的地盘。我很清楚，我们的团队成员认为音乐、艺术和运动对于发展孩子的能力来说都是不可或缺的。

凯西：当有人告诉我们说，我们正在为学区领导团队"会议"写一份愿景构想的时候，我当时就明白了，我们已经达到了那个恍然大悟的时刻——因为DLT不是一个会议，而是一个团队。

让我们的工作成为一个练习场

凯西：我们正在把组织学习的技能融合进这个学区的日常工作。要想让这些学习持续深入，我们的日常工作必须成为我们的实习场。我们最近在预算方面做的练习，是确定一些可能的削减预算方式，这是一个有趣的实验。我们不清楚大家是否已经做好承担责任的准备，对于影响整个学区的预算做出决策。我们觉得还会像过去那样，大家宁可把这件事交给中心办公室里的我们这些人去做，让我们去承担指责。但这种情况没有发生！彼得·韦伯精心组织了一场完美的系统思考的会议——整整进行了一天，是后来许多类似会议的第一次。参会的人们不能孤立地去看自己的学校，而是要一起看整个学区工作的优先次序。

过去，我们也许会说，"每个学校都把自己的预算减少250 000美元。你们告诉我们，要在哪些方面削减"。现在大家则在说，"也许我们需要保留一个有遗传学背景的高中科学教师的位置，或者是要把学前班的课堂人数作为重点问题考虑，我愿意减少一点儿我学校的预算做支持"。这是一种全新的思考方式，对于我们来说是一大步。但这也很可怕。一旦你到达了这个高度，就永远回不去了。

乔伊斯：在高中，所有助理校长和我一起应用了我们学过的许多概念。2011年，我们在一个涉及技术的问题上，产生了相当严重的沟通问题。我们把它看作一个冰山，就把问题解决了！我们仍然要回过头再去看看这个问题，保证冰山不会积累起来。在我们的青年领导力论坛上和一次教职员工会议上，我们都采用了世界咖啡馆的模式，结果从中产生的既有包容性又有延伸性的谈话都令人称奇。

琼：我组织我的学校进行的世界咖啡馆活动的结果，让我兴奋不已。我提醒参会的员工，这将会是一场持续进行的谈话。我们开始看到教师们在他们课堂上采用这个方法了。[1]

乔伊斯：创建青年领导力论坛是我们在高中里做过的最令人兴奋的事之一，在这个论坛上，我们正在给大约100个孩子做系统思考培训。通过在每四、五周里召开一些定期会议，他们开始以全新的方式解决各种各样的问题了。我们正在训练他们思考高中以后的世界。这个论坛的成员横跨所有四个年级，覆盖了各个社会经济、种族、民族和利益团体。我们把这看作在培养能力，而且我们期望这会被他们带回到课堂上——并且，陪伴他们一生。

共同对结果担责

彼得：我刚到这里的时候，信息都被隐藏了起来，知识都是权力——无论是与预算有关的，还是涉及其他领域的知识。现在，随着DLT的演变发展，知识是一种机会而不是权力了。

---

[1] 卡伦·奥斯特曼（Karen Osterman）和罗伯特·考特坎普（Robert Kottkamp）合著的《教育工作者的反思实践》（*Reflective Practice for Educators*，第二版，Corwin Press出版，2004年）一书，提供了在课堂上和学校里如何应用五项修炼的优秀案例。

凯西：过去，多数决定在DLT会议之前就已经做了。如果我有哪件事需要做决策，我自己就定了，然后再把信息带到DLT会上，告诉大家这个决定是什么，最后问问谁有什么意见。结果，当然就没有人有什么意见。现在，如果我们要在哪件事情上做决定，又不需要团队提出想法的话，我们就会发一个备忘录出来。我们不会浪费大家的时间。如果有什么事放到了DLT的议程上，那将会是一个复杂的问题，需要每一个人做出最佳的权衡。

琼：参加决策的过程，并且理解决策对于整个学区系统的影响，感觉有意义多了。

彼得：看着一群高度进取、以结果为导向的人把自己的判断放到一边，一心一意地踏上了一个前景未知的进程，并且坚持走下去——这一直是一种惊喜的体验。

凯西：我们都感受到资源紧缺的压力，但是现在没有那种"有人故意跟我们过不去"的感觉了。这就是正在我们所有人身上发生的事情。

乔：我们提出了比以往多得多的问题，但并非卷入对抗之中。你能告诉我，为什么我们要做这件事吗？这件事的目的是什么呢？请将这种情况解释给我听。探询的过程让我们把各种问题摆到桌面上，而过去我们会回避这些问题。我们已经从个人角度的种种考虑，转变为对各种系统问题的推敲了。

琼：我认为，反思是这个过程的一个重要部分。我必须要回过头去看看我正在做什么，然后思考我想要成为一个什么样的领导人。这也让我有机会把莱斯当作导师，经常一起聊聊，从他给我的反馈和我们之间的信任关系当中，我学到了很多。现在，我能和他以及其他人，说说我的学校里正在发生什么，聊聊处理问题的各种不同方法。

凯西：事实上，所有DLT成员都谈到，在提出、安排和参加完全可选的与学监的一对一支持谈话方面,他们没有什么顾忌,他们会一起讨论在这次学习和领导活动中个人的努力与成功。

乔伊斯: 作为新学监我发现,随着这个团队一些关键成员的更迭,DLT已经完成了成功、有效的转型。对于系统思考的学习和应用,会继续成为我们这个高效领导团队核心技能与核心策略。

教育中的教学演示[①]

改进教与学的一种网络方法

西北区教育局是一个区域性的机构,为爱荷华州西北部10个县的34个学区提供支持。作为这个机构的行政长官,在过去的四年里,我和一个由学监组成的网络一起,组织了多次教学演示。与医学中的演示活动一样,教学演示的实践试图通过让教育工作者观察和分析教学活动的方式,改进教与学。我发现,这本书和演示过程,为学校教育改进和领导力各项原则提供了一种平衡。演示过程让学校的领导团队有机会与课堂上的工作联系到一起。它不断提醒我们,我们不能只关注教学内容或者只关注教师,或者只关注学生,我们必须把焦点放到教师与学生如何与教学内容互动上。

在爱荷华州,我们通过一个个专业学习社区,把教学演示作为一个文化建设过程。每个月,这个州里的九个地区中三分之一的学监要聚

[①] 伊丽莎白·希特(Elisabeth City)、理查德·埃尔莫尔(Richard Elmore)、萨拉·福艾曼(Sarah Fiarman)和李·泰特尔(Lee Teitel)合著(Harvard Education Press出版,2009年)。

集到一起到教室里对教学实践进行考察。这里也有组织学习的元素,在主办方学校里,我们选择一个实践中的问题共同探讨,从而帮助他们提升水平。参与者彼此学习,而演示本身也成为一种示范,让大家看到,员工的集体智慧要远比某一位教育工作者的智慧强大得多。

——蒂莫西·格里夫斯(Timothy Grieves),西北区教育局,爱荷华州苏城

6."你不能这样做!"
把体育当作值得关照的科目

安·玛丽·加洛(Ann Marie Gallo)

有相当多的人离开学校多年之后回忆起"体育"这门课程,都会觉得它令人灰心丧气、野蛮残酷,甚至认为它就是一种折磨。这个问题的要害或许就在于一个简单的事实:体育一直被人们当作一个"垃圾场",而不是一个学习空间。安·玛丽·加洛博士现任马萨诸塞州萨拉姆州立大学(Salem State College)的体育学副教授。这个故事详细描述了20世纪90年代,她在莱克辛顿的民兵地区高中(Minuteman High School)担任体育教师时的一段经历。她从看似无关紧要的一个小杠杆点着手,最终推动整个学校成长为一个学习型组织。在你所在的学校里,教师们也能这样做吗?还是他们感到自己过于势单力薄?

那是开学第一个月一个平常的秋日。网球场上,34名学生正焦灼不安地等着参加正手球练习。这一天,已经有两名学生手里拿着一张

纸来找我，告诉我说他们被安排转到这个班了。作为一名在公立学校里第一年上班的教师，我很感激能有这份工作；但是我也在问自己，一下子应付这么多学生，我的工作是否真的有成效。我不可能对他们进行一对一的指导，我只能把他们放到小组里去练习，也顾不上他们需要有人反馈指导。他们常常还要等到设备、场地空出来了才能练习。他们于是就开始不守规矩，影响了其他的学生。

我在接受教师培训的时候曾经学到过，如果学生数量超过了 24 这个奇妙数字，课堂效果就会大打折扣。不仅如此，圣诞节过后，我走出了设在女更衣室中的我的小办公室，对整个校园考察了一番。我注意到，在科学和英语教学楼里，教师们正在上课的班级都是 18~20 名学生。我认为或许有不少学生缺勤了，但是几个星期之后，我再回去看的时候，发现班级的规模看上去还是那么小。

最后，我终于去找了学校的体育总监，问她为什么我们的课堂上学生要多很多，"我们是个垃圾场"。她头也不抬地回答说。我站在那里，等着她再多给我点儿信息。她看了我一眼说："这里一直就是这个样子。"

这番话的简单明了让我大吃一惊！显然，我们是一个存在学习障碍的系统，并且已经恶化到一种习以为常的无助状态了。在我离开这位总监的办公室的时候，又有一个学生手里拿着课程调整申请表来找秘书，说："我需要调体育课的时间。"秘书在表格上签字的时候，根本没去查课程表，看看这门课程是否满员。显然，这种不加区分地接受孩子们来上体育课的流程，已经成为一种下意识的习惯了。我于是又走回到体育总监那里，"如果我们不在那个改课申请上签字，会怎么样呢？要是我们说满员了呢？"

"我们不能那么做，"她回答说，"这会造成太多的问题，况且指导部门也没有地方安排这些学生。"

到了第二年，一个强调针对不同年龄段分别安排课程和以学生为中心的课堂的全新体育课程规划发布了，它引发我兴致勃勃地开始试图了解更多关于这个的问题。每当一个学生试图把自己调进一个大班的时候，我都会打电话告诉进行课程安排的指导教师说，这个班已经满员，不能再进人了。"你不能这样做。"他们回答说。但我依然如故。最终，两方面的挫败感都迅速升级。指导部门的总监报告给了校长。校长决定由体育总监、指导总监、指导部门的人员和我本人一起开一个会。

校长以说明这个问题开场——又是令人吃惊的简单明了："指导部门没有地方可以安放这些学生，而体育课上安排的学生也过多了。"指导老师们提出了他们的担心，解释了他们在总体计划安排上的条件限制。我们则介绍了新的体育课程规划，谈了教师有效教课的问题、学生的个性化学习体验问题以及安全问题。各方都坚守自己的立场，整个会议进程看起来像一场网球比赛。

最后，我自愿提出充当体育部门和指导部门之间的联络人角色。我建议说，指导老师可以把学生的课程变更申请发给我，我会找一个可以接受他们的上课时间。指导部门的人们心存疑虑，但又没有更好的解决办法，只好同意试一试这个新流程。就我而言，我则完全不了解，这会让我处于一种什么样的局面。在这一年后来的那些时间里，无论我走到哪里，一个被各种课程安排填满的剪贴板和一堆黄色即时贴总会陪伴着我。我继续尝试把体育课的规模限制在24名学生以内。每当我走进指导部门的办公室时，所有人马上四散而去——这样他们就不必和我一起讨论如何重新安排学生的上课时间了。

随着时间的推移，我们对于彼此的心智模式开始产生变化。我更多地理解了指导老师们所受的条件约束。他们也逐渐尊重了我们对于小班上课的探索。最后，指导老师们终于在调整学生的上课时间之前，开始打电话给我了。他们会问，"我必须要调一下这个学生的数学课时间，有哪节体育课还可以接受学生吗？"

现在，体育课的平均规模是 24 名学生。有时候，我们也会超过 24 这个数字，但每个人都认识到，一节课上安排 30 名学生是不可接受的。由于我们对于教学的承诺，我们和指导部门也形成了一种影响深远的相辅相成的关系。每当我走进他们的办公室的时候，我都是受欢迎的，会有人和我打招呼。不可否认地说，这里面的确还有些额外工作，而我现在有时候会站到指导部门的立场上，认为体育教师应该再多接受一个学生。每年部门负责人都会问，有没有其他人自愿去做这个协调人的位置，到目前为之，还没有任何其他人愿意承受这份"额外负担"。我现在认为，这种协调人工作应该由大家轮流做，这不是为了减少"负担"，而是为了让每一位教师都了解学校作为一个整体的复杂性。

总的来说，这是我执教生涯中两段最重要的经历之一。另一段经历，是在我的课堂上发生的改变。我的学生们不再浪费时间，等着去学习了。我们有理由认为，将会有更多的人掌握足够的知识，成为高尔夫、网球、游泳、力量训练和其他体育活动的终身参与者。

第四部分　社区

Schools That Learn:
A Fifth Discipline Fieldbook for Educators, Parents, and Everyone Who Cares About Education

| 第 13 章 |
走进社区

1. 培育知行社区

路易斯安那州圣马丁郡的前学监罗兰·希瓦利埃（Roland Chevalier）讲过一个故事：一天清早，一位小学校长来到学校时发现，一个6岁的男孩正坐在台阶上，等着教学楼开门。于是校长就问这个孩子："你等了多长时间了？"孩子回答说，他不知道。他还不知道如何说出钟表上的时间，他还在上幼儿园。他妈妈是一位单身母亲，在一家工厂上早晨5点的早班，上班之前，她会调好叫醒儿子去上学的闹钟。那天早上，闹钟响之前他就醒了，却不知道是什么时候；他自己穿上衣服，走到学校，坐在校门口等着大家都来上学。

这家学校对于这个孩子承担的责任范围应该到什么程度？学校在教这个男孩看表上的时间的时候，是不是做到位了呢？学校是否需要帮助那位母亲，找到或者建立一个支持网络，大家可以帮忙叫醒这个孩子，送他去学校呢？这个学校是否应该为所有上班的家长，提供早班幼托服务呢？一个单身母亲为什么要必须做一份早上5点开始的工作——在探讨与之相关的原因中，学校是否需要以某种方式介入呢？或者，这家学校承担的责任，应该是关注未来，也就是这个男孩的将来，而不是满足他眼下的需求。

今天，类似的问题在各地都显得越发重要了，在美国和世界其他地方都是如此。反过来看，这些问题又是一个更深层的问题的现象：人们要让社区成为什么样子？即便在今天这个不同社区都在经历变化的时代——信息技术逐步覆盖全球、家庭形态的多元化、移动式企业组织、城市人口的迁移、政治结构的碎片化，以及每一个人对于终身学习持续增长的兴趣等，对于这个问题的回答，也总是与孩子们的需要紧密联系在一起的。各种各样社区存在的原因——至少是部分原因，一直都是因为孩子们需要这样一个地方长大成人。因此，一个"知行学校"，无论其地点在哪里，也不论其形态如何，都需要在其周围有一个培育学习的社区。

做法可圈可点的社区的例子，数量其实多得出奇。这些社区都以这样或那样的方式，打破了学校和孩子的其他生活之间的藩篱。在这种情况下，社区都以坚定的态度支持学习，而学校也会拥抱自己与社区的关系。社区与学校双方都认识到，学校并非是需要为孩子们负责的唯一组织。

1997年，一个名为"为了孩子的伙伴关系"（Partnership for Children）的本地社区服务联盟，向大堪萨斯城地区提出了一个指导性的建议：开展一项内容为"这是否对孩子们有利"的"第一问题运动"。这个问题包含的前提非常简单：在任何一个企业、政府机构、学校或者个人做出一个决定的时候，都要首先问问自己：这个决定是否对孩子们有利？

"为了孩子的伙伴关系"联盟今天还在,依旧在开展同样的运动。这些年来,与这个联盟相关的讨论和活动(包括每年一次的年度纲领报告)范围已经延伸拓展了,其中包括建立了一个公园、宣传营养健康、为寄养计划提供资金、为课后活动筹资、把各种款项分配给不同的学校,以及各种立法议题。通过提出"对孩子是否有利"这个问题,人们本质上是在问:"这样做会不会在我们的生活结构中,增添文明、宽容和培育?"①

类似的故事在许多社区中都在发生。在有些城市的学校里,设有家庭资源中心,由当地健康与社会服务机构运营。其指导思想是:一个孩子的学习能力,与孩子家庭的学习能力、与这个家庭可以获得的资源都是密切相关的。其他方面的努力,则把学校和课堂带进了社区,比如,在学校之外设立深度项目,或者是建立"服务学习"的机会——孩子在此可以为了自身利益应用他们的知识。还有一些工作,则是把学习的责任从学校那里剥离出来,交到家长们手里——让他们参与到相互之间的调查之中,并且一起解读调查结果。或者是形成他们自己的场所,让孩子们在严重的贫困与逆境之中得以学习(就像"造雨人"社区小组在佛罗里达州的迈阿密海滩所做的那样)。

相信"所有社区都能学习"是一个起点:由此形成一种或许始于孩子们,将改变人类社会的能力——不是自上而下推进,而是由内向外生长。为知行社区开发形成一个综合指南,或许本身就需要有另一部《第五项修炼·实践篇》,才能展开;在此,我们提供了一些相关的理论、工具、方法,以及在社区对孩子们产生影响方面深深打动我们

---

① 有关"这是否对孩子有利"的第一问题运动和倡议这项运动的"为了孩子的伙伴关系",请见网址www.pfc.org。一些其他地方,包括南卡罗来纳州的罗克希尔(Rock Hill)和田纳西州的孟菲斯也发起了同一个口号的运动。

的各种故事。在本书的这部分章节中，你们将会读到，在俄亥俄州辛辛那提市发生的收回社区中心的经历、在哥伦比亚发生的面对内战的努力抗争，还有许多地方建立的由学生们经营的各种可持续发展企业。

社 区

两个印欧语系的词根（kom意为"每一个人"，moin意思是"交换"）在有文字记载的史前阶段就成为一体，形成了"所有人共享"的意思。这个词演化到拉丁文成为communis，意为"发源地"（比如，由许多人使用的水源）。法文将其转化为communer，词意是"让每一个人都可以得到"。也就是说，社区（Community）一词的原意，并不是一个由边界线划定的地方，而是一个以共享资源为其特征的地方。我们所设想的"知行社区"会延续这个传统。

在本书的这部分，在我们使用社区这个词的时候，指的并不是一个组织中的一群人，比如，在某一所学校里的"学习社区"。一个由不同的人组成的社区是这样一种地方，它植根于自己的生物圈之中，随处都有各种各样的活动、人人都相互尊重。人们都有这样一种认识——这个地方的每一个人彼此之间都相互负责，也相互担当，因为这里所有人的生活都是互相依赖的。

在我们看来，一个知行社区，对于自己的学校会有一种共享的承诺。这个社区是一个容器——它一直在培育、在提供支持，有时候也会提出挑战，但总是充满关爱，包含着自己的学校和孩子们的成长发展。社区中的不同组织都是这个社区的组成部分（比如，本地政府、媒体、警察机构，以及健康机构和企业），更大的机构也是如此，比如，更大的政府机构、学术研究机构、全球化的媒体和企业。所有这些机构对于社区居民和学校之间的相互影响，都会产生作用。而孩子依靠的就是这种相互影响的持续改善——也就是持续学习。

从迄今为止存在于"知行社区"中的经验来看，似乎存在着三个坚实的指导思想——自我认知、相互联系，以及可持续发展。社区的领导者们依靠这三个指导思想，朝着他们共享的未来，正在形成一种共同的学习途径。

自我认知

一个城镇或者城市的边界，或许早已划定，在地图上也正式标明了；然而，对于自己社区的边界，对于它们之间相互承担责任的程度，不同的社区成员却有着不同的态度。居住在一个乡村俱乐部社区里的人们，或许不会明确意识到这样一个事实：就在一条河对岸，或者是一条铁路的另一边，有那么一个活动住房区，那里有300~400个孩子，他们要去同样的学校上学，也要使用同样的娱乐设施（或者是要求没有提供娱乐设施的镇政府，为他们提供同样的娱乐设施）。那些上了年纪的人、身体有残疾的人，以及无家可归的人，虽然可能就在这里，但人们却视而不见。不同的居民可能会在自己的周围，选择去划定自己的边界，避免自己和其他人接触，也避免自己对那些人负责。这或许恰恰就是他们对于社区的自我认识的一部分。

但是，就像在大堪萨斯城地区清楚地表现出来的那样，孩子们的需要似乎往往会超越这种与他人隔绝的观点。孩子们并不是待在一个大门紧闭的社区的边界之内，至少在他们开始上学之后，就不是这样了。如果我们都是一个社区中的成员，因为我们选择了彼此就近居住，我们实际上也就达成了一个默认的契约，要让这个社区中的所有孩子获得共同发展。就像我们为医院提供资金，是为了保证我们在医疗健康上相互支持一样，我们为"知行学校"以及孩子们需要的其他资源提供资金和支撑，是为了保证让一个生机勃勃、充满活力的未来存在于当下。

学校在界定一个社区的特征方面所起的作用，比许多人想到的更大，这种作用始于人们选择自己住房的时候。地产公司和房屋租赁代理要回答的第一个问题往往就是："这里的学校怎么样？"在一些地方（比如，新泽西州），法律规定的学校边界是"门到门"，也就是从孩子的家门一直到校舍里面，保险公司也就因此可以为孩子们上学的校车运送过程提供保险。这就意味着，这家学校的学监的确是在整个社区的范围之内，对孩子们的安全程度负责任。无论法律上如何定义，学校的责任在哪里终止，而社区的责任又从哪里开始，总会存在某些模糊不清的地方。

比如，一些教育工作者居住在其他地方，但对于自己学校中孩子们的需要却熟稔于心，他们在多大程度上属于这个学校周围的社区呢？我们知道有一位初中教师，他已经连续多年放弃每周五晚上的休息时间，陪伴孩子们参加家长-教师协会组织的舞会。后来，他终于提出要求，每次获得几美元的报酬，但他得到的回答却是："你难道不应该是从自己的爱心出发这样做吗？"他回答说，"我家里还有三个年幼的孩子，而我没有和他们在一起"。教师们常常会自己花钱，去购买学校里缺少的学习用品，或者是礼物和其他物品。那些期望自己学校里的教师做出这种程度的承诺投入的社区，也必须同样对这些教师和教育系统做出承诺投入。

所有这些都是自我认知的根本性问题。我们想要居住的是一个什么样的社区？这个社区现在有哪些特征？简而言之，界定我们的自我认知是为这个社区建立共享愿景的一种修习，学校在这其中是一个活跃而重要的参与者——但并非唯一的参与者。

相互联系

一个社区中的不同成员，获得自己收入的来源不同，工作地点不同（有一些地点还相当远），去的教堂不同，时间安排的要求不同，社会交往也不同。大家要做的事如此千差万别，建立经常联系的需求往往就被忽略了。然而，建立相互联系的能力，恰恰又是在社区中建立一种学习模式的最有效的途径之一。

当一个系统中先前不相往来的参与者之间，建立起一种新的社区联系的时候，就会出现一种平时难得一见的能量和热情。在共同改变这个社区上，一个社会工作者与一位教师之间，一位企业高管和一位课程规划人员之间，或者是一位医院管理人员和一名学生之间，存在着比他们自己分别去做大得多的杠杆作用。

如果一个学校系统，没有在自己的社区中刻意扮演一个主要角色的话——如果学校负责人与其他社区领导人没有形成良好的关系，如果教师们没有把自己看作与社区紧密相连，如果居民们没有把学校当作充满活力的社区贡献者，那么这本身就表明，其建立联系的能力正在逐渐削弱。与之相反，当学校通过学习，看到了影响孩子们生活的其他人的重要性；而其他人也通过学习，看到了学校的重要性、看到了与学校建立联系的重要性，各种各样新的可能就会渐渐呈现出来。帮助贫困的孩子们的支持机构，顷刻之间就与教育工作者们建立联系——不仅仅是与社会服务机构建立联系。在各种各样的社区机构之间，教育体验都在发生——各种各样的博物馆、交响乐团、公共图书馆、童子军、剧院、自然保护机构、公众服务机构、宗教组织、本地执法机构、早教机构以及企业等。各种各样的隔代联系也开始形成，比如，孩子在退休人员那里找到了导师和榜样。社区领导人定期向社区成员介绍学校提供的资源。学校领导者们发现，他们无法仅凭自己的力量完成所有这些……他们也不必自己单独完成它。

随着互联网的落地生根，建立联系的活动在近年来增加了。学校在其所处的社区里，成为一个个信息中心。许多学校里的学生们开始研究和写作社区历史，并且在网上发布。他们采访了各种各样的人——从市长到年龄最大的市民，以及最新搬进这个社区里的那个人，这些历史叙述则把这个城镇与学校更加紧密地联系起来。学校不仅"看到"了这个社区，也帮助这个社区找到了自己的声音。简而言之，建立联系可以强化心智模式和团队学习的修炼，并将这些修炼带到一个更开阔的境界。

可持续发展

可持续发展需要有一种意识——意识到今天采取的行动将产生的长期影响，这与系统思考里的意识十分接近。比如，当教育工作者进行儿童早期教育工作时，就会表现出一种可持续发展中的时间感。"这个孩子刚刚出生？我的天啊，从现在算起再有5~6年他就要上学了。这可没有多长时间啊。"我们认识一位在大城市里任职的学校负责人，他对于系统思考涉入很深。他在自己负责的学校系统中确定了一个目标：提高未成年母亲的孩子出生时的体重。他在自己负责的十所高中里，都设立了福利办公室和卫生室，还确保每所学校周围方圆两个街区以内都有一个食品店，配备了婴儿配方食物和维生素，供怀孕的女孩使用。他认识到，要保证"一所学校里的所有孩子都能够学习"，最高效的方法之一是在儿童的早期营养上进行投资。

社区导向的可持续发展的另一个案例，是一个学区在进行情境分析练习过程中产生出来的。这个学区的成员认为，他们可能很快就必须要建几所新学校了，但是他们不大清楚，应该从什么时候开始。这个州的法律不允许他们为未来需求预留过多资金。在屋子里参加讨论的人中有一位建议，把注意力放到提高他们的沟通技能上，以便让税收征收的法案能比较容易地通过。采用这种做法之后，无论经济上的情况如何，当需要增加预算的时候，这所学校都可以获得它所需要的资金。

这时候，负责财务的助理学监说话了："我认为，我们不应该这样做。如果我们这个社区的经济状况良好，也想为学校投资，那么我们就能通过税收法案。如果这个社区的经济情况不好，那么我们一样也要节俭。我们的工作不是提高我们的融资能力，而是为孩子们多做点儿事情，并且因此改善我们与社区之间的关系。如果我们真的需要这笔资金，他们是会了解的，也会理解其中的原因。"换句话说，她辩称，与其去想自己的社区是由赞同征税和反对征税的人组成的，不如从假定学校系统与这个社区之间存在高度信任开始，并根据这个想法设计自己的预算筹资活动。

具有可持续发展能力的社区具备长期发展的视角，由此也理解他们与教育之间的相互依存关系。社区成员明白，作为个体每一个孩子的成长发展，都取决于这个孩子所受到的个性化的关注。他们在孩子身上投入时间，因为这正是他们想要做的。

我们认识的一位从事专业工作的母亲，给我们讲了一个故事——在一个宝贵的休息日，她带着自己的两个孩子去当地学校的操场上玩。他们路过秋千的时候，看到了一只受伤的猫。他们一起叫来了查利——学校的管理员，查利正好有一个小农场，对动物也很友善。他捡起了那只猫说："是的，看起来它的腿好像是断了。"随后用一个小纸箱为它做了一个窝。

孩子们的母亲提议，由他们把这只猫送到兽医院去，于是就带着她的两个孩子离开了。这时候她看着查利说："我在做什么呢？现在我最不需要做的，就是再找个乱七八糟的事去做。我们在兽医院里至少要花上半个小时的时间。"

"你刚刚让你的孩子们看到的，"查利说，"恰恰是你希望他们长大成人之后，会成为的那个样子。"

| 第 14 章 |
自我认知

1. 评价社区里的强弱关系

蒂莫西·卢卡斯　贾尼斯·达顿
内尔达·康布-麦凯布　布赖恩·史密斯

你们正要着手展开创新——在你们的社区里为孩子们尝试一点儿新东西。也许你们想要做的,是对社区中孩子们的未来展开一次持续的讨论。你们想得够大,而且也知道只凭自己做不了。你们会从学校以外邀请谁来参加呢?这个练习可以让你们敞开心胸,面对那些此前从未考虑过的种种可能。

目的

帮助学校领导者们(或者其他社区领导者们)进一步认识自己周围的这个社区以及这个社区可以为孩子们提供的资源。

参与者

一个做好准备要去联系其他人的小组。可以包括教育工作者、家长、政府官员、企业主、神职人员以及非营利机构和服务机构。

时间

两小时或更多,也许通过两个或更多次会议分阶段进行。

第一步:列出你们在社区中的强弱关系

在一个规模不大的小组里进行头脑风暴,聊聊学校周围社区中的人和组织,要借助每一位在场的人的知识。

- 谁代表了你们学校或者组织的"支持社区"?有哪些人你经常会请他们帮忙——定期听取他们的建议、与他们开展合作,以及请他们提供财务支持?社区中有哪些人参与了学校愿景的确定和学校规划的制订?有哪些人是你们希望联系的?

- 你们学校里(或者组织中)的孩子们会从哪些人那里得到支持?这或许会包括那些与学校并无正式或非正式关系,但对孩子们的生活却很重要的人。如果你所在的学校是在美国,而学校里的一个孩子每周会给哥斯达黎加或者菲律宾的爷爷奶奶打电话,聊聊学校的事,这位长辈就是你的社区的一部分。

- 孩子们与哪些人通过短信、电邮或者社交网络进行沟通?

- 这家学校周边的邻居是哪些人?有哪些门店要靠这所学校做生意?谁在法律上对学校周边地区的交通、学生安全以及犯罪负责任?这种责任的实际意义是什么?

- 在学校外面,这个社区的学习是在哪里发生的?从前,如果你在学校里问这个问题,回答可能是:"在农场,或者在家里。"

现在，则有了许许多多的其他地方，其中一些在网络空间里。孩子到哪里去闲逛？是在一个公园里吗？是在一个购物中心里吗？还是在街上？是在俱乐部、青少年中心，或者是在一些宗教组织里？在你的社区里，还有哪些有组织的学生活动——公众活动、私人活动、非营利活动、体育或学术活动、季节性及全年性的活动？学生在每一个活动中学习什么？有哪些与这些活动相关的人，应该被添加到这个名单里？

第二步：扩展社区联系清单

你们的清单难免会遗漏一些重要人物，因为你们现在还不知道他们会是谁。因此，扩展这个清单的第一步，是去想象一下那些目前没有在这里参加讨论的个人和组织。以其知识和经验的丰富程度为基础，从中选取4~5个。因此，如果你们的房间里有他们在，他们就会代表学校里相当一部分人。他们会如何回答第一步中的问题呢？他们会列出哪些人呢？

另外，也可以在这个时候选择休会，这样就可以采取单独或者一起面谈的方式，直接请其他人帮助你们扩展这个名单。持续不断地在这个名单上增加名字，一直到你们再次碰头，并且进行到第三步。

第三步：列出优先次序

看一看第一步和第二步的所有联系——既包括个人，也包括团体，有哪5个联系对于你们最重要？根据三个不同标准，各自列出三个清单：

a. 根据他们与你们这个团队中任何一位成员共享经验的质量，进行排列。在过去，你们中的某个人与他们的工作关系越紧密，你们现在和他们一起创造一个成功项目的可能性就越大。

b. 根据他们的工作对孩子们的重要程度，进行排列。对于大多数学校来说，一位儿童福利工作者要比一个本地企业的采购部主管更有益处。

c. 根据你们与他们的接近程度，进行排列。如果你们在个人层面与他们相识，或者可以建立起某种个人联系，这就会很有价值——即便你们在过去并没有跟他们一起工作过。

现在，再列出一个由 5~10 个关键社区联系组成的新清单，其中的成员是在所有三个清单中最明显的个人或组织。这个清单就变成了你们的出发点。

第四步："他们从哪里来？"

把自己放到第三步列出的潜在关键社区联系所处的角色之中。他们中的每一位如何看待自己的首要使命或者目的？他们最想要的是什么？是什么让他们觉得最想要？

比如，你得出的结论可能是：本地企业领导人想让你们学校培养有合作能力、具备基本读写技能的员工；市议会则希望市中心地区的"周六夜景"明显减少；某个家长团体觉得这个学区以不公平的方式，单独把他们挑出来；还有某个家庭资源中心需要设施，也需要有人为他们推荐学生。

让你得出这些结论的"可观测数据"是什么？如果你不能确定任何直接的、可观测的原因，那么你是根据什么得出这些结论的？

你可能会发现，对于这一部分的练习，进行角色扮演会有帮助。扮演其中一个角色，比如一位宗教领导人或者一位政府官员，向团队中的所有其他人说明，作为这个人"你的"担心有哪些。角色扮演要适当，要保证你自己相信，如果那些人也在场倾听的话，他们觉得自己的看法得到了公平的对待。

第五步：着手建立关系

在这些社区联系中选出几个，作为初步接触的起始点。对于这些选择，要再问三组问题：

• 你要从他们那里得到什么？你看到了哪些他们对社区和学校做出的已有贡献？

• 他们如何看待你们的学校（如果你们不是一所学校的话，如何看待你们的组织）？他们是否意识到了你们为这个社区提供的资源？他们要从你们那里获得什么——他们是否正在获得他们想要的东西？他们为什么想要这些东西？

• 如果他们可以仔细看一看的话，他们如何看你们的学校或者组织？对于社区为孩子开展的行动，过去你们是如何应对的？你们形成了哪些合作关系？你们取得了哪些成果？从你们与其他人的沟通经历中，你们学习到了什么？

比如，你们可能在你们的学校里建立了一个家庭资源中心。现在，以你们清单中的某个社区联系的视角，再看一看这项工作。他们可能会以完全不同的标准，去判断这个中心的重要性。例如，家长们可以从这个中心借书吗？在这里是否可以获得社会服务机构的信息？对于各种不同家庭可能会需要的有关酗酒、性传播疾病，或者是其他敏感话题的信息，中心是否提供了获取途径？这个房间与学校的其他活动是否是分隔开的？中心是否对残疾人友好？中心在这个城镇所处的位置，是否靠近那些最需要它的人群？同时，这个中心是否让每个人都能使用，是否让所有人——无论贫富，都感到受欢迎？

第六步：展开接触

我们曾经看到过，有人把这个练习用作与社区成员会面的开场。以展示你们准备好的清单开始，并用这些内容展开探询："我们觉得，我们已经把你们的担心记录下来了，但是我们不认为我们做得够准确。对于我们说的这些内容，你们有哪些修改？我们把哪些关键人员排除在外了？"

《共同的火：在一个复杂的世界中过一种有承诺的生活》[①]

论及在社区中的生活，实际上我们只有三种选择：一是无所作为；二是由于参与的复杂性感到灰心丧气、悲观失望乃至放弃；三是做出我们的承诺，让社区变得更加美好。如果你像我一样，就有可能会在这三种选择之间踌躇徘徊——这取决于你的能力水平。而这也就是为什么我喜欢这本书。它通过在各种行业工作的一百多个人的经历，传递出个人愿景与共享愿景的力量——当许多人选择放弃的时候，这些人对自己社区的共同利益，保持着他们的承诺。这本书的作者是教育工作者和研究人员，他们写这本书的出发点是他们的共同担忧：随着这个世界变得越来越复杂，随着从前确定的情况变得越来越模糊，人们将会寻求舒适——他们试图去控制复杂性，而非投身其中。如果你对于在更深的层面探寻自己的承诺感兴趣的话——对共同利益的承诺

[①] (*commonfire: Leading Lives of Commitment in a Complex World*) 劳伦特·A. 帕克斯·达洛（Laurent A. Parks Daloz）、谢里尔·H. 基恩（Cheryl H. Keen）、莎伦·达洛·帕克斯（Sharon Daloz Parks）合著（Beacon Press出版，1996年）。

是如何形成的,当面对灰心和悲观时又该如何保持这样的承诺,这本书列出了几种关键模式。

——贾尼斯·达顿

2. "表达是走出压迫的第一步"
辛辛那提市的皮斯利邻里中心(Peaslee Neighborhood Center):
建立本地教育的草根能力

邦尼·诺伊迈尔(Bonnie Neumeier)

皮斯利邻里中心以前曾经是一所小学,现在它的外墙上画上了一片五颜六色的方块,描绘的是围墙里面的各种项目(其中包括学习辅导、音乐、儿童保育,以及妇女支持)。这面墙为市中心的"莱茵河上"地区提供了缤纷的色彩——这个地区就在俄亥俄州辛辛那提市的中央商业区的北面。

在这座城市里,"莱茵河上"是一个极富争议的地区。在这个街区,中产社区与无家可归的人两极并存,高档商业开发与为贫困居民服务的社区商业相互竞争。这里存在着一个代表企业和市政府利益的联盟,鼓吹的是基于市场的行动计划;这里也有一个贫民运动,抵制企业和市政府联盟,呼吁公平和平等。简而言之,这个社区所代表的,是许多美国城市中心街区的一个典型故事。

皮斯利中心是这个地区草根方面不可或缺的组成部分。自1984年成立起,这个中心就成为贫民权利的支持中心,涉及的领域包括社会服务、社区教育、为无家可归的人提供居所、房东和租户关系、宗教，以及低收入住房开发。这里详述的皮斯利中心的历史，显示出一个社区组织，特别是当它与孩子们联系到一起的时候，如何在这些年中变得更加活跃、更包容、更富创造力、更有影响力——自成立之日起，这个中心的口号就一直是"大梦想"。邦尼·诺伊迈尔是一位社区领导人，也是皮斯利中心的创始人之一。他所分享的故事，是一群妇女在试图避免这个地区的一所学校被关闭的时候，形成的强有力的愿景。这个故事让我们看到，领导人是如何在你最意想不到的地方出现的。①

1981年时，皮斯利学校还是我们在辛辛那提拥有的最好的学校之一。皮斯利的学生们学习成绩优秀，而他们考试所得的高分，在城市中心的学校中很难见到。教师们非常投入，对于孩子们面对社会问题也很敏感。他们与家长之间相互配合得也很好，尽最大能力提供支持——包括一个存放了大衣和外套的衣柜，以备孩子们不时之需。这家学校很近便，5~8岁孩子都可以走路上学。当学区委员会宣布关闭这所学校、让孩子转学的决定时，我们都很愤怒。

当时，这个地区已经在积极行动之中，为生存而拼搏。对于辛辛那提市的大多数地区和当地媒体来说，"莱茵河上"这个名字代表的是一种固有的歧视，其含义是美国城市中心区常见的贫困、无家可归和犯罪。但对于我们，这个名字是对于一个地区的认同：这里有着一个持续扩大的草根运动，人们自我激励、共同工作——为无家可归的人提供居所、创造工作机会、提供药物滥用咨询服务、建立食品与衣物银行，以及组织多方努力修复废弃的建筑，并把它们改造成低收入住房。我们在使用这个名字的时候，满怀自豪。我们不仅仅是彼此相邻

---

① 有关皮斯利和这个地区的其他社区的更多信息，请见www.peasleecenter.org。

的一些街道和建筑,我们是一个由贫困的阿巴拉契亚人和有色人种组成的真正的邻里社区;我们有支持网络,我们不会让人忽视我们的存在。而我们的孩子们则十分重要。①

有了过去组织各种草根行动的历史,我们自然就会做出尝试、挽救皮斯利学校。我们屡遭失败,但在任何一个草根运动中,付出的那些努力所产生的副产品,可能与这些运动的初始目标同样重要。这场斗争是由妇女们主导的,而在这个过程中,她们遇见了各种各样的新朋友、发现了不同的支持系统,也找到了成为社区领袖的力量。我们共同建立了一个梦想。紧紧抓住这个梦想,让我们走到今天。我希望,如果我们可以记住、分享这个梦想,这个社区中的人们——特别是那些年轻的女孩们,就能够发现她们自己的优势和承诺。

我们的梦想

当时,根据法院裁定,辛辛那提的许多公立学校要面对学校整合政策。这个地区的许多校舍也的确老旧而破败不堪;但是我们不理解,为什么学区委员会要关闭一家现代化、种族融合,又在学习方面获得高度好评的学校。他们告诉我们说,这个学校"招生不足"。我们觉得,是他们制造了这个问题——他们并没有落实执行确定孩子上学地点的既定政策;他们取消了特殊项目,并把参与这些项目的孩子转移到其他学校里去了。现在,他们反倒要我们为他们的决策承担责任。

---

① 为什么这个地区会叫作"莱茵河上"呢?最初是在19世纪中期,移民到正在扩张的辛辛那提市中来工作的德国人定居于此,这个地区地处市中心北面,对面是俄亥俄-伊利运河系统中的一条运河。这个地点及其强烈的德国特征,为它赢得了"莱茵河上"这个名字。大萧条期间,阿巴拉契亚人为了找工作迁移到这里,"二战"之后非洲裔美国人加入了进来。

——邦尼·诺伊迈尔

许多家长在他们还是孩子的时候，也是到皮斯利学校来念书的。至少他们曾经到过这个叫作皮斯利的机构。1974年，学区委员会拆掉了有着百年历史、曾经是皮斯利学校的老校舍，并且保证会建设一所新校舍。现在的学校原本只是配楼。当我们要求与学区委员会见面，请他们听取我们关注的问题时，学校老楼的位置上依然是一块空地。我们的担忧之一是这样一个现实：孩子们将会被转到另一家临近的学校——这个学校的考试成绩在学区中排名最靠后，而要去这个学校上学，这些年幼的孩子要多走许多路，还要横跨一条交通繁忙的四车道马路。我们学校的运行如此优秀，教育工作者和家长们有这样好的关系，我们很不理解，为什么这些人要把它关掉。学区委员会的成员们似乎对此有所了解——因为在那次会议上，他们说会让这所学校继续开办下去。我们以为我们赢了。

这是1981年12月。到了1982年3月，委员会的成员们违背了他们的诺言，在我们事先一无所知的情况下，他们投票决定关闭这所学校。我们十分沮丧。我们已经失去了6家临近的学校，没有一家有重建计划。一天，两位孩子的母亲，凯瑟琳·普鲁登丝（Kathleen Prudence）和艾弗林·利里（Everlene Leary），到学校接孩子放学的时候，在操场上聊起这件事，她们说："不能让他们就这么做了，而我们不提出任何反对意见。"我们三个人一起开了一次会，我们说："我们可以做点儿什么呢？"皮斯利妇女运动就这样诞生了。

我们开始参加学区委员会的每一次会议，要求委员会重新考虑。我们派发传单、贴标语、挂旗帜，因为有许多人连电话也没有。到市中心开会，我们没有乘坐公交车，而是游行走过去。在这个过程中，我们也逐渐变得更聪明了。我们想要了解，为什么要在这个时候，关闭这所学校。我们搜集了过去10年关闭学校的记录，用彩色图钉在这个城市的地图上标示出来。很显然，大多数被关闭的学校都处在贫困区，都是类似我们这样的阿巴拉契亚人和非洲裔美国人地区。我们很不喜欢我们看到的这个局面。

我们也了解到，这不仅是出于教育的原因，而且也是对于土地的争夺。我们的学校东面和南面的地区，正在变为高档社区。那些由于业主不在而荒废破败多年的房子，正在进行整修，准备卖给中上层住户。我们这里的许多家庭，都住在这样的房子里，关闭这些学校——无论是否有意，都会有助于把这些人逐出这个地区。在这种局面之下，为了皮斯利学校所展开的斗争，是更加重大的社区自我认知斗争的一部分，也是为了低收入人群的自主权这个基本人权所进行的斗争的一部分。

加入这场运动中的人数逐渐增多。每一次学区委员会会议上，都会安排一个叫作"倾听公众之声"的时间段。每次会上，我们都会带来新的发言人。委员会成员允许我们发泄自己的怒气，但是，他们并不觉得需要做出回应——甚至于连倾听也不需要。我们试图以歧视贫民、歧视非洲裔美国人与阿巴拉契亚文化的名义，获得一个临时禁止令，让学校可以继续开门。

三位非洲裔美国人母亲和三位阿巴拉契亚母亲，向法院提出了诉讼。在调查听证时，法院说根本不存在歧视阿巴拉契亚贫民这回事。如果我们想要状告委员会成员存在种族歧视，就要与已经在俄亥俄州代顿市提起的一项诉讼合并。我们付不起不服判决所需要的诉讼费，只能撤诉。而到了这个时候，学校已经关闭，孩子们也纷纷转到其他学校去了。

我们输掉了这场战斗，但我们并没有真的失败。我们带着一种新的决心和对于妇女声音的力量的一种新认识，重新振作了起来。这些妇女中有些人以前从未参与过我们的运动。我们对于自己居然可以组织一个规模如此大的草根运动，又惊又喜。我们继续见面，继续相互支持，拒绝放弃对一个社区教育资源的重要性所抱的希望。早些时候，我曾经参与过一个项目，筹资购买过一家慈善活动中心——这是一个为无家可归的人提供住所的房子；之后还参与了为这所房子扩建筹资——目的是为了不断增加的妇女和孩子提供住所。于是我说："嘿，也许我们可以再来一次吧。"

我们开始打电话给支持我们妇女运动的那些朋友们和其他人，为的是筹集一些热心捐款，把学校校舍买下来。我们请人评估了这座校舍的估值。我们到学区委员会会议上，出价15 000美元作为评估价125 000美元的首付款，并且请求他们给我们一年的时间筹集余下的部分。他们说，不行。这个时候，这个本地学区委员会以1美元的价格，把校舍送给开发商和其他机构的情况，已经广为人知了——在我们开价之前和开价之后，他们都是这样做的，但就是不给低收入的妇女们。我们没有放弃，我们用6个月的时间游说这个委员会，最后他们终于同意把这个建筑卖给我们。但他们更改了标的，新售价是240 000美元。

筹资240 000美元，这可是件大事。我觉得他们没想过，我们真的会去筹资。然而，他们低估了大家的决心和能量——他们都强烈地感到，皮斯利是一个有着一百多年历史的教育资源，应该保留在这个社区的手里。于是，我们开始筹资，一次5美元、10美元。我们以10美元一块的价格，销售"皮斯利的砖"。我们在社区节日期间卖气球。辛辛那提妇女缪斯协会举办了一次义演音乐会。我们也在自问，以这样的速度，是否真能筹到这笔钱，而在那个时候，我们还没有获得大笔赞助的信誉。

我们的愿景让我们的努力继续下去，这一次又是一位女性起了重大作用。我们把情况向大辛辛那提基金会做了介绍，有一位基金会的女员工帮助我们获得了 25 000 美元的赞助——她似乎是因为自己也是女性才与我们联系的。这次赞助的信誉又帮助我们获得了更多赞助，包括从市政府那里获得了一笔社区开发固定拨款。但这时已经接近年底，我们还差 40 000 美元。我们恳求委员会降低他们的售价。最终，他们同意以 200 000 美元的价格出售这座建筑，但他们要我们支付 9 000 美元，作为他们承担的"维修费"，而这段时间里房子里其实空空如也。由于我们自己还没有成立公司，一家社区发展公司以托管的方式，代替皮斯利妇女组织转让契约。邻居们和志愿者们开始对这座建筑进行清扫、刷油漆、修理和装修。皮斯利又获得了生命。

轮毂

我们走过了很长的一段路，但是那些更大的斗争还在前面等着我们。在筹资的那一年，我们组织了一个开发委员会，负责开展社区调查，并且召开会议确定这个地区究竟需要什么。首先开发出来的是"家庭作业室"（Homework Room），这后来成为我们历时最久的项目。通过与学校合作，这里提供不同的课程辅导，有基础阅读、写作和数学技能，以及其他课后辅助。我们还提供妇女教育项目、儿童艺术与音乐项目，以及供社区召开会议使用的空间。

为了帮助支付运营费用，保证我们不致关门，我们需要将一部分空间租给其他项目使用，比如，日托服务，这也符合我们的愿景。这些年来，各种不同的组织都租用过这所建筑的空间。具有讽刺意味的是，20 世纪 90 年代初期，辛辛那提公立学校委员会也是我们的租客。他们租用的空间用来开办了一家日托中心，为正在完成学业教育的年轻母亲照看孩子。

但就在我们有声有色地运营到第四年的时候，突然发生了几个出人意料的事件，威胁到皮斯利的生存。由于自身内部原因，我们最大的租户撤租了。更糟糕的是，帮助我们托管房契的那家开发公司，在没有告知我们的情况下，就开始招标出售这座建筑。潜在买家们开始陆续跑进来看办公用房，我们最后只好在我们自己的房子周围游行、抗议，高喊："皮斯利不出售。"

我们无法说服这家开发公司不拆我们的台、停止出售这个建筑。于是，皮斯利妇女项目成立了一家公司——皮斯利街区中心公司，然后去申请法院调解。调解员判决我们胜诉——皮斯利是我们的了：不付分文、干干净净。

我们必须要学会制定和管理预算、开发与管理项目，撰写资助申请，以及协调安排在这里工作的许多志愿者。由于有各种不同的项目，我们每年的预算都在增加，但是我认为，我们把钱花在了该花的地方。当你处在捉襟见肘的情况下，你就学会了如何应对。当然，这相当困难。我们主要依靠来自私人基金会的小额赞助和捐款，然而人们似乎更愿意把钱捐给与无家可归的人相关的问题，而不是资助教育。为孩子们筹资，不应该这样困难。我们运营管理的信念是，如果我们把注意力集中到孩子们的早期教育上，就可以防止其他问题的产生和扩大。

虽然我们一直在扩张、变化，但我们始终保持着参与的特征，保持着以社区为本的特征。2000年之后的几年，我们扩建了这个场所，增添了日托设施。失去福利又要工作的妇女，急需找到安全、合适的地方，照看自己的孩子。她们需要上课前与下课后的服务，也需要婴儿照看和学前服务。照顾这类孩子们的空间，在全国各地都处于短缺状态。这个中心一直在为无家可归的孩子们提供一席之地，这样孩子的母亲就可以去找工作、找住处，也可以得到支持，让自己的生活走上正轨。拯救皮斯利，并且把它买回来作为一个社区教育资源的梦想，与这个地区的人们的一个更大愿景是联系在一起的。"莱茵河上人民运动"致力捍卫的是一项基本人权——低收入人群的自决权。

我喜欢把这场运动想成一个轮毂，而我们的一个个草根运动就是一根根轮辐，它所代表是一种权利：夜晚头上有个屋顶，可以得到各种服务，并且可以负担自己的住房费用。皮斯利是致力于文化和教育的一根轮辐。皮斯利中心的所有项目，为孩子们提供了学习机会，为妇女们提供了支持；它将帮助我们建设一个更强大、更健康的社区，因为这个社区的力量依靠的是每个人的个体成长；而这只有在强大的社区支持的条件下才会发生。

我们有一句口号："表达是走出压迫的第一步。"如果你能够表达出你的愤怒何在、你的沮丧何在，无论它是一种毒瘾，是一个有虐待倾向的伴侣，还是被人逐出居所，你最终都会因为说了足够多的话之后，而有了转向行动的能力。如果你可以在自己的个人生活中做到这一点，你也就可以在集体行动中对抗不公正。皮斯利尝试着促进表达，帮助人们以任何一种手段——写作、诗歌、艺术，或者音乐，发出他们自己的声音。

从一开始，妇女支持团体就定期会面，为自己提供了一种团结与力量的感受。这时候，我们就问自己："为何我们一直在做的，就是个人发展和妇女的自我激励，为什么开始我们不成立一个女孩们的小组，帮助她们发现自己声音的力量呢？"这个小组今天还在继续会面，这是一个空间，大家可以聊聊在城市中心做一个女孩的压力。我们会谈到自我尊严，会谈到如何对毒品和性说"不"。我们会写故事，写诗，我们也会谈她们如何重要。就像那些创立了皮斯利社区中心的妇女一样，这些女孩相互依赖。进步的速度是缓慢的，需要很长时间才能建立自尊。这可不是一朝一夕的事情。

3. 在谈话中恢复公民意识

彼得·布洛克（Peter Block）

如果你们的学区或城市当局，对于讨论社区议题、探讨产生变革，不感兴趣，或者无法提供资金支持，怎么办呢？假如他们也进行交流，但只是同样的一小批人每每受到邀请，或者只是这样一批人的意见得到倾听，又该怎么办呢？在这种情况下，你们就需要进行一些截然不同的谈话，在这样的谈话中，领导者不一定是那些处于权威地位的人。彼得·布洛克是一位作家、咨询师和俄亥俄州辛辛那提市的公民。在20世纪八九十年代初期，他作为一位活跃的组织发展顾问，写了好几部颇有影响的有关学习的畅销商业著作。而后，他逐渐转到公众和志愿者领域，在这些领域中，他提出那些重要的主题，比如，自我激励、呵护、选择担当以及社区和解，获得了更大的反响。他的目标是把变革带给这个世界——通过共识和联系，而非命令与强权。

在我的第一个20年的职业生涯中，我只跟随钱的脚步——就像银行大盗威利·萨顿那样。我在私人机构中工作，因为在那些地方比较容易维持生计。

然而，我在1995年得到了一个机会，与一批城市管理人员共事，我一下子就喜欢上了这个工作。管理市政设施和街道的工作繁杂，社区和市民参与的责任更重大，在这两者之间他们如何平衡；当社区中的所有创伤一股脑地都堆到他们桌上的时候，他们怎样应对，这一切都让我十分着迷。我接受了邀请，去他们城市里做各种会议的推进师。

我觉得自己花了一生时间才弄清楚，在私人商业环境应用过的基本方法，对于那些局面应该会有些用处。

20世纪90年代初期，我在"天鹅绒革命"[①]之后，也为菲律宾政府工作过。与我共同工作过的那些人，冒着生命危险去推翻马科斯，最终变成了管理政府的人。那些新内阁成员的能量和承诺，都令人惊叹。在我做推进师的那些会议上，他们在我分派完工作之前，就已经投入这些工作中去了。这些人代表的是某种比他们自己更大的东西，他们寻求的是把民主带给自己的国家，把经济繁荣带给贫困的人民。和一群真正在乎某种东西的人一起工作的感觉，我在这里体会到了。这与在私人机构中工作的感觉形成了鲜明的对照——在那种环境下，人们所做的承诺只是一个人的职业生涯，只是一个机构的经济繁荣。[②]

在社区工作中，我开始理解以命令方式经营与以选择方式经营之间的区别。我开始寻找那些人们从心底里在乎的工作机会。这样的地方有如学校、消防局，以及社区维权组织。对于市民参与的理念和意义，这些组织愿意去探索。社区工作有强大得多的价值驱动力量，大家到这里来是因为他们在乎，我喜欢这样，现在仍然如此。

[①] 天鹅绒革命是和平过渡的革命，指捷克斯洛伐克于1989年底发生的政权变更，即由共产主义制度和平地转为新兴的所谓民主制度。——编者注

[②] 彼得·布洛克有关社区的著作《归属的结构》(*The Structure of Belonging*, Berrett–Koehler出版，2008年)的主要关注点，是社区如何从碎片化中产生出来。另请参见约翰·麦克奈特 (John McKnight) 与彼得·布洛克合著的《丰裕的社区：唤醒家庭与邻里的力量》(*The Abundant Community: Awakening the Power of Families and Neighborhoods*, Berrett–Koehler出版，2010年)。布洛克早期的商业著作包括：《完美咨询》(*Flawless Consulting*, 第三版, Jossey–Bass出版，2010年)，《自我激励的管理者》(*The Empowered Manager*, Jossey–Bass出版，1987年)，以及《呵护：选择服务而非私利》(*Stewardship: Choosing Service Over Self–Interest*, Berrett–Koehler出版，1993年)。

他的出版物和工作网页是www.designedlearning.com。另外彼得·布洛克与约翰·麦克奈特还有一个有关社区恢复的共同网页www.abundantcommunity.com。

在这之后，我就搬到了辛辛那提。我渐渐明白，我的生活应该远离我一直在谈来谈去的所有那些东西。当我住在其他社区里的时候，我总是一个客人。我应该成为一个公民。我自愿加入，宣称自己可以为人所用，也找到了一个新的工作方向——与其他一些公民一起开展谈话，寻求在他们的社区里创造积极变革。

公众讨论与学校

并非任何一个公共部门的探讨都具备创造一个全然不同的未来的力量。比如，解决问题的探讨就不会产生真正的变革，这类探讨只会让局面变得稍好一点儿。真正的变革来自思考社区的方式上的转变，来自社区存在方式上的转变。它来自一种面向创造可能未来的新语言。转型变革要关注的是人们的天赋与才能，而非人们的缺陷；转型变革把选择放到人们的手中，而非等待他人转型。一次健康的公众讨论为其他行动拉开了序幕。重新创建公众讨论的本原状态，将会改变社区的方向。

健康的公众讨论涵盖规模大大小小的探讨，其中也包括和自己探讨，以及在媒体上的探讨。与流行观念恰恰相反，媒体并没有创造，也没有控制公众辩论。媒体只是反映了人们已经选择的讨论。这类讨论依靠的是过度报道恐惧、夸张对立观点，以及用报纸头条渲染报复，是在利用社区的创伤谋取利益。公民们缄默无语，也创造了让媒体从人们的创伤中获利的空间。

一个小组

近年来，我一直在与我自己社区中的一些公民共同工作，推动不同的小团队和各种团体之间的谈话，为的是打破消极被动的现状、改变公众讨论的状态。我们把自己的组织命名为"一个小组"。我们工作的重点是采用直截了当的方法,把那些相互之间没有关系的团体聚集到一起来。这与把想法趋同的人聚在一起的做法完全不同——那种做法不会带来变化。[①]

大多数传统公众讨论的另一个缺陷,是人们总想要说说那些"不在房间里"的人。许多人认为,变革必须从别人那里来,仿佛改变他人就会实现他们自己的目标。这样做不会产生力量,只会将力量消耗殆尽。

我们还认为,健康的民主社区,是随着公民的高度参与成长起来的,重点关注的是各个社区及其公民的天赋和优势。通过引发以共同责任、共同担当为基础的健康的公众探讨,我们力图创造出成就另一种未来的可能。当所有努力的目的都是改变学校时,就很容易忽视一个事实:教育我们的孩子是一个社区的职责。在学校以外展开的教育活动,一点儿也不比学校里面少。如果一个社区不能表现出自己的意愿,以自己的力量、在自己的社区之内,为它的孩子们投资,为他们出场、参与,给予他们关爱,未来又能为这些社区带来什么呢?公立学校本身就是一块试金石,测试社区的力量和承诺,也测试社区关照自己的能力。

在学校这个世界里,有关学校改革的主流公众讨论的源头是一系列观念,以为报酬、激励、竞争、立法、新标准以及措辞强硬的说法,可以强化问责,进而提高学生成绩。以我在私人领域中多年工作的经

[①] 有关"一个小组"以及这个团队通过各种谈话调解与重建社区的工作,可参见www.asmallgroup.net。这个网站里,也包括了一个针对辛辛那提市的重建与和解的社交网络。这个小组认为罗伯特·帕特南(Robert Putnam)和约翰·麦克奈特的工作对他们产生了很大的影响。有关他们的工作,可参见以下网站:www.bowlingalone.com 和www.adcdinstitute.org。

验，我坚信这些观念实际上只是些神话，并不会带来什么变革。[①]

比如，当企业正在尽快摆脱竞争的时候，为什么反而还要鼓吹竞争？商业领域中的竞争正在消失，已经没有多少选择了。埃克森公司与美孚公司合并，是因为这两家公司的领导人都觉得自己还不够大。我看到埃克森公司总裁里·雷蒙德（Lee Raymond）对此解释说，他们不得不通过合并实现规模经营。如果你已经是全球最大的公司之一，而你依然不觉得自己的公司足够大，那么规模就不是真正的问题。其中另有原因，这个原因就是"帝国"情结。

在学校里，对于成绩表现不佳的问题需要更多的关注，在期望和成绩方面要有更高的透明度，对于这些要求其实并无争议。建立竞争的目的是要把"优胜者"和"失败者"区别开来。然而，为什么一个社区要把任何一个孩子归类为"失败者"，为什么要建立一种架构，在制造"优胜者"的同时，制造更多的"失败者"，这让人十分难以理解。

绩效薪酬在商业机构中从未奏效，为什么却要在学校里推行？没有证据表明，任何一个人的绩效会随着可变工资而提升？事实上，已有的证据表明恰恰相反。为什么我们对自己的教师失去了信任。毋庸置疑，的确存在着糟糕的教师和糟糕的学校管理人员，但是在商业机构和其他组织中，也有糟糕的员工和糟糕的总裁。

如果你们像我一样相信，公共教育是机会、民主和公平教育的基石，那么"竞争更多才好"的观念不仅于事无补，它还是所有公共事务的侵害。

[①] 有关重建社区与彼得·布洛克和约翰·麦克奈特的共同努力的更多信心，可参见 www.adundantcommunity.com。

重建社区责任

大多数以公众问题（不仅是学校）为题的主流公众讨论，都要求实行严格的问责制，但是这种讨论本身恰恰缺乏它所要求的特征。问责制是愿意承认，你自己已经投身于创造你希望看到变化的环境条件的过程之中——无论是出于受托还是失职。承担责任意味着你做出的选择是关照整个社区的福祉，而并非只关心社区中你自己的那部分。承诺则意味着要愿意代表公众利益做出保证，不期待获得回报，这样的保证也不以其他人的行动为条件。

当邀请代替了命令、政策和协调，当可能性代替了解决问题，当拥有感和原因代替了解释与否认，当异议和拒绝代替了顺从与空话，当天赋和才能代替了缺陷、健康、强大，促成变革的探讨就会发生。

领导人的角色也发生了转变，公民们成为领导，处在一个正式的领导地位，不再是必需的了。目前的主流传统假设是，领导的任务是确定一个愿景、让其他人参与这个愿景，然后通过衡量和奖励，让大家承担责任。但是，在一个健康的公众讨论中，领导的任务是把大家召集起来，并且创造参与的机会。领导者提出讨论题目、发出邀请，然后为前来参与讨论的人们提供空间。领导者拒绝空话，坚持要求大家做出真正的承诺，他们要求大家说"不"，或者说"过"，而非不做承诺，只是说说而已。领导者帮助大家看到种种怀疑与不同意见，自己对每一个问题也并非都有答案。领导力与公民权的首要任务之一，是把那些处于边缘、为人忽视的天赋才能，带入大家关注的中心。

在公众领域推进各种探讨，要比在私人领域复杂十倍。公众领域中的最大障碍，并不是缺乏领导力、资金、专业技能，或者缺乏好项目，这些东西都相当充裕。社区受到的伤害，来自深深地处于底层的碎片状态，来自社会组织的缺乏。此外，大多数人做志愿者，都只是兼职，每当你召集一个会议的时候，无论你的主张有多么好，还是不知道究竟谁会到场。

当下占据主流地位的公众讨论，没有让我们走到一起，而是把我们拆分、隔离开来。这样的讨论不可能修复社区，因为它培育的是个人权利与个人自由，而不是责任与承诺。通过这类主流公众讨论去解决碎片状态的种种做法，只会产生出更多碎片。这样的讨论使得社区自己阻碍自己——它们越是想试着向前走，这种阻碍力量就越大。建立社区的真正努力，在于持续地创造健康的公众讨论，这种讨论将社会网络构建起来，将与其利益相关的所有人编织到一起。这样的工作进展缓慢，也模糊不清，很难马上产生结果。但这正是会带来重大变化的工作。

不同以往的六个谈话

彼得·布洛克

目的

如果你想要在自己的社区中创造变革，就去开启一次谈话。如果你想要改变谈话的状态，就去改变提出的问题。这六个谈话为解决问题和个人担当建立起一种环境。

有影响力的问题都会触发焦虑。所有那些让我们在乎的事情，都会让我们感到惴惴不安。逃避焦虑的愿望，会偷偷带走我们的勃勃生机。如果问题不够尖锐，就不会有力量。

让好奇替代建议。尝试着去启发，而给人建议是控制他人的做法，建议会阻滞探讨。创造一种环境——当人们谈话的时候，它更有可能给大家带来意外的收获。

以下是我与大家一起使用的那些具体谈话,从中寻求在他们的社区中有更多的参与。我们所有人都希望采取行动,创造一个我们相信的未来。大家提出问题的状态非常重要,它或许可让现有的系统保持现状,也可以把另一个不同的未来,带进这个房间。许多以传统角度提出的问题,对于创造一个不同的未来不会起什么作用。

有影响力的问题都是模糊不清的问题。不要尝试清晰定义这类问题的含义。模糊状态本身可以让每一个人把他们自己的、个人化的含义带到这个房间里。

有影响力的问题都是指向个人的问题。所有激情、承诺和联系,是从每个人最个人化的部分中生长出来的。要为这种个人化创造空间。

探讨一:邀请

变革是通过选择产生的。一次邀请提供了选择参与的可能。它也预先告诉人们,如果他们真的来了,就会对他们提出某些要求——他们要去探索的,是深化自己的学习和承诺的各种方法。

当人们来到这个聚会的时候,再说一说那个邀请,然后把它联系到以下这些问题上:

- 是什么让你接受了这个邀请?
- 如何才能让你在这间屋子里全心全意地体会当下?
- 为了让你来到这里,其他人做出了哪些付出(钱、时间、注意力等等)?

探讨二:可能

这个探讨的框架是一个选择——选择进入未来的一种新的可能,

这区别于从不同利益和解决过去的问题出发而进行的谈判。

用于进行个人反思的几个问题：

- 在你的生活或工作的目前这个阶段，或者是让我们得以聚会的这个项目的目前阶段，你正处在一个什么样的十字路口？
- 你能对未来的可能性做出什么样的陈述，才会具有改变社区、激发自己的力量？

用于集体讨论可能性的几个问题：

- 你们大家希望一起创造什么，才会有所不同？
- 有什么是你们可以共同创造，但你自己不能单独创造的？

探讨三：拥有

这个探讨基于这样的一种态度：我们是我们世界的创造者，也是这个世界的产物。探问我们自己：我们对于现状的形成起了什么作用？

- 你打算让这次经历（或者是项目、以及社区）产生多大价值？
- 你愿意冒多大的风险？
- 你打算参与到何种程度？
- 对于整体的利益，你做出了多大程度的投入？
- 对于你正在抱怨或者希望改变的那件事，你过去的所作所为产生过哪些影响？

探讨四：异议

这个探讨始于给大家提供说"不"的空间。如果我们无法说"不"，那么我们说的"是"就没有意义。每个人都需要这个机会，表达自己的怀疑和保留意见——在这个过程中既不需要证明自己,也不需要马上去解决问题。说"不",是探讨承诺的开始。

- 你有哪些怀疑和保留意见?
- 有哪些你一直搁置不做的事情,你想说"不",或者是想拒绝?
- 有哪些事你说过"是",但你的实际想法并非如此?
- 有没有一个你做过的承诺或者决定,但现在你的想法改变了?
- 对于哪些事情,你不愿意宽恕?
- 你心中有哪些别人都不知道的怨恨?

探讨五:承诺

全心全意地向同伴承诺,自己要为整体的成功做出贡献。这是对于一个更大的目标做出的承诺,而不是为了个人回报。要实现你们心中的未来,或许只需要为数不多的几个人的承诺。

- 你希望做出什么承诺?
- 有哪项衡量标志,对你来说有意义?
- 为了整体的成功,你愿意付出什么代价?
- 要让你保持自己的承诺,其他人要付出什么代价?
- 如果你没有遵守你自己的承诺,你要付出什么代价?

探讨六:才能

每一个练习,都以这个谈话作为结束。

人们不怎么谈论才能。大家常常只是执着于缺陷。与其关注弱点——弱点大多都会消失,不如把注意力放到你们所有人带来的才能上、放到如何利用这些才能上,你们会获得更大的杠杆作用。

对于这个谈话进行的方式,要特别关注。大家围坐成一圈。每一个人依次听到其他人表达对自己的欣赏。接受这些表达的人只需要简单地说："谢谢，我很愿意听到这个评价。"不需要对这些欣赏进行任何反思。要禁止讨论弱点和缺点——即便有人需要这种反馈，否则你将面临降低这次谈话的效果的风险。

- 在这个房间里，你从哪一个人那里，获得了什么才能？向这个人做具体描述。
- 你有哪一项才能，一直没有得到运用？
- 你具有哪些目前还不被人了解的才能？
- 有哪些你心存感激的事，你从未说过？

《走出去、向前走：走进不同社区的一次旅程：敢于在今天生活在未来》[①]

《走出去、向前走》这本书的两位作者，是贝尔卡纳研究院（Berkana）的联席总裁。书中描述的是七项创新的社区建设行动：墨西哥高地上一个村庄里的一所自我组织的大学，那里的学生们制造小型技术设备，比如，自行车动力水泵，并由此形成了本地的激励力量；

[①] （*Walk Out Walk on: A Leading Journey Into Communities Daring to Live the Future Now*）玛格丽特·惠特利，德博拉·弗里茨（Deborah Frieze）合著（Berrett-Koehler出版，2011年）。

另见阿特·克莱纳所著《思想领导者访谈：梅格·惠特利》（*The Thought Leader Interview: Meg Wheatley*, strategy+bussiness, 2011年冬），参见www.strategy-business.com/article/11406?gk=15f1d，以及新斯科舍的阿里亚研究所（the Alia Institute of Nova Scotia），惠特利与弗里茨在这里与她们写到的几位社区领导一起，教授了《走出去、向前走》中的概念，见www.aliainstitute.org。

一家巴西的研究机构设立了"30天游戏"，参与者们走到一起，改变那些处于衰败之中的社区里的生存状态；一个津巴布韦村庄在由政治斗争造成的饥荒中，致力于农业自给。在俄亥俄州的哥伦布市，人们组成一个非同寻常的网络，变革医疗保健、教育与社会服务机构，以及在南非、印度和希腊出现的这一类开创性行动。这些行动的组织者们走出了束缚或限制自己的思想方式，惠特利和弗里茨所展示的，是任何一个人都可以这样做——这在某些情形之下，可能意味着要调换工作，但无一例外地都意味着在一个人所处的当下环境中转变视角。

——阿特·克莱纳

4. 在全国范围内共享一个愿景
新加坡的"重思考的学校、爱学习的国民"运动

陈荣顺（Tan Soon Yong）

许多人觉得，向一个社区提出一个共享愿景实在过于鲁莽。那么可以从这个角度，看看这个共享愿景的故事：23 000位教育工作者投入一项运动之中，促成了这个全国性教育系统的演变。五项学习修炼对这个过程产生了相当大的影响，部分是由于丹尼尔·金（Daniel Kim）和黛安娜·科里（Diane Cory）的参与，他们两位都是卓有声望的组织研究专家和实践者，是他们让我们注意到了这个故事。

新加坡是一个不大的国家，以其独特的历史（一个在1965年独立的英国殖民地，而后在富于远见但并非以民主治国的前总理李光耀领

导的政府管理之下，成为一个现代化国家）、金融与航运中心的财富，及其对教育的关注——高度重视考试和死记硬背的练习，而广为人知。在本文中讲述的"重思考的学校、爱学习的国民"（Thinking Schools, Leaning Nation, TSLN）运动之前，从这里的学校毕业的学生，被认为在科学与数学方面技能很强，但在创造性和批判思维能力方面低于他们应该达到的水准。当本书的第一版在2000年出版的时候，这个运动还处于在初始阶段；到了2005年，种种变化的迹象已经显而易见了——学校里的孩子正在承担部分管理工作；大学低年级的学生，正在处理一些重大系统问题（比如，针对这个国家生育率持续降低所产生的人口学影响做出规划）；青年企业家正在制造和销售他们自己的产品（包括一种有益健康的巧克力），或者正在管理自己的企业。

这篇文章写于这个运动的早期阶段，其应用范围超越了新加坡本身。它表明以"知行学校"为目的的大规模努力是可以存在下去的。请思考一下这篇文章中提出的种种问题。如果类似的运动在美国伊利诺伊和得克萨斯、意大利、印度或者巴西启动，会怎么样呢？它可能会进行到什么程度呢？它是否会只是一些宣传方面的动作呢？它是否会像新加坡那样，一波接一波渐次展开，形成覆盖全国、深入学校之中的会谈呢？如果实施执行的品质相当重要，那么与只是推行法令条文、政策、就学券或者标准考试相比，这样一类运动是否会给公立学校带来更深层的长期影响呢？

任何一个国家的教育系统只有好的学校才能让它更好。从1997年开始，新加坡的所有学校，一直朝着一个由它们共同孕育的共享愿景的方向前行。这个凝练为"重思考的学校、爱学习的国民"的愿景的设想是，新加坡每一所学校都成为"重思考的学校"：一个充满批判性、创造性的思维和积极活跃、自我主导的学习的熔炉，在这里师生们持续挑战各种假设、提出各种各样的高质量的问题、不断从过去的错误（自己的和他人的）中学习，并在全球范围考察优秀实践，在本地环境中调整应用。在我们看来，"重思考的学校"为一个有着"爱学习的国民"的国家构筑了基础——这里的人民致力于终身学习，并在一个知识型社会和经济中，获得发展。[①]

TSLN运动是在一次针对教育的战略回顾中展露雏形的，出自大家对未来的高度关注。我们在当时看到的挑战，并非仅仅要面向未来，帮助我们的孩子跟上未来的步伐；而是要教育、培养他们，使他们得以持续不断地准备迎接未来。我们一开始便召集了一个由一些教育工作者和政策制定者组成的委员会（称为"TSLN委员会"），并应用情境规划的方法，识别出与新加坡相关、将会影响我们的教育需求的种种驱动力量、正在出现的趋势，以及关键不确定因素。比如，未来知识的特征显然是快速变化，知识面会更宽，全球各地通过电子渠道都可以获得，并且更加依赖于各种"全球性"语言，尤其是英语。后来，这个想法促使我们将原有课程内容删减了10%~30%，腾出时间来培养高阶思维技能。

接下来展开的是对最终目标的勾画、描述。大约300位教师和政府官员聚集到一起参与一个主题项目，探讨正在出现的社会与全球趋势，探讨大家所期望的未来新加坡教育的各种成果。通过一次次讨论，

[①] 佘蒋妮（Seah Chiang Nee）所著《新加坡变革中的学校：加速生产重思考的劳动人群》(*Singapore's Changing Schools: Stepping Up Gear to Produce a Thinking Workforce*, Sunday Star, 2005年9月25日，在Little Speck博客上转发：www.littlespeck.com/content/education/CTrendsEdu–050926.htm）中列出了这些成果。另可参见比尔·杰克逊（Bill Jackson）的系列博客《新加坡的创造运动》(*The Creativity Initiative in Singapore*, The Daily Riff博客www.thedailyriff.com/articles/thinking–schoolslearning–nation–singapores–educatininitiative–409.php）。

人们的普遍共识浮现出来。这是一个奇妙的悖论：培养我们的年轻人去为一个无法预测、变化迅速的未来做好准备的秘密，竟然是回归到教育的根本出发点，对我们年轻人在道德、认知、身体、社会和美学等各个领域进行全面开发。

各种各样的讨论和头脑风暴，产生了许多想法；这些想法最终归结为 8 个可以掌控的理想结果；它们既是教育的各个主要阶段目标（小学、中学以及大学预科教育），也是正式教育的最终目标。而后，我们把这个目标清单发给了所有学校中的每一位教师和校长，请他们提出意见和建议。在这个过程中，教育部的领导人员所扮演的角色，是放弃传统的领导姿态，并且承认好想法可以从任何一个人、从任何一个地方产生。我们的工作是凝聚一个愿景，它要表达出我们听到的人们的期望，其形式要适于传播。最初，要想做出这样的表达相当困难，但是随着时间的推移，它逐渐开始凝聚成型——并非像拼图游戏中那样，一块一块地拼到了一起；而更像是各种模模糊糊的不同图像渐渐融合起来，形成一幅幅简单明了、细节清晰的图画。

新加坡总理吴作栋在 1997 年举办的第七届国际思维大会上，第一次介绍了"重思考的学校、爱学习的国民"这个理念。自那时起至今，我们的教育系统中的所有利益相关者对 TSLN 持续地进行推敲和重塑。任何一个愿景，如果要想让它在明天有机会实现的话，就必须是一个所有参与其中的人们的愿景。

梯次展开实施

为了实现我们期望达到的目标，TSLN 委员会接下来就把注意力转向了调整学校的定位，以及整个教育系统的定位。当时，我们马上就要应对的挑战是识别出运行中存在的各种问题。在第一轮讨论中，一个由实践者组成的评估小组获得授权,到各个学校里广泛收集人们的反馈意见。大约300名教师和官员组织成了30个项目团队,负责找出阻碍实现我们期望的目标的种种政策和习惯做法。这些项目团队有充分自由提出议题,甚至可以提出解决方案。

这些项目团队提交的报告清楚地显示,新加坡正处在一次重大教育模式转变的起点。解决其中存在的许多问题的方法,在于自觉地将教育从效率驱动转向能力驱动,从以学校为中心转向以学生为中心。但这又意味着什么呢?对这个起初并不成熟,也不完整的概念,人们又进行了许多探讨。

我们在启动第二轮讨论时,明确了一个策略要求,我们称之为:"能力驱动的教育"。这包括了两个部分。首先,我们要满足个人学习的需求。不同学生的才能,在范围和水平上都有差异,但是每一个人都应该以自己的才能和能力组合,获得优异的表现。表现优异并非意味着在竞争性排名中领先,而是意味着一个人能做到自己的最好。其次,我们则要在年轻人身上培育国家价值观和社会意识,这会帮助他们形成对国家的承诺,并引导他们将自己的才能积极贡献于社会利益。

在第三轮讨论中,我们把这些内容广泛的政策建议,转化为教育部领导人层面的具体项目和实践,并把它们整合到各个不同部门的流程和计划之中。我们为教育部制订了一个协同计划书,并将其作为一个文件面向所有学校发布,以便在学校层面也可以采取同样的行动。我们建立了监督流程和反馈渠道,保证新的想法和措施,既可以从教育部顺畅地传递到学校,也可以从学校顺畅地传递到教育部。我们认识到这一轮讨论的主要特征是内部沟通。各个学校只会拥抱他们自己相信的想法和做法。TSLN之所以可行,是因为它是作为一个共同愿景逐渐成形的，这个理念与教师们培养年轻人的职业责任感完全一致。让教师们理解我们正在整个教育系统中进行的工作背后的原因和意图，非常关键。我们目前还处在第三轮讨论之中，但初步的反馈结果令人鼓舞。在学校领导人层面，已经形成了高度认同，我们相信，对于TSLN的愿景，在学校中工作的教师们也会做出积极的反响。我们面对的挑战，是如何在学校和教育部之间保持有效的双向沟通。与此同时，在教育部工作的人们（以及在学校工作的一些人），正在思考更远的未来——当我们在一个"好学习的国家"中拥有了一个"爱思想的学校"的完整系统后，还将会面临哪些挑战。

| 第15章 |

建立联系

1. 家长之间的联系
圣马丁郡社区的参与过程

罗兰·希瓦利埃[①]

下面介绍的,是一种在实践中屡见成效的应对社区问题的方法。学校领导者可以运用这个方法,帮助一个社区全面开发学习能力。家长们彼此之间进行调查访谈,不过这并不是大家常见的社区调研——这个方法把人们凝聚起来,共同学习。每个社区都各不相同,也都独具特色,社区中的人们需要投入进来,一起设计帮助自己的方法。罗兰·希瓦利埃曾是路易斯安那州海湾区(距离新奥尔良大约160

---

① 罗兰·希瓦利埃目前是施莱笛中心(Schlecty Center)的高级研究员www.schlecky.org。

千米）圣马丁郡学区的学监，我们请他反思一下他在这个社区参与过程中的经验。圣马丁郡（路易斯安那州的县统称郡）属于农村地区（总共有9 000名学生），70%的家庭生活在贫困线以下。这个方法帮助这个郡解决了一个早期儿童阅读方面的恶性问题，但它也为这个郡的人们带来了一种他们从未有过的自我认知感，还产生了许许多多其他的显著影响。就像你们会看到的那样，希瓦利埃处在这个过程的中心，一步一步地学习如何引领这个过程，但又不对它进行控制。

大约在1993年，我们发现自己的社区存在着一个严重问题：在一些小学里，每年有30%的学生留级。这个糟糕透顶的记录是一个好消息。这里的坏消息是：许多家长、教师和校长都认为，我们目前的所有做法都没有错——尤其是在应对阅读方面有困难的学生方面；我们开的是"提供一次额外机会"的药方，也就是让他们再读一次二年级或者三年级。他们不知道的是，当孩子们在低年级阶段哪怕只留过一次级，他们从高中毕业的机会就减少了一半。如果让他们留两次级，那还不如就此让他们退学，这样的学生几乎没有人会毕业——在我们这个学区和其他地方都是这样。不同的孩子有不一样的发展、成长方式，用一年升一级的方法衡量所有孩子，是以一种不公平的方法评估他们。有些孩子，在二年级的时候阅读能力的进步比较小，到了三年级就会进入正常状态，而到了四年级就会追赶上来。让阅读能力后发的孩子在二年级结束的时候留级，你是在传递这样一个信息："我们认为你的能力不够"，而你也割断了他们与同龄人之间的关系。

相反，通过给予他们正确的激励，可以激发他们大幅度的进步。比如，在我们的初中里，我们告诉一些从前被"留下"的孩子们，如果他们可以在一年里完成两年的功课，就可以让他们升入自己原先的年级。他们参加了一个特别激励项目，许多人就此重新回到自己原来的那个年级，这些孩子将会从高中毕业。但是，除非我们能够从这个阅读问题最初发生的地方做出应对，从这个郡里年纪最小的孩子入手，否则我们的方案就不会奏效。[1]

第一阶段：描述社区特点、召集核心团队

如果你把注意力放到"成事"上面，你就能以很少的钱办大事——这是我多年以来一直遵循的人生哲学。这也是我们愿意在各个方面都去尝试的原因之一。当丹佛斯基金会寻找愿意尝试社区参与过程的地区时，他们知道我们会自愿参加，我们一直是这样做的。丹佛斯基金会给我们提供了一小笔资金、两个咨询师的服务，以及一套方法。在此之前，我们也向家长提出过问题，不过水平很粗浅——只是让他们的孩子带回家一张便条。基本上没有人回应，几乎没有人发表出自内心的看法。对于学校、对于自己的孩子、对于阅读，他们的真正感受是什么，我们并不了解。我们需要发现真相。[2]

我们做的第一步，是在这个社区中的那些最需要帮助的地区找到志愿者。我们列出了所有曾经留级的孩子的清单——从托儿所一直到八年级，找到了他们的家庭住址，并且在地图上用图钉把它们标示出来。凡是发现图钉集中的地方，我们就去寻找关键志愿者——那些愿意加入我们的核心团队，并对我们做出长期承诺的人。幸运的是，我

---

[1] 在这部分的页下部分标出的"步骤"，是从苏姗·菲利伯（Susan Philliber）和莎伦·洛维克·爱德华兹（Sharon Lovick Edwards）撰写的材料中改编而成的。她们就是罗兰·希瓦利埃在文中提到的那两位咨询师。我们把她们列出的"阶段"与这个故事并列，这样你就可以看到，一种通用的方法是如何转化为这个社区的具体需求的。更多有关社区参与的信息，请参见菲利伯研究所（Philliber Research Associate）的网站 www.philliberreseah.com。

[2] 第一步：召开初步会议，准确定义"社区"的含义，并为以简单易行的方式进行个人访谈制定策略。

是在这个郡里长大的,对于其中的一些区域了如指掌。

我们从一个由6位志愿者组成的委员会开始——所有人都是核心利益相关者,都有不错的信誉,也都了解这个社区的需求。关键是要保证这些人并非都来自学区管理层。其中有些人,比如,本地"领先早教"(Head Start)的主任和一位日托中心的业主,在传统上都曾被视为我们的竞争对手。(实际上,那位早期教育主任对于这个郡中我所不熟悉的部分相当了解,他的参与对于我们一开始就走上正轨起了关键作用。)两位学区总部核心管理人员(课程设置主任和早期教育主管),对于整个过程不可或缺,他们负责完成实际工作。后来,我们又增添了其他成员,其中有"鲜果布衣"公司的人事总监——这家企业是这个地区最大的雇主,一位来自儿童保护的社会服务机构的人士、几所小学的校长,还有一位则来自警长办公室。这个团队成为我们的指导委员会,由他们组织整个过程。①

我们需要这个社区毫无保留地敞开自己的心扉,谈谈他们的需要——这意味着要说说他们自己的缺点和弱点。这就是为什么其中最关键的,要由社区里的人们——而非学校官员或者外部咨询师,来起草我们的调查问卷。我们从社区的所有居民中召集了大约40个人——邀请的方式是口口相传,大家工作了几整天,完成了一个调查问卷。我们把企业领导人、民选官员,以及警察部门的人员,都包括了进来。

我们让他们聚到一个房间里,在一起聊了几个小时。我们向他们提出的问题是:"对于这个社区,你们想了解什么?"两位咨询专家负责会议的推进,记录大家的问题,并一步推敲梳理。他们把最终草案

---

① 第二步:由社区成员组成的一个委员会进行一次讨论,决定问卷调查的内容和特点,以及招募访谈员的最佳方法。

拿回给我们，以便这40个人组成的团队可以批准通过。①

这个工作的成果是几页纸上的问题，涉及人们所关注的他们社区和学校中的方方面面。在支持他们的孩子方面，他们有什么样的需求？他们如何看待家庭作业？他们希望自己的孩子有什么样的未来？他们担心在自己的孩子身上会发生什么？他们担心自己的孩子会做什么？我们并没有把内容限定在教育上，我们安排了整整一页纸的问题，内容是他们周围的、街道上的以及整个社区的安全问题。其中有几个问题是由警局提出来的。这最终带来的是社区治安方面的大量创新，其中包括在我们的三所高中里安排了"校区警官"。虽然这时候我们还没有答案，所有这些问题本身已经让我和其他社区领导人大开眼界，其中有许多问题，我们自己想不到也提不出来。②

第二阶段：绘制社区地图

在这之后，"问题设计"团队建议组织另一个50多人的"前线团队"——他们要接受访谈流程的培训，然后挨门挨户地展开访谈——就像人口调查局从前做过的那样。他们要访谈自己的邻居，或者在自己家里举办咖啡聚会。我们有意没有请教师或者学生做访谈。如果教师掌握着你的孩子的未来，你讲出来的话，就会是你认为他们想听到的东西。你更愿意把自己的真实感受讲给一位邻居听。我们的"家长面对家长"的访谈员中有一些人，从来就没有获得过高中毕业证书。他们中的许多人在一开始的时候还不那么自信，直到我们对他们进行了训练："你介绍自己的时候，就这样做"等等。警长为训练活动提供了

---

① 第三步：研究/评估专家根据委员会讨论的结果，起草调查问卷。
② 第四步：社区小组审阅访谈问卷，并对最终稿提出建议。

食品，他自己的参与也越来越多。①

我们还在本地"鲜果布衣"工厂的工资支票夹中，附上了一张调查问卷，这家工厂有2 000名员工，我们由此获得了大量回应。由于这些人当中很多人不住在这个郡里，我们因此也收到了他们的意见，问我们什么时候会到他们的学区去做调查。②

最后一点是，我们针对教师和学校管理人员做了另一个平行调查，其中的问题都是同样的主题，这个做法把我们带进了一个危险区。调查结果显示，教师和家长在几个关键问题上意见很不一样。比如，家长们对于自己的孩子所抱的期望，要比他们的教师高很多。许多教师则认为家长们对学校不太在乎，或者是不愿意参与学校的事务。但是，98%~99%的家长们都想要参与，他们觉得自己被关在了门外。③

有一个问题是这样的："你是否相信，所有的孩子都有能力学习？"大多数家长的回答是肯定的。有62位教师的回答是否定的。这对我很有启发，我可不希望我自己孩子所在班级上的教师，不相信所有孩子都有能力学习。这对我们的教职员工发展需求方面提出了种种问题。最让人寒心的部分，是家长们对于教师们的态度有相当正确的理解，他们知道，有许多教师并不指望他们的孩子毕业。在我们的整个规划过程中，我们从未想到过这一点。

第三阶段：让社区参与进来

莎伦·爱德华兹和苏姗·菲利伯这两位咨询专家，对数据进行了分析，并撰写了一份报告。我们原本是要为"前线团队"举行一场"焦

---

① 第五步：社区小组招募访谈员，并向他们介绍社区参加过程的目标和目的。
② 第六步：研究/评估专家培训访谈员，并管理指导访谈调查工作。
③ 第七步：在调查结束的时候，调查团队进行了一次"焦点小组"会议，讨论他们在调查中听到的各种声音。

点小组"讨论的，但我们最终把它变成了一场庆祝会中的一部分。我们把这个报告发给了他们，因为这是他们的报告。我们还颁发了奖品——给最年轻的访谈员、最年长的访谈员（帕丁太太，一位70多岁的女士），以及做过最多访谈的访谈员。然后，我们聊了聊我们发现了什么，以及我们可以做些什么。①

比如，有一个意见说，对于在工厂倒班工作的人，缺乏早上5点钟开门的高质量托儿服务。上晚班的人则找不到人帮助他们的孩子做作业。听到这些情况，大家就主动自愿提出了一些解决办法。在政府补贴的一个低收入住宅区，一位"前线团队"成员则开办了一个家庭作业俱乐部。这里所有的孩子放学之后，都去这个房子里的一个公共休息室——大孩子帮助小孩子，家长们则轮流负责监督。在组织方面，学校什么都不用管；从事托儿服务的专业人员，也从来没有想到过可以这样做。所有这些都来自当地居民的自我效能感：他们可以做些有意义的事，可以有所作为。②

我们和社区之间的互动，扩展了我们的注意力和方向。它使我们冷静、深入地去思考，这个社区对我们的期望究竟是什么，我们的任务比我们先前意识到的要复杂得多。在应对阅读问题方面，我们对已经见到成效的项目进行了研究，决定采用约翰·霍普金斯大学的阅读项目"人人成功"，这是因为这个项目是家长们想要的。我们扩大了为孩子们提供的医疗服务，现在我们已经有了3所学校卫生所，为我们的17所学校中的16所提供服务。我们重新考虑了我们提出的家庭中心的概念。一年前，为了应对青少年怀孕的问题，我们计划开办一个

---

① 第八步：研究/评估专家根据访谈问卷，建立了一个计算机数据库；并以调查结果和访谈员的视角，为这个社区撰写了一份报告。

② 第九步：研究/评估专家组织会议，讨论调研数据和报告。

场所，让青少年家长们可以在那里完成他们的学业，可以获得日托服务，还可以学习如何抚养和护理孩子，最终可以通过在这个中心工作偿还费用。我们获得了一笔 65 000 美元的资助，还有一个废弃的建筑，可供我们重新改造，我们已经准备开始启动了，但是我们当地的私人日托中心认为，这个做法是试图从他们手里抢夺客户。这对学区委员会的决策产生了影响，他们投票否决了这个项目。如此一来，我们和私人日托服务提供商之间的沟通就变得频繁起来，我们也和早教项目建立了伙伴关系——建立这个关系的基础，是我们在问卷设计团队中与"领先早教"主任培养出来的新友谊。在家长们的强烈要求下，这个中心在 2000 年春天开业了，并且得到了"领先早教"机构的资助。

社区参与的其他收获远远超出了我们最初的意图。来自低收入住宅区的一个团队经过我们的训练，与这个地区其他城镇和企业签订了开展问卷调查的合同。他们还开办了一个课后辅导项目（tutoring program），利用的是他们自己房子里的一间空闲公寓。在此之前，我们曾经在学校里提供过课后辅导服务，但是没有人去。这个项目是如此成功，结果到头来他们找到我们，请我们提供可以帮助他们的教师，但要继续由他们自己掌控和管理。

根据调查中提出的需求，我们开始为在青少年法庭上被判刑的孩子们的家长开办课程。法官们——其中的一位是我们的调查团队的成员，也开始要求家长们参加这些会议。许多家长在规定时间结束之后继续会面，因为这让他们有了一个支持团队。法官们也决定，把所有青少年犯罪的案子交给一位法官处理，这样他就可以保持一定的判决连续性，也可以长期跟踪这些孩子的进展。这位法官碰巧是在圣马丁郡长大的，在我做校长的时候，曾经是我的学工之一。他来自我们锁定的最糟糕的地区之一，但他现在是一个孩子们都敬佩的正面榜样了。

其他各种不同背景的人在通过这个项目相识或者是重新建立关系之后，相互之间还会继续见面。我们开始在每年的感恩节，为这个地区所有教会的牧师举办跨宗教午餐会。在此之前，他们相互之间从不交流，而现在我们却有天主教牧师和浸礼会教士在同一个房间里进餐。第一年的时候，这个聚会没有什么需要讨论的议题——这只是一次大家见面聊天的机会。到了第二年，我们开始寻找可以一起努力的共同问题，比如，帮助孩子们控制自己的愤怒情绪，或者是劝孩子们不要说粗话。[①]

在这之后，我就采取了一次冒险行动。我邀请这些牧师每个月到学校来参加一次午餐会。其中的两位有他们自己的教区学校，但他们之中没有一个人之前与公立学校有过任何接触。这样的访问改变了他们对于我们的尝试所抱的看法。他们中有些人曾经听到过一些编造的报告，比如，说我们在学校卫生所发放避孕药和避孕套。现在，我们已经形成了一种关系，我们可以邀请他们来访问，看看我们实际正在做些什么。我们从竞争对手变成了同盟，我们也开始在一些项目上进行合作，包括一些员工发展项目。

让它在你的社区获得成功

在开始的时候，所有这一切对于我来说都非常困难，因为我必须要倾听，而不说话，要一位学监掌握这个技能相当艰巨。我必须学会的，是对各种建议保持开放态度、对各种批评做好准备，因为这个社区并不一定认为我提出的答案就是正确答案。况且，我还必须意识到，我不可能事事亲为。就像日托服务是由"领先早教"成功进行管理一

[①] 第十步：为让所有相关利益者都参与到会谈中来，社区团队规划宣传进程和策略。

样，有时候我必须学会支持那些由其他人运营管理的项目。

我也重新领会到，与社区其他成员建立密切联系的价值。我和警长形成了牢固的个人关系。去年他接受了一笔资助，用来建立一所青少年拘留机构，他在那里建了一个健身房和一些教室。我们现在已经把各自的努力结合了起来，在这里运营了一个为被学校开除的学生们设立的替代教育项目。他提供场地和两名全职警官，我们则负责提供教师和桌椅。同样，他利用调查中获得的数据，引入了几十万美元的赞助资金用于社区治安——以便更有效地组织警力部署。我们还一起设立一个项目，请一些有木工和建筑方面技能的服刑犯人，在学校放假期间帮助我们维修房屋。这相当于每年 250 000 美元的非现金资助，我们则负责支付看管这些犯人的警官们的报酬。

这一切对于他和我们，都没有多花什么钱，但是社区得益。每一个机构所拥有的只是这个社区需求的一半。他开玩笑说，其他的警长对他多有抱怨："现在他们的学监也要他们提供同样的东西了。"

我们与其他社区和企业领导人也形成了类似的关系。我们之间的各种会议进展顺利，我想是因为我们一起经历了这次社区探询。委员会的成员之一是费伊·塔克（Fay Tucker），鲜果布衣的人事总监。在我们五年前举行的一次社区参与会上，她说："你们知道的，我喜欢这样的会议。这是我一起工作过的第一个确实可以成事的团队。"

2. "莱茵河上"实习项目

托马斯·A. 达顿（Thomas A. Dutton）

托马斯·达顿是一位建筑师，也是位于俄亥俄州的迈阿密大学牛津校区的建筑学和室内装饰教授;他参与了辛辛那提市"莱茵河上"地区(邦尼·诺伊迈尔文章《表达是走出压迫的第一步》中描述的那个极富争议的地区)的社会公平运动。他是"莱茵河上"地区的迈阿密大学社区参与中心的创始人和主任,还被授予辛辛那提市社区参与终身教授。

尽管我在俄亥俄州辛辛那提市中心区的"莱茵河上"地区感到相当安逸和自在——这是辛辛那提最古老、最贫困的地区,居民主要是有色人种,因其意大利建筑风格在国家史迹名录中被列为历史遗迹,但是想要动摇晚间新闻和晨报中的媒体观念还是很难。"第18街上又发生一起枪击案"可能就是我早上喝咖啡的时候收到的头条新闻。虽然我心里很清楚,媒体报道往往颠倒黑白,但这还是会影响我的心情。[1]

然而,对于那些从外地过来、与我一起造访此地的人们来说,比如,加入我创立的这个项目中的大学生的父母,这个地区的状况触目惊心,与之相比,我自己内心中的任何一丝不安也就微不足道了。这些家长协助自己的子女,搬到这个地处城市中心的实习项目中来的时候,总会努力装作若无其事的样子;但他们脸上的表情却表明,他们在内心中正挣扎着想要否决这个决定。我必须承认,我也有担心的时候,有时候我会无缘无故在凌晨四点突然惊醒。这个项目是一个大实验,对于它会有什么结果,我也并非总是心里有底。

---

[1] 在2009年6月,由于这篇文章中所描述的创新,托马斯·达顿获得了"校园契约"(Campus Compact)颁发的"国家托马斯·欧立希公民参与教学奖",获奖原因是"对服务学习、参与式学术研究和通过协同参与开展的机构与社区变革做出的杰出贡献"。同样是在2009年,他创立的中心获得了"建设挚爱社区伙伴"奖的首奖,颁发机构"莱茵河上社区住宅"是一家致力于中低收入市民住宅的一个非营利住宅开发企业。达顿与《学习的学校》一书的作者之一贾尼斯·达顿结为伉俪。

我涉入"莱茵河上"地区的时间，可以回溯到1981年；那时候，我常常带着建筑系的学生们到这里来；回到学校之后，我会安排他们在工作室里完成假想的城市设计项目。从一开始，我就参与到各种运动之中，目的是消除贫困给这个社区带来的障碍和恶名。随着时间的推移，我就和不同的个人与社区团队一起，逐渐建立起了一个关系和信任的网络。

到了1996年，学校里三名大学生请我主持一项设计实践项目。他们在这个项目中，要为低收入居民的一个住宅单位进行改造设计，还要具体实施。另一位学生则要求与我一道工作，开展一个基于这个地区的设计–建设项目，作为他的毕业论文。就这样，我们可以说是有点儿一发不可收拾了，同时进行着几个项目，都是要设计和恢复适于居住的空间。迈阿密大学地处距离"莱茵河上"50分钟路程的另一个县里。我们要在下午一点的时候把学生们装上汽车，开到那个地区，工作到下午五点再开回来，每周三次。①

20世纪90年代末期，我的学生们又把我朝前推了一步。在这之前，他们花了些时间与那里的孩子和其他居民聊了聊。他们说："我们正在学习许多有关设计、材料和建筑的知识，但我们想要更深入地了解这个社区。"像所有其他城市中心区一样，"莱茵河上"代表的是贫困、种族骚乱、住宅与工作机会的投资缩水，以及深陷困境的学校等一系列相互影响的问题。需要采用的是一种多学科交叉的工作方法。在迈阿密大学的同事与社区组织者的支持下，我们在"莱茵河上"地区，成立了后来被称作"迈阿密大学社区参与中心"（Miami University Center for Community Engagement in Over-the-Rhine）的机构。它的门

---

① 通过美国建筑师协会的"公民建筑师在行动"播客可以下载达顿的采访录像。见www.aia.org/advocacy/local/AIAB051119。

面设在穿过这个地区的一条主要街道上，2002年2月，我们开业了。

启动这个中心并非易事。在大学里，我们必须要和各个专业的教职人员进行多方面的讨论，对于这个中心的目标和使命的起草也几易其稿；要设法获得学校管理机构与学区委员会的批准，还需要提交各种资助建议书，以便获得启动资金。而这都还是最容易做的部分。我很清楚这个社区的人们会有抵触情绪，他们不喜欢有人从大学里空降到一个中心，把这个地区当作一个实验室，把这里的人当作实验对象。对于周围的大学和学院里的学术研究人员拿他们做研究，他们烦透了；对于要他们从一天忙忙碌碌之中拿出时间，帮助别人推进工作，而又得不到任何回报的行为，他们也早就厌倦了。我知道，他们应该参与到形成这个中心的共同愿景的过程中来——这是他们应得的礼貌和尊重；况且从根本上看，在他们没有邀请我们之前，我们就不应该匆匆进去设立这个中心。我心里也清楚，这个邀请应该包括据说是源自澳大利亚原住民的一个格言的内容——在这个社区也常常可以听到："如果你是来帮助我，那你就是在浪费时间。但是，如果你到这里来的原因，是因为你的自由与我的自由紧紧联系在一起，那么就让我们一起工作吧。"

我们的愿景是为大学生、教师与社区组织之间跨学科、跨文化学习的合作创造出各种实实在在的机会，这样的学习还要与社区中现有的社会运动的目标相互交叉。与那些往往是和市政厅、商会等权势机构形成合作的大学-社区行动不同，我们这个中心是由"莱茵河上人民运动"和其他一些组织参与的，它们正在为争取人权、种族权力与社会公平而斗争。[1]我们的使命是把人和生态需求放到社区发展的首要位

---

[1] 有关争取人民权利，其他一些人既没有（或者不愿意）看到，也没有听到的另一个描述，请参见苏斯博士所著《霍顿与无名氏》（*Horton Hears a Who*，Random House出版，1954年）。

置,并且对把获利动机作为城市社会政策中压倒一切的决定因素提出了挑战。这也把我们的努力与出于慈善和高尚行为的那些项目区别开来——与这些做法不同的是,我们提出了"为什么要有慈善"这个问题,对学生们的自我意识和观念提出了挑战。

我们也对学生和教师的动机提出了挑战,那样的动机往往会导致那些"为了社区成员而做"或者"因为社区成员去做"的大学项目——而不是与他们共同工作。我们反对"帮助"这个词,因为这个说法往往来自"帮助就是解决问题"的心智模式,假设"莱茵河上"社区的人们需要拯救,"专家们"则拥有所有答案。

根据邦尼·诺伊迈尔的看法,这个地区从我们的合作中获得了收益:"事实证明,这个中心是一个美妙的学习空间。这个空间是为了互动会谈而存在的,在这里,各种不同背景、不同种族和阶层以及持不同观点的人,都可以相互见面并且发现彼此之间的共同之处。这个在葡萄藤街上占据明显位置的地方,向这个社区敞开了大门。如果不是这个中心与我们分享其各种联系与资源,把许多著名人物请到这个地区来的话,我们就不可能见到他们,也不可能与他们进行深度会谈。我们的世界扩大了。"[1]

所有这些在最初就存在了,但这还不够。那些建筑系的学生还是一周三个下午跑来跑去地开展设计-建设项目。我们的一些大型项目,比如一个有两层楼、四间卧室的公寓,用了好几年才完工。我们十分感激"莱茵河上社区住宅"机构的耐心与信任,这是一家拥有这些住宅单元的非营利住宅组织,但是这里的人们应该获得更多的回报。学

---

[1] 彼得·布洛克在《社区:归属的结构》(*The Structure of Belonging*, Berrett-Koehler 出版,2008 年)一书中,将这一章的作者和邦尼·诺伊迈尔都列为学习的楷模,这个中心也被列为一个社区资源。

生们也想要做得更多。我一直想要设立一个为期一学期的实践项目，这是一所社会生活学校，参与项目的学生将会住进这个地区。他们的课程中要包括每周至少 15 个小时与这里的为弱势群体提供服务的社区组织一起工作，也要包括一项跨学科研究的课程，讲授用于分析和理解他们每天居住的社区现状的专业工具。

需要再次强调的是，这并非仅仅考虑要获得学校方面的批准。从获得批准的角度来说，我们必须要开展与迈阿密大学的教师与管理人员之间的对话，创立一个由新开设的课程和现有课程组成、可以同时满足项目需要和毕业要求的教学计划，要确定教授这些课程的各个系的能力，要找到保证项目成功运行的必要筹资机制，还要获得更高一层的管理机构的批准。我们也要再回到这个社区中，请求它们提供更多的时间和更大的承诺投入。我们共同工作，在它们的组织中设立服务和实习的机会，并监督执行；我们邀请各方面的社区成员参与到项目的管理与教学团队之中，并请他们负责学生们的项目启动培训和每周的反思周记写作；我们还做出具体项目安排，让学生们可以自始至终地参与到基于社区的运动中去。

在"莱茵河上"生活和学习

"驻地实习项目"在 2006 年秋季开始了，第一批学生有 12 个人。他们大多数都是白人，来自中上收入家庭，在大城市郊区和小城镇长大。其中有 6 位主修建筑和室内装饰，其他学生则主修心理学、哲学、教育和跨学科专业。学生们主修四门课程：服务学习、美国城市历史、家庭贫困，以及社区参与实习。后几批学生的背景还包括工商管理、人类学、艺术教育、言语病理学、家庭研究与社会工作以及地理与城市规划等专业。

这个项目使我们得以深化四项正在进行的、让大学和社区都受益的行动。

• 设计/建造：通过与"莱茵河上社区住宅"机构合作——这是一家非营利低收入住房开发企业，学生们所在的设计/建造工作室，已经和这里的员工以及最终用户合作了15年，为低收入与中低收入居民重建宜居空间。现在，建筑系的学生们每周可以在这个项目上投入25个小时，项目完成速度马上就提高了。我们已经完成的项目里包括两个单亲家庭的住屋，一个自动洗衣和会议空间，从单卧室公寓到三卧室的五所公寓，一个社会工作者的办公与会议室，以及我们的中心本身。我尤其感到自豪的一个项目叫作"葡萄藤上的威尼斯"，是一家由多米尼加修道院经营的比萨及餐饮店，专门雇用不容易找到工作的人。①

• 宣传道具：在这个行动中，师生们与社区艺术家一起，根据他们的请求和指导制作了一批展示装置，用来"鼓动"和"宣传"与这个社区的历史和政治意识有关的观点。自1999年起，我们完成了12个展示装置，7项展示设计。这个项目把艺术制作放到了"人民运动"所表达社会变革的策略里，也就提供了各种各样的机会，让社区居民们与更大范围的公众分享有关他们生活与历史的故事。比如，迈阿密大学和肯塔基大学的学生们开展了口述历史工作，与社区中领导人一起创作了"莱茵河上人民运动大事记"，

---

① 更多有关这个设计/建造项目的信息，请参见http://arts.muohio.edu/otr/。"葡萄藤上的威尼斯"在2006年获得了美国建筑师协会辛辛那提分会的荣誉奖。这个项目由8位建筑师、多家承包商合作完成，其中也包括辛辛那提大学建筑项目的学生。

记录了近40年的历史。①

• 社区协助：非建筑学专业的学生们，在社区组织中完成他们的社区参与实习。他们或许在一个收容所里工作，也可能是参与妇女创业活动、早期儿童教育项目，以及租客权利保障组织、医疗所，或者其他为弱势群体提供服务的组织。主修师范专业的学生在当地学校中全职工作。所有学生都要参加各种社区组织的会议、在周末做社区服务，并且每周都要准备晚餐招待来自社区的客人。

• 社区宣传：学生们每周还要用15小时帮助那些已经在开展行动的社区组织活动。他们或许是为各种社区活动设计海报、喷涂标语，也可能是帮助制订游行计划、组织社区会议，或者是开展一些请愿行动。有一个学期，社区成员、学生和孩子们一起，在一个临时学校的场地上粉刷出了一块橄榄球场地、一块棒球场地，以及四块正方形的场地，孩子们因此在自己古老的校舍进行整修的时候，可以有地方运动。

指导原则

通过"莱茵河上"实习项目，我们在学生、教师和社区学习上，都有很多领悟。这就让我们能够再三推敲，锤炼出了那些在我们工作中不可或缺的指导原则。

• **批判性社区教学法**（Critical Community Pedagogy）。"莱茵河上"实习项目组织起来的学习过程，探索并发现社区生活交

---

① 更多有关这个设计/建造项目的信息，请参见http://arts.muohio.edu/cce/engagement.html。

会点和特定群体的社会构造。我们仔细考察了对于再现这个社区的现状起关键作用的各种主流意识形态、不同利益与各种机构。

• **权力与知识**（Power and Knowledge）。社会知识的产生从来都是以某些特定群体的声音为基础，以某些特定目的为目的，并存在于各种权力关系之中。我们识别出了由各种特权与内化的压迫构成的学习障碍的各种形态，由这些学习障碍产生的种种屏障，让公正与公平社区的愿景无法实现。①

• **社会生活的学校**（The School of Social Life）。创建社区要求人们与其他人以有意义的方式建立联系，学会认识到自己的片面性，也学会质疑他们对于自己、对于他人的深层假设。

• **创造性探询**（Creative Inquire）。受到皮斯利中心的口号"表达是走出压迫的第一步"的感召，我们主张，当对于压迫的分析将人们束缚起来的时候，表达就成为一种更富创造性、更让人解放的做法。

• **政治曝光**（Political Exposure）。由于我们对压迫者–被压迫者的正反馈关系的系统结构进行研究——尤其是阶级和种族抗争在"莱茵河上"与辛辛那提市如何形成其特有形式，我们就在社区中寻找能够对这些结构与关系采取行动的各种办法。

转变与知识

从一开始我就确信，学生们通过这个实习项目，对"莱茵河上"乃至全国许多城市所面临的问题会获得更深入的认识。然而，我没有

---

① 贾尼斯·达顿的硕士论文《学会放下已有知识：组织学习、大众教育、相互交叉的社区故事、领导力和民主》（2006年），以及她持续进行的参与式行动研究，让我学到了"特权是一种学习障碍"这个概念的力量。

——托马斯·达顿

想到他们会与社区成员建立起紧密的纽带关系；也没有想到，这个经历会让他们产生如此深刻的转变。一位学生告诉我，在第一个学期结束的时候，她在回家的路上不得不把车停到路边，因为她实在控制不住自己的眼泪——这缘于她要离开这个社区和她在这里建立的所有关系，因此而感到忧伤。

学期结束的时候，他们的作业是写一篇报告，根据课程教材的内容反思自己的经历。每一年，我都会为那些充满力量和个性的表白感动不已——当他们认识到城市的官员们、企业组织以及州政府和联邦政府，在应对莱茵河上普遍存在的状况上几乎完全不作为的时候，他们是如何与自己的优越感、恐惧和愤怒做斗争的。他们中有许多人开始用不同以往的视角看待生活。贫困变成了真正的现实。投票变得有意义了。普通人的日常生活对他们的影响，让他们自己也感到惊喜。他们向那些无家可归的人学习、向他们的邻居学习。他们打开了自己的心扉和头脑，同情心、同理心油然而生。他们看到了社区，也认识到社区中的各种强大纽带联系和社区要承担的种种责任。而他们也看清了自己中产阶级偏见的固有思维模式。

就在他们挣扎不已，想要理解自己的各种新关系和新知识时，他们开始发现，在他们拥有的心智模式与他们当下的体验之间，存在着某种不和谐。他们认识到，这种不和谐要求他们打破自己的中产阶级意识，并建立起一种新的意识，让他们能够以各种各样的新方式去体验生活。千万不要误会，经历这样一种改变是一种非常艰难的努力，而这样的变化可能也会产生深远的影响。就像一个学生写道：

"在我踏进'莱茵河上'之前，贫困根本就不存在。带尖桩的栅栏、直通独门独院的小路、2 000多平方米大的草坪，以及各种各样的购物中心把我与真实世界隔离开来。我以为每个人都拥有在美国生活所需要的资源和钱财。我也坚信每个人都应当有经济发展机会的观念。然而,'莱茵河上'对于我来说,就像球棒击中了一个苹果。所有那些让我觉得有意义的东西都崩溃了。这个经历让我从一个被动消极、事事相信、头脑狭窄的蠢货,转变为这个腐败(世界)里的一个充满质疑、怒气冲冲、主动积极的参与者。"

另一个在最初几个星期里为确定性而烦恼的学生写道:"来到'莱茵河上'的时候,我自信地认为自己的种种信念是可以永远存在下去的,这些信念从未遭遇过任何挑战。好在我并非不愿接受改变,我只是不相信这种事会发生……每一天都会发生一些让我深思的事……我现在已经成了一个完全不同的人——是我从来不认为自己需要成为的那种人。现在,真正的挑战是如何回到牛津了。"[1]

许多学生发现,要完成重返校园生活的转变相当困难。他们一再告诉我,他们从来没有在像"莱茵河上"那样友善的地方生活过,也从未体验过一种强烈的社区感。他们看到,那些贫困的人和他们的抗议活动都不是一个问题——像媒体和政治家们宣传的那样,而是一种资产。有一位学生,当她身在'莱茵河上'的时候,曾经因为思念自己的密友和校园而备受煎熬,但是,当她回到校园之后却发现自己对于社区的惦念更深。她选择在毕业之前住进这个地区,每天乘车去学校。她写道:"(这个实习项目)淹没了我的心智和意识,让我根本无法逃避。我时时刻刻都在思考所有这些问题:中产阶级化、城市生活、城区教育、商业开发、种族间紧张关系、阶级冲突、警察派驻以及社区行动主义等,而最好的一点就是,我想要时时刻思考这些问题。这与在迈阿密大学上过的许多课程是不一样的,在那里我合上书

---

[1] 有关学生们的反思、访谈和媒体报道请参见这个实习项目的网页上的链接:http://arts.muohio.edu/cce/residency_program.html。

本、走出课堂就好了。在这里，我没办法合上书本，况且我也不想那样做。"

社区成员们也认识到，他们与学生们一起建立的各种关系和共同认识都具有重要意义，并且会时常谈起。作为导师和教师，社区的居民们得以分享他们自己形形色色的历史。在这个过程中，他们往往会经历个人的转变，对自己的经历也会形成更深刻的认识。麦克·罗杰斯（Mike Rogers）曾经做过"莱茵河上社区住宅"机构的职员，他和学生们一起工作了三年，把一间空闲的街面房改建成了一个非营利咖啡店。他说："这些孩子们一下子就改变了我的生活。他们完全没有想法，他们让我指导他们。"

社区活动家邦尼·诺伊迈尔是这个项目的社区联系人，扮演了社区向导、顾问以及团队教师的角色，他也是学生们每周反思报告的指导人。邦尼说："这些学生是未来的建筑师、城市规划师、社会工作者、社会活动家、记者、教师、企业家和政治家，他们可以把更深、更远的智慧带给我们这个世界，这样人人平等就不仅是一个梦想，而且有可能成为现实。"在学期结束的时候，她会告诉学生们，"你们现在已经是这个地方的一部分了。当你们离开的时候，你们都会把自己的某些东西留在这里；就像我也知道，你们一定会从这里把我们的某些东西带走一样。"

3. "系统思考的篮球教练"

南希·W. 利佩（Nancy W. Lippe）

南希·W. 利佩是洛斯阿尔托斯社区基金会的项目官员，也是四个孩子的母亲；长期以来一直是女子篮球队的教练，也曾经是美国奥运曲棍球队的队员（1980年）。她描述了，投身于孩子们之中的社区成员们可以如何运用系统思考，来改善自己的参与——不仅是在各项运动之中，而且在任何一项教练或者导师的活动之中。

每年，我都会在邮件里收到这个队员的名册：我的篮球队上的10位正在读五年级或六年级的女孩。其中有几个我相当熟悉，其他几个只知道名字，大多数则完全不认识。在为期八周的赛季之前，我们要进行两次练习，然后会每周练习一次。所以，我们总共有10次练习。在这段时间里，我的责任是把篮球这项运动教给她们，还要担当比赛的教练；并且到赛季结束的时候，让每一个女孩都了解和喜欢这项运动，同时自我感觉良好——至少我希望如此。

由于这个球队不是选拔出来的，队员加入这项运动的动机也就千差万别——有时候，投入竞争性比赛的意愿并非动机之一。因此，我越是以整体、系统的视野看待这件事情，我们就会越成功。这些年里，我学习到的是，如果我把注意力放到三件事情上，就可以更好地实现我的目标。

a. 把我们的球队当作一个系统——要退后一步，并且要对所有影响我们的因素保持关注。这些女孩的父母替她们报名打球，而这个球队的比赛成绩却要比这10个女孩的个体努力之和大很多。这个球队是由各种相互关系组成的一个网络——是球员之间的网络，也是她们与篮球比赛之间的网络，它本身就是一个系统。

我曾经在不止一项运动中，做过几个女孩的教练，这帮助我理解了球队的动态关系。尽管任意一位球员的核心能力基本上保持稳定，她的技能在不同的球队发挥却会完全不同。每一位球员都同时存在于许多不同的环境之中：学校、家庭以及各种课外活动——譬如篮球。比如，我的球队是全球范围的妇女运动能力发展文化的一个子集，也是我们社区中的基督教青年会的运动项目之一；它是发展社会道德的大环境的一部分，还从属于我还没有意识到的其他"方方面面"。在这些相关系统中发生的任何一个事件，都会对这个球队产生影响。每个赛季，我都会把我的球队当作一个系统，绘制一张系统图。随着我对这个系统中所有变量的认识逐步加深（比如，个体球员的各种不同需求），我就得以更好地预见各种问题，做出结构调整，进而成功实现我们所有的目标。

b. **形成我们的共同愿景和使命**。在赛季开始的时候，我把空白的拼图板发给这些女孩，她们要在上面写下自己在这个赛季里的目标，写下自己的优势，也写下自己的不足。女孩们把拼图板拼到一起，我则把这个拼图装订到镜框里。我们会一起谈谈我们在这个赛季的愿景，并在团队的种种目标上达成一致。这些目标通常会包括：玩得开心、学习篮球并且打篮球，以及成为更好的个人球员和更好的团队成员。在赛季结束的时候，我们所有人会一起欣赏这幅拼图，并且看到每一个球员发生的变化——连她们自己都感到出乎意料。有几位把"带球跑"当作自己做不到的事写下来的人，现在开怀大笑了，因为她们自认为已经成为快速突破专家。我总是会提出把这些拼图还给这些女孩，但她们总是会说："你不能把它拆开——那是我们这个团队。"

c. **形成一个乐于助人的开放系统**，让这个系统在反馈作用下（正反馈和负反馈）快速成长。我的那些最好的球员都具备快速生理反馈系统——她们的身体和心智协同配合很好、反应也很快。当球队比赛成绩开始偏离我们的目标的时候，我们就会打得特别差（或者出乎意料得好），而后"负反馈"就会让我们回到预期的比赛成绩。这样的反馈，常常以生理信号的形式表现出来——球员失去平衡、投球不中等，也会以埋怨其他球员的形式表现出来。

我们根据球队应对反馈的情况，定期回顾我们的目标。也许是一个先前没有竞争性比赛能力的球队获得了自信，要我训练她们进行更富有竞争压力的比赛，也可能是这支球队需要一种强度低一点的教练方式。这种把注意力放到球队的阶段性任务和目标上的方法，保持了整个球队的通力合作状态，而不是让球队分裂成由不满意的球员组成的一个个小团体。当球员之间发生冲突的时候，回顾我们的目标，可以让我们回想起我们整个球队的目的和环境。

有时候，我会把能量流动与各种关系用图描绘出来，让我自己可以看到我们这个球队系统中的不同部分之间如何互动和相互影响。比如，有一位球员初看起来有些懒散。她一开始就把自己放到弱者的位置上，不愿意承担责任，也不敢尽力让自己做到最好，她还花大量时间在洗手间里弄头发。她的态度和成绩对整个球队造成了影响，由于大家以一种负面的方式对她做出反应，就会使她在球场上受挫，这也就打破了球队的流动状态。于是这当然就会形成一个恶性的正循环。随着其他球员对她的脾气越来越大，她就会退缩、回避，给自己的失误找理由。这又会在她的队友那里引发出更多的负面反应，让她觉得更加难为情，更加害怕风险。很快，她不仅会从自己的队友那里得到负面反馈，更会从自己的身体、自己的头脑，甚至从我这里，也得到负面反馈。我自己必须停下来，打破这个反馈循环。

实际上，这里是有一个普通的正反馈循环在起作用。这个循环在这个球员身上碰巧是一个恶性循环，但它也可能成为一个良性循环——我称之为"自尊循环"（如图R1所示）。个人态度有可能带来更好的成绩表现，这会引发更好的球队成绩，进而从其他人那里带来更好的反应，这反过来又会影响这个球员的个人态度。

那么，我应该从哪里下手进行干预，才能把这个循环从恶性变成良性呢？我不能直接改变她的态度，也不能期望其他的队员装作对她毫不在意，我更不能让团队的成绩"围着她转"。我最大的杠杆作用点是增加一个增强循环（R2）——通过一对一的指导，把注意力直接放到她的个人成绩表现上。我们一起确定了目标和期望，这就会对她的比赛表现产生影响。我以鼓励和建设性的帮助方式，对她的比赛表现做出反应，她反过来也会相应做出反应。①

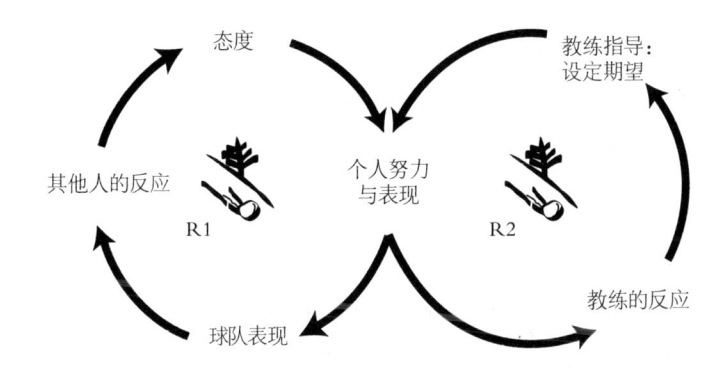

社会学研究专家艾达·霍斯（Ida Hoos）对系统图表与系统图的评论，我铭记于心。她说：它们就像是一件艺术品，我将其创造出来满足我的需求。这些图或许并没有准确地勾画出我的团队，也没有精确描述出我的难对付的队员。但是这些图让我退后一步，寻找那些以其他视角可能想不到的、影响我的球队的因素。不管我画出来的图多么复杂，不管我画了多少个因果循环，我总会把一个复杂的局面简化到某种可以管理的东西。作为一个教练，我只能尽最大努力看到我所能

---

① 这个系统图根据弗吉尼娅·安德森（Virginia Anderson）和劳伦·约翰逊（Lauren Johnson）所著《系统思考基础：从概念到因果循环》（*System Thinking Basics: From Concepts to Causual Loops*，Pegasus 出版，1997 年）改编。

看到的,同时让我的球员明白,他们并不是一个人,而是一个激动人心、动态变化、相互关联的世界的一部分。

4. 改善商业与教育的伙伴关系
首先,不要伤害

安德烈亚·加博尔(Andrea Gabor)

安德烈亚·加博尔是纽约市立大学(City University of New York)巴鲁克学院(Bruch College)的商业新闻学"布隆伯格教授",也是W. 爱德华兹·戴明(W. Edwards Deming)的传记作家(戴明是质量管理与组织学习方面的一位领袖级人物)之一。她出版过多部著作,其中包括《资本主义哲学家:现代商业天才——他们的生活、时代和观念》(*The Capitalist Philosophers: The Geniuses of Mordern Business——Their Lives, Times and Ideas*,Three Rivers Press 出版,2002年)。她也是"战略与商业"(strategy+business)的特约编辑,她的文章通常涉及商业与教育之间的关系。她在这里讨论的是商业机构涉入教育领域的最优与最差途径。

在一场严重的失业危机中,同时也存在着一个巨大的人才缺口:在全球市场上,从工厂到油田、再到白领工作岗位中,企业正在寻找的是具有科学背景、沟通技能和技术头脑的求职者,这正是许多高中毕业生(甚至一些大学毕业生)不擅长的。这就是为什么商业组织的领导人如此急迫地要求进行学校改革,他们把公立学校看作人才的供应商和未来的孵化器。

大多数这类教育改革——无论是在公立学校、私立学校,还是在各种慈善领域，都基于一套源于传统商业上的习惯做法的核心观念。其中包括学校选择（在学校之间建立起一个竞争市场，包括最新的契约学校的做法）、对学校管理人员进行管理培训、给教师设立激励性薪酬体系以及强化数字技术的使用等。

所有这类改革背后的基本概念，是学校需要"像企业那样"运作，也就是采用高度竞争性的管理风格：设法发现高绩效人员、根除各种形式的浪费、衡量绩效、推行数字化目标、将绩效低下归责于教师工会团体，以及强迫每一个个体每天证明自己的价值。换句话说，他们试图要把一模一样的自上而下、胡萝卜加大棒、服从驱动的管理理念，强加到各种学校头上——即便是在商业企业中，这些管理理念也已经被证明并不那么可靠，并且在许多情况下恰恰适得其反。质量运动的首创者 W. 爱德华兹·戴明把他们的这种方法称为西方"流行管理系统"，他认为这是大多数商业和经济弊病的源头的看法，也相当一针见血。把这种"命令与控制驱动"（command-and-control-driven）的管理方法转移给学校，对任何人都没有什么帮助。

不仅如此，几乎所有对各种关键改革行动的研究都表明，诸如契约学校行动和教师的绩效薪酬等方法，其结果令人失望，也没有带来改善教育的成果。比如，斯坦福的教育成果研究中心（Center for Research on Education Outcomes）在 2009 年进行的一项调查发现，只有 17% 的契约学校的考试成绩优于传统学校，而其中 37% 的契约学校的考试成绩明显比传统学校差。范德比尔特大学（Vanderbilt University）在 2010 年进行的一项主要研究发现，那些在三年学生成绩改善上获得了 15 000 美元奖金的教师，与没有获得奖金的教师相比，在业绩上并无差异。

黛安娜·拉维奇（Diane Ravitch）在《美国学校系统的生死存亡》

中写道:"改善教育质量的努力变成了一个会计学方案:先衡量,然后惩罚或者奖励。这个做法在教育工作者中制造的是恐惧和服从,它时常会产生出高分。但是它与教育完全没有什么关系。"

就教育技术而论,基本上见不到有关12年制教育中哪些做法行得通、哪些做法行不通的研究。尽管没有人怀疑,未来几年中技术很有可能会在教育中发挥重要作用,但是对于各种各样的新电子工具究竟如何应用、为何应用的评估,一直以来都因教育技术行业可达5 000亿美元的巨大潜力,一再受到扭曲。许多对于教育改革有浓厚的兴趣的企业——从诸如苹果公司、微软公司、思科公司以及新闻集团,到数不胜数的规模较小的媒体与软件企业,与这里的生意也有利害关系,这也就让人们很难辨别出究竟哪些评估才公平可靠。

所有这一切都很不幸,因为企业领导人可以为教育做出巨大贡献——如果他们能够拿出来的是那些最具协同性、最有创造性的商业思想和行动,而非以恐惧、控制和衡量为手段的管理。这些企业(包括全食公司、HCL公司和Container公司)声称,利润最大化不是它们的核心目标。他们从自己的经验中学到,只要为他们的员工、他们的社区和他们的客户把事情做好,利润自然会滚滚而来。许多教育工作者认识到了这一点,对此也相当欣赏。纽约市教育局副局长沙伊尔·伯莱克-舒兰斯基(Shael Polakow-Suransky)说:"如果你尽力去运营的是一个小规模城市这样大的一个系统,你需要各种各样的技能,"他注意到,当这个城市的教育系统几乎完全由教育工作者一手控制的时候,管理状况就是"一塌糊涂"。他补充说,当这个学区在20世纪90年代开始从企业引入人才的时候,最初由于MBA毕业生与教育工作者之间的冲突有些错误的开始,"但我们意识到,我们两方面的人才都需要"。

那么，对于学校改革真心诚意地抱有兴趣的那些商业人士，应该如何应付这样的挑战呢？他们可能起步于，把那些与协同合作、系统导向与改善导向相关的各种管理观念，应用到学校所面临的那些挑战上——这些观念曾经帮助一些企业实现了变革。对于财务上捉襟见肘、承受不了多层管理的学校来说，一个更注重参与的系统是较理想的模式；此外，数字技术已经让管控许多学校系统的那些工作规则变得毫无用处了。一个面向利益相关者的文化同样适用于许多个体教育工作者——在这样的文化环境中，决策是为了组织中各个方面的所有成员的利益做出的，而并非仅仅（为企业）增加股东回报，或者（为学校）提升标准考试成绩；因为使教育工作者获得激励，除金钱之外还有一系列其他因素，其中包括工作保障和做出某种贡献的愿望。最重要的是，把注意力放到包括父母和社区成员在内的利益相关者身上，就会促进教育改革所必需的注重协同合作、面向改善的文化。

在实际操作层面上，这往往意味着为教师和校长们提供新型培训、培育学生和家长都可以参与的创新教育机会，以及在学校和包括潜在的雇主在内的外部世界之间搭建桥梁。

下面这些故事展示的，是可以带来更好的企业-教育合作的一些看法和行动。就像这个领域中总会发生的那样，这些合作也有瑕疵。但是这些故事与许多失败的努力之间的最大区别，就是企业领导人和学校领导人在真正的协作中走到了一起。这些企业所做的不仅仅是捐赠资金和技术，更确切地讲，这些学校和企业展开的是相互之间的学习。

植入领导力培训

2003 年，在纽约市，由企业高管转行当市长的麦克尔·布隆伯格（Michael Bloomberg）与从企业高管和律师转作教育厅长的乔尔·克莱因（Joel Klein）一起创建了纽约市校长领导力学院（New York City Principals Leadership Academy）。这家学院效法的是地处纽约州克罗顿维尔的通用电气公司约翰·F. 韦尔奇领导力中心（John F.Welch Leadership Academy），其初衷是填补这个拥有1 200所学校的系统中的合格校长候选人空缺。学院初建时，是一个公众事业与企业的合作机构，有6 900万美元预算供机构头三年的运营，资金大部分来自基金会和企业捐款。最初几年，这家学院竭力保持一种恰当的平衡，一边是私营领域的管理意识（比如，把很大精力重点放到招聘具备教育领域以外工作经验的校长候选人），另一边则是全然不同的学校文化。[1]

但第一任CEO小罗伯特·E. 诺林（Robert E. Knowling Jr.）（他从前曾做过企业变革顾问，并在科瓦德电信公司里担任CEO）离任之后，桑德拉·J. 斯泰因（Sandra J. Stein）接任了学院的领导职务，在此之前，她是这个学院的院长。今天，这家学院与纽约市教育局（New York City Department Of Education, NYDOE）签约运营，后者为学院的几乎所有活动提供资金——学院似乎还在企业文化与教育文化之间找到了一种可以持续下去的平衡，部分是由于重视学习的修炼，比如系统思考。

领导力学院的课程计划基本上保持了自2003年以来的原貌，主要以一个学校管理的模拟系统为中心的强化培训为主，在每年夏天举办，为期6周。这个训练班要求锐意进取的校长们每件事都要去做——从管控一个学校的预算，到为教师们制定职业发展规划。这个模拟软件

---

[1] 参见安德烈亚·加博尔所著《公立学校校长领导力原则》（Leadership Principles for Public School Principals，strategy+business 出版，2005年夏），www.strategy-business.com/article/05207。

还迫使他们面对一些真正的校长们每天都要处理的意外难题，比如，突如其来的预算削减、涉及问题孩子的危机以及怒气冲冲的家长。强化培训之后，在整个学年里都有后续会议，校长们在会议上可以讨论他们在学校里正在经历的问题。

在斯泰因的领导下，这个学院的风气和文化发生了转变，某些传统商业理念也被更加明确的系统导向方法所替代。通用电气的前CEO杰克·韦尔奇不再像早些年前那样到这里来做演讲了，现在这里的讲师们大多都是教育专家。斯泰因引入了"冰山模型"的应用，《知行学校》也成为学院的核心教材。[①]

对数据价值的重视这个主要商业概念之一，也在斯泰因任职期间得到了强化和扩展，列为五项核心领导能力之一。这家学院希望锐意进取的校长们从多个来源获得学生与学习的定性和定量信息，并以改善学生学习表现为目标，思考这些信息的各种内在含义。乔治·福利（George Foley）曾是一位数学教师和学校校长，他在学院中是教授教育数据应用与分析的团队领头人，他常常会敏锐地指出："只有一个数据"绝对是不充分的。他重点关注帮助校长超越惩罚性方法（根据考试成绩判断学生和学校），进入应用数据识别模式的境界，包括发现问题、亮点和改善的机会。

最近的一个案例是这样的。福利从一家学校收集了全部英文考试成绩，他让大家看到，在8位四年级英语教师中，一位教师的出众

[①] 桑德拉·斯泰因在2011年因个人原因辞职。目前领导力学院的负责人是艾尔玛·萨多雅（Irma Zardoya），她曾担任位于布朗克斯的纽约第一学区的学监。

2012年1月，领导力学院启动了一项战略规划，内容包括新的问责体系和基于奖金的激励措施，不再强调曾经让这个学院颇具效力的协同学习。如果这项规划控制住了局面，这就会成为一个案例——如果介入其中的合作伙伴们不谨慎从事，来自问责的种种压力就会迫使学习导向的商业—教育合作关系偏离方向。

业绩就可以提升整个学校的成绩。通过仔细观察这位异类教师的做法——她的课程资料、课程计划、会议记录和学生反馈，她的同事们就可以学习如何改善自己的教学。数据是一个"强有力的工具，一种动力"，福利说，"人们在看到数据之后，就会提高自己的工作水平"。以这种方式进行的数据挖掘，也使得改变校长与教师之间的谈话的基调成为可能——这是由于把关注点放到了解决问题上，而不是放到指责教师个人或团队上。①

培育技术实验

有许多教育改革者开始把关注点放到教育技术所带来的潜力上，为来自外部的创新技能和创新机会打开课堂的大门。到目前为止，市面上林林总总的教育技术和软件主要针对消费市场和家庭学习市场，不大适合城市中心区的孩子们的需求，也难以运用到公立学校的课堂上。现在，在纽约、路易斯安那和其他地方已经开始进行的一系列实验，试图利用技术来丰富公立学校教育。这些实验中的一部分是在学区与技术公司的合作中培育出来的——比如，与大型计算机网络企业思科系统公司的合作。

在纽约进行的项目名为iZone（代表"创新地带"的意思），它展示出了这类合作关系的希望和困难。这个项目形成于2009年，资金来自本地企业领导人和思科公司，其设想不仅是要帮助各个学校运用最新

---

① 从这个学院的经历中获得的一些关键经验：
- 要保证由教育工作者监督培训的进行，以保持培训的针对性。
- 要在最有针对性的情况下，采用企业人士的指导，比如，在学习应用数据确定问题与改善机会方面。
- 采用同事相互培训、参与式团队活动，以及其他共享观点的方法。
- 通过教师、企业志愿者和学生共同参与项目的方式，把注意力放到结果的实现上。

的计算机技术，更要让它成为一个个温床，培育各种无拘无束、以学习为导向的活动；让学生们、教师们和学校管理人员都受到鼓励，去探索真实世界的技能，并将其与学校的课程融为一体。

这个项目在规划阶段从思科公司2008年发布的一份白皮书中获得了启发。这份名为"为21世纪培育每一位学习者"的白皮书认为，由于劳动人群处在变化与全球化过程中，多元化的技能与知识获得了高度的重视；其中包括跨文化洞察力、多种语言能力、解决问题的能力、决策能力，以及创造性思考与批判性思考的能力。这家公司和学区的领导人在提到对方时，都互称"思想伙伴"，大家出于对彼此的专业技能的认可而相互尊重。①

"思科不是一家教育技术公司，它是一家网络计算机公司。"思科公司的全球运动经理玛丽·安妮·彼特里洛（Mary Anne Petrillo）解释说，"我们以我们的核心能力帮助各个学区，全面、彻底地考虑它们的流程……并建立它们自己的技术管理能力。"

在iZone项目进行的第一年里，思科提供了数字技术方面的专业培训，也提供了资金。教师们要到位于曼哈顿宾夕法尼亚火车站附近的思科办公楼，参加几轮以各种课堂技术课程的全天培训——其中包括与外部专家召开电话会议、PowerPoint软件的使用，以及视频技术的使用。思科也试图向所有这些学校学习，公司把一批批工程师派遣到学校课堂上，了解教师和学生们如何使用数字技术。

毫无疑问，这其中的确有商业目的；思科当时正在开发一个综合

---

① "为21世纪培育每一位学习者"（*Equipping Every Learner for the 21st Century*），作者达约（思科公司高级事务副总裁），思科公司发布，见2008年。http://newsroom.cisco.com/dlls/2008/ekits/Equipping_Every_Learner_for_21st_Century_White_Paper.pdf。

技术门户，面向其他学校系统进行商业销售；其中有不少功能设计是为了让学生、家长和教育工作者更方便地获得课程作业与各种合作学习机会。作为与纽约市教育局合作安排的一部分，思科计划在2010年秋季让参与iZone项目的那些学校免费使用这个门户。

然而，在2010年8月，思科的作用一下子降低了；采用的技术也变得非常有限，成为一个只提供现成软件的门户网站。发生这种转变的原因，从未有人完全解释清楚过，纽约市教育局说思科没有按期完成计划。可是参与iZone项目的校长和教师们还指望着与思科合作，因此相当失望。就思科而论，这家公司目前仍然是纽约市iZone计划的正式支持伙伴。这一类"成长的烦恼"表明，某些复杂的政治、组织和商业问题都可能令企业–教育合作变得相当困难——尤其是这样的合作在一个庞大的学校系统中形成规模的时候。但这也突显了持续对话的必要，对于推动横跨商业和教育领域的各种行动计划的那些领导人来说更是如此。

不久以前，iZone项目完成了多年以来的第三次重组。这个项目现在是一个分为两个层面的实验，其中100多家学校进行的是有限参与——通过纽约市教育局的门户网站选择教育软件。另外有25家学校则加入了一项参与程度更高、名为"iZone360"的行动。这项行动目前正分阶段推进一个项目，最终要让每一名学生都有一台笔记本电脑可用，同时以名为"创新教练"的方式，在技术和其他改革理念方面为学校提供建议，并且提供其他支持。

另一个为人所知的思科伙伴合作，被称为"21世纪学校行动"，这个项目建立于卡特琳娜飓风过后的2005年，合作伙伴是路易斯安那州和密西西比州的8个学区。在这里，捐赠设备和各种新技术测试，与创新和新型培训的各种机会之间保持平衡。全面参与这个项目的学校系统之一,是路易斯安那州的杰斐逊郡。这是一个拥有88所学校、规模不小的城市郊区学校系统,地处新奥尔良近郊,学生们来自不同的收入和种族背景的家庭,许多人住在密西西比河三角洲的低地地区。在飓风与洪水彻底破坏了这个学区中许多学校的校舍之后,思科是提供帮助的第一批企业中的一个。

与纽约市的情况一样,思科公司捐赠了设备,其中包括白板和笔记本电脑(杰斐逊郡政策规定每个学生要有一台笔记本电脑),并免费提供职业发展培训。在这个学区决定聘任一位首席技术官的过程中,思科公司也起了关键作用。儿童与技术中心(Center for Children and Technology)在2009年进行的一项调查发现,思科公司与当地学区开展的合作伙伴项目,帮助这个以贫困、黑人和拉丁裔学生为主的学区"启动了一场激动人心的教育变革"。(相形之下,在相邻的新奥尔良市,学校系统大部分被特许学校组织接管了。)[①]

思科公司坚称,它在商业利益和慈善活动之间保持着一道防火墙。然而,这家企业显然从这个合作伙伴关系中获得了利益。思科公司在这个学区销售了路由器、交换机、视频会议系统,以及其他更多设备。思科公司则争辩说,它与杰斐逊郡的合作伙伴关系代表了一种良性循环——这家公司的企业社会责任项目帮助当地学区明确了优先次序、制定了相关策略并形成了各种专业能力;与此同时,在如何把技术应用到学校方面,这些项目让这家公司产生了新的认识,使其可以开发

[①] 到目前为止,从这个过程中获得如下经验教训:
• 建立的伙伴关系虽然可以让企业从相关研发中获利,但这个项目中所有部分要对外部人士透明。
• 培养实验,因为并不是总能事先看清那些想法和项目会取得最好效果。
• 对于每一个新技术,都制定深度培训方案,让企业人士与教育工作者共同学习,也相互学习。

出更加有用的产品。

为创新型变革开展合作

最早参与到iZone项目中的学校之一，是位于哈莱姆的"环球技术预科学校"，它是纽约市里的新式中学之一。正巧，这所学校的第一位校长克里斯提娜·拉塞尔（Chrystina Russell）也是"领导力学院"的毕业生。罗素曾是一位特殊教育方面的教师，对于系统思考的概念相当重视，她试图通过与慈善和企业等外部机构合作利用学校的资源。

在学校正式开门之前，罗素开始招聘教师的时候，团队合作就已经是一个明确的目标了。2009年夏天，她召集未来的教职员工定期在她的朋友和同事杰奎琳·普赖斯-哈维（Jacqueline Pryce-Harvey）家里，举行周日早午餐会。普赖斯-哈维是一位资深特殊教育教师，后来成为"全球技术预科"中负责培训的校长助理。普赖斯-哈维是牙买加移民，拥有地理学博士学位，也是一位厨艺大师，曾做过纽约社交名流布鲁克·阿斯特（Brooke Astor）的私人厨师。这些未来的教师们在品尝佳肴的同时，就"全球技术预科"的课程安排、招生方法、新员工招聘标准和在教室中引入技术的策略，展开了头脑风暴。这些早午餐会强化了罗素在后来期望自己的员工们具备的协同性和适应性——她认为这是一家成功学校的关键，也强化了一种不言而喻的认识：大家的教学责任并没有在正式放学时间3：30终止。

罗素培养、发展了一种依赖于校内和校外的伙伴关系的合作文化，但她坚持要求把注意力放到她和她的员工已经确立的核心价值观上，而不是亦步亦趋地追随赞助商们关注的议题。比如，学校里的每一个学生都会收到一个用来做功课的笔记本电脑，这得益于iZone项目和企业捐赠。但罗素和她的员工头脑都很清楚,技术本身不应该变成最终目的,因此,在大多数情况下,软件的作用是强化而不是替代传统教学。此外,与其他一些学校的做法不同,"环球技术预科"在培训上没有聘用外部专家。罗素反倒是决定依赖学校里几位熟悉技术的专家,请他们帮助培训所有员工和学生,这同时也强化了这所学校的合作文化。她还把学校里的一些教师送去参加思科公司在2009/2010学年举办的培训班。

除此之外,罗素也加入了"让青少年都有计算机"(Computers for Youth)项目,这个项目免费为贫困家庭提供安装了教育软件的台式计算机以及相关培训,它的目标是教会家长怎样帮助自己的孩子完成学校的功课。她还与一个叫作"市民学校"(Citizen Schools)的非营利课外学习项目展开协作,把"环球技术预科"的上课时间延长到了下午6点。学生们在这里得到作业上的帮助和学业上的提高,还可以参加由当地专业人士和企业运作的各种动手实践的学徒项目——其中包括向谷歌派来的工程师学习编程。为了保证参与项目的孩子们得到他们需要的帮助,罗素做出了颇有远见的安排,她指派自己学校里的教师去担任"市民学校"项目的志愿者导师——因为这些志愿者中的大部分人都还在读研究生。所有这些企业和组织形成了一个协同合作的网络,如果它们各行其是,就不可能具有如此强大的力量。

罗素尝试过另一种撬动团队合作和系统思考的方式,是让接受"特殊教育"的孩子融入主流。"环球技术预科"的学生中,有31%学生经认证确定需要接受特殊教育。罗素把几乎所有这类学生都转到了名为"综合课程教学"(Integrated Co-Teaching,ICT)的班级上,这些班级采用团队教学方式,班上也包括了各种各样的其他学生。大家对此都有一个明确的期望,那就是当这些孩子在八年级毕业时,其中大多数能够到普通班正常学习。

协作在这个努力中所起的作用，在2011年的时候成为引人注目的焦点。这一年，霍斯尼尔·马丁内斯（Josniel Martinez），"环球技术预科"的一位七年级学生，被选中在白宫举行的"数字希望"（Digital Promise）的启动仪式上，为美国教育部长阿恩·邓肯（Arne Duncan）做演讲介绍人。"数字希望"是为促进突破性教育技术的开发而设立的一个全国性中心。这位11岁的多米尼加移民站在演讲台上，面对100多位各界要人，讲述他在刚上六年级的时候成绩一再滑坡，直到学校组织起"整整一支队伍"来帮助他。他解释说，这个团队里包括教他整理技巧的教师们——他们每天检查他书包里的铅笔、作业，以及其他那些在课堂里取得成功必需的东西；"青年计算机"在提供给他的家用电脑里安装了附加软件；还有他的母亲，坚持让他每周三次用教育软件做功课，还要少看电视。他在结尾的时候说："10年之后，我就要上大学了。或许有一天，邓肯部长还要为我工作呢！"

在较短的一段时间里，"环球技术预科"的协作方式，就产生了令人瞩目的成果。为了自由利用使用计算机的这段时间，很多学生都会提前15分钟到校。在2011年的发展报告中，这个学校得到的评价是A，并在纽约市所有中学的排名中位列前95%。当然，这里还存在着方方面面的挑战：这家学校在英语语言艺术能力（ELA）方面的进步，不如数学方面；在帮助有严重个人或家庭问题的学生方面依然步履维艰。但是，几乎每一位投身于这家学校的各种活动中的人似乎都很喜欢它的方式，在2011年的学习环境调查（Learning Evironment Survey）中，"环球技术预科"在家长、教师和学生满意度方面，得分都超过90%。在最初参与iZone项目的10家学校中，"环球技术预科"也是目前还保持这个项目中的硕果仅存的两家学校之一。①

另一个能说明问题的指标，是那些在其他学校被列为"不可救药"却在"环球技术预科"取得成功的学生的人数。这其中也包括一些教师。比如，数学教师戴维·贝兹（David Baez）目前已经被确定为未来的校长人选。他受聘之前就职于布朗克斯区的一家教学状态混乱的学校，一位主管对这位年轻教师的评价是"业绩不良"。但是，某位未来的同事（那时候，普赖斯-哈维在同一家学校担任特殊教育教师）碰巧在这个时候和他同教一个班级，她看到了他的潜力，为他提供了指导，并最终把他带到了"环球技术预科"。现在，一批批的参观者纷纷来到贝兹教的数学课上观摩——他在课堂上把传统教学方法与线上的数学游戏与视频结合到了一起。贝兹还为"环球技术预科"获得了大量捐助。这类相互协同合作、富于创业精神的文化通常是与初创企业联系在一起的，而非学校（或者，就此而论，也非许多大型企业）。这家学校要想持续开办下去，就取决于它在多大程度上，能够更好地继续培养一种协同合作文化——既在学校之内培养，也和外部合作伙伴共同培养。

石油专科学校

在得克萨斯州的休斯敦，公众领域与私人领域的另一个伙伴合作关系正在学校系统与能源行业之间逐渐成形。这家机构的设立，是为

---

① "环球技术预科"的经验的含义：
・建立非正式聚会的机制，规划创新行动；其中要包括学校领导人、教师以及来自企业的合作者；
・把注意力放到学校领导人看到的重要问题上；
・以协作团队的形式，把包括企业和非营利组织在内的多种外部机构整合在一起；
・培育一种参与式的员工与学生文化，让它与你在自己周围看到的最好的企业文化产生共鸣。

了缓解日趋严重的能源工人短缺。目前，能源行业员工的平均年龄是50岁，而每年从当地的各个学校毕业、具备满足初级岗位基本要求的科学与数学技能的年轻求职者人数却一直在减少。2005年，美国独立生产商协会（Independent Producer Association of America, IPAA）试图通过设立石油专科学校来应对这个问题：这是经过筛选的一批在公立学校中开展的项目，旨在为年轻人提供必要的数学和科学教育，填补油田中初级职位空缺的活动。

到目前为止，IPAA在休斯敦地区的四家公立学校中开设了石油专科课程。这其中包括米尔比高中——这所学校里的学生主要来自贫困家庭和拉丁裔家庭，也包括一所女子学校——女子大学预科学院。这些专科学习提供为能源行业定制的高级就业课程和一些特别项目。教师们需要接受培训，以便协助能源行业的专科要求，在所有课程中定制教学内容。比如，在米尔比高中，在讲授标准的文学课程之外，还要提供"技术英语"的课程，这是为帮助学生注重非虚构文体的阅读和理解而专设的课程。这门课的典型作业，可能是写作一篇有说服力的短文，探讨可再生能源相对于不可再生能源的价值。与其类似的是，代数课程着重教授的是石油行业中的数据分析。

IPAA的教育顾问委员会中包括很多本地的石油、天然气企业人员，这些企业提供资金、实习机会以及来学校演讲的人员。比如，米尔比高中这家IPAA开办的第一所石油专科学校，从壳牌石油公司获得了价值115 000美元的笔记本电脑。哈利佰顿公司则捐赠了价值2 700万美元的地球科学和工程软件，使米尔比高中能够教授这些领域的选修课程。

2011年，米尔比高中的第一批石油专科的学生毕业了。在第一批参加学习的80名学生中，有62名将进入四年制大学学习，几乎所有人都获得了奖学金。大多数没能进入四年制大学的学生，都会去社区大学学习。相形之下，米尔比高中里那些没有参加石油专科的同级学生中，只有37%被四年制大学录取，46%的学生进入社区大学学习。[①]

获得更好的经验

在学校与学区竭力改善12年制教育水平的同时，企业与教育机构的合作伙伴关系有可能迅速发展起来。从纽约到得克萨斯以及其他地方，当创新确确实实变成了每个人的任务，就形成了比较成功的案例。就像学校可以从企业那里学习一样，对于教育改革感兴趣的那些企业领导人，最好也从他们想要帮助的学校中学习。他们遇到的种种挑战，以及那些最有成效的解决方法，恐怕都会让他们大吃一惊。

教育工作者与家长必备：媒体基本技能

阿特·克莱纳　蒂莫西·卢卡斯　布赖恩·史密斯　贾尼斯·达顿

对孩子们产生影响最大的两个人群——教师和电视节目制作人，相互之间鲜有沟通，或者基本不沟通，这是我们这个时代的教育领域中最具讽刺意味的境况之一。他们说的是不同的语言，对于对方所考虑的要务也一窍不通。以下的这些问题，可以促使你以开放的心态去看各种形态的媒体——电视、电影、报纸杂志、音乐、广告、移动终端、网上游戏、社会化媒体以及互联网上的所有东西，也可以看看在

[①] "石油专科学校"的经验提供了以下这些建议：
- 把企业变革的努力融合到现有课程计划之中，并据此设计招生工作。
- 逐步扩大规模，从几所学校开始，从这些早期启动的学校中学习。

制作人和消费人群的心中,对于这个世界的不同见解。①

愿景

a. 我们期望媒体所勾画的教育的形象是什么样的?我们期待在印刷、文字和互联网出版物上看到什么?我们期待在电视和电影上看到什么?我们期待在博客和视频上看到什么——由成年人制作的或者是由孩子们制作的?

b. 在我们教育的孩子们关注的媒体——新闻媒体、小说、电影、电视节目,我们期望这个世界的哪些方面得到反映?

c. 在由孩子们产生出来的媒体中——他们的谈话、视频、照片、博客、微博以及艺术作品,我们希望哪些种类的主题和谈话得到反映?

d. 我们期望对孩子们有哪些保护——针对各种入侵者、网络暴力者、商业利益、陌生人,以及任何人?哪些对于孩子们的保护,应该由家长们提供?哪些应该由学校和社区提供?以及哪些保护,孩子们应该自己学会为自己提供,以及互相提供?

现状

a. 在教室里或者学校里,有哪些现实中的形象(以声音、文字、互动媒体方式,或者是以电影的方式,包括广告和上传视频)孩子们谈得最多?

b. 这些现实中的形象来自哪里?谁制造了这些形象?为什么有人会制造这些形象?(是为了钱?为了某个人出名?为了说服别人?为了表达一种观念或者形象?或者是为了其他哪些原因?)

---

① 目的:在教育工作者、家长、学生和社区成员中,对于媒体的信息、影响和价值,形成更加深入的认识。

c. 制造了这些学校的形象的那些人是怎么想的？对于孩子们，他们是怎么想的？对于生活，他们是怎么想的？

d. 孩子们为什么会喜欢这些形象？这些形象为什么会走红？孩子们以及成年人从中得到了什么？

e. 这些形象有多准确、有多可靠？对于生活中实际发生的情况，这些形象表现得有多好（或者有多糟）？

f. 有哪些可以观察得到的细节（如"推断之梯"中最下面一级所示）让你在这个练习中得出了自己的结论？

交换意见

当你回答完这些问题之后，与其他人的回答进行对比——比如，与你的孩子的回答做对比，或者与自己班级里的孩子的回答做对比。

你们的答案中，哪些是相同的，哪些是不同的？

与媒体探讨

采用脸书、推特和领英，以及网上公众论坛（包括某些由你自己社区中的当地媒体支持的论坛），要比以前与各类记者和作家更加容易进行有成效的探讨，尤其是因为许多本地作家如今是由互联网而为人所知的。比如，如果你对这个练习中前面两个阶段的问题，得到了有趣的回答，你就可以用邮件进行归纳，发给你考虑过的那些媒体的制作人。他们有可能回复，也有可能不回复。但是你会发现，广播和网页制作人对于他们制作的节目的深度批评尤其渴求。通过统计数字和调查，他们可能已经注意到了自己的观众，但他们有可能已经失去了对自己观众的内心感受。因此，他们或许会对你的提醒不胜感激——尤其是如果你能够让他们看到，你领悟到了他们正在寻求的东西：也就是以某种方式可以准确、有效地与他们试图联系的人们建立关系。

第16章
可持续发展教育

1. 造雨者

凯瑟琳·布赖尔-劳森（Katharine Briar-Lawson）

凯瑟琳·布赖尔-劳森是纽约州立大学奥尔巴尼分校社会福利学院的院长。她与她的同事哈尔·劳森一起，逐步在全国构建了一套培育教育复兴的实践。布赖尔-劳森的模式强调相互依存关系，这与那种把学校看作独立机构、把教师看作独自完成全部工作的主流心智模式完全不同。家庭与社区机构是改善学校教育的关键资源，学校则又成为家庭、社会和公共卫生服务人员，以及社区领袖的关键资源。在这个复杂过程中，家庭和孩子实际上变成了关键合作伙伴和共同领导者。

在凯瑟琳亲身参与的所有项目中，"造雨者"（The Rainmakers）恐怕是最出名的了。尽管这里描述的南佛罗里达项目已经停止运作，但它已经在全国成为其他类似项目的典范。凯瑟琳从最初组织这个项目开始就是领导人，这里是她对于这段故事的回顾。

1990年，由于丹佛斯基金会的介绍，我开始在位于南佛罗里达迈阿密海滩的一所小学里工作，人们都把这所学校看成戴德县（Dade County）最令人头疼的地方，学校周边的街区也很让人头疼。这里90%以上的学生吃的是学校提供的免费午餐，要么就是其他廉价午餐。学生家长大多是非法工人（undocumented workers）。这些移民面前是重重障碍，这使他们根本无法与社区里的其他人融为一体。这些居民使用46种不同的语言。他们拥挤在一栋废弃的公寓里，他们的房东和城市里的其他市民完全忽视他们的存在。事实上，有些一心想要把迈阿密海滩改造成中层社区的政客和房地产开发商不断威胁他们，说要把他们赶走，但他们别无去处。所有这些都让孩子们感受到巨大压力。他们经常逃学，时常会有"扫街"行动——警察把在街上游荡的孩子一一送回学校。一起虐待儿童致死的悲惨事件引起了媒体关注，他们认为这里毫无希望。[①]

当时，我们大约有60 000美元的工作经费。有了这笔捐款，我们就与一位社会工作者合作，启动一个名为"健康学习者"的项目，协助家长们帮助他们的孩子在学校有更好的表现。起初进展十分缓慢，我们不知道如何才能最好地帮到他们。恰恰在这个时候，爆发了头虱危机，情况非常糟糕，以至于学校一度要停课。一开始，我们采用传统方式应对——试图让白宫下达一项法律豁免，这样教师们就可以给

[①] 有关贫穷对于教育的影响及其带来的两难困境的更多深入探讨，我们推荐由乔纳森·科泽（Jonathan KoZol）所著《粗暴的不平等》（*Savage Inequalities*，Harper Collins出版，1991年），以及乔纳森·科泽所著《瑞秋和她的孩子们：美国的无家可归家庭》（*Rachel and Her Children: Homeless Families in America*，Crown出版，2006年）。

学生分发通常必须要处方才能获得的医用防头虱洗发水了。在一个社区联盟的帮助下，我们免费发放了从制药公司获得的洗发水，但是，危机仍在蔓延。

最后还是在我们项目中负责动员家庭参与的一位经验丰富的社会工作者想出了办法。她跑到头虱爆发最集中的地方走访了一些家长，问他们是否可以做我们的顾问。她告诉这些家长，他们才是专家，没有他们的帮助，我们是解决不了这个问题的。

一小群家长应约见面了。他们把自己叫作"虱子克星"（Lice Busters）。他们说问题不是出在豁免权，也不是出在洗发水，而是他们的住处。有些人的家是废弃建筑里只有一间屋子的公寓，地上摆了18张床垫，还没有自来水。要想解决这场危机，他们需要吸尘器、洗衣服的零钱、给孩子们理发的剪刀，另外，孩子们还要有做功课的地方。

这和我在全国各地的其他行动中见到的一样，在一些教师和其他提供服务的专业人员眼里，这些家长"深陷重重问题"，但事实证明他们才是真正的专家。他们自己就知道如何解决这个问题，他们也了解阻碍自己孩子学习的各种障碍，可是并没有人去挖掘他们的专业知识。这位负责家庭参与的社会工作者和家长一同着手解决这些基本问题——洗衣服的零钱以及烟熏消毒服务，而不仅仅是洗发水。有哪些孩子接触了这些"造雨者"你可以分辨出来——因为他们理发了。

那时候，他们还不叫"造雨者"，也还没有去探究其中最根本的需求——是各种经济上的压力，让这些家庭不得不待在这样的住处。但显然这些父母不是个例"问题"。对于这所学校和这个社区，他们是宝贵的财富，是一种资源；是一个具有非凡潜能的群体。他们只是缺乏支持，比如一位倡导者，以及提供培训、津贴和职业发展的阶梯。那位社会工作者为这些家长——其中主要是母亲，提供了40小时的培训，使她们能成为具备专业能力的社会服务助理、医疗助理、家教助手、教师助理，以及互相支持的资源。她们称自己为"雨妈妈"（Rain Mother），这个说法是"介绍与信息网络"（Referral and Information Network）的缩写。她们都是从南美洲或者中美洲来到美国的，她们喜欢雨的形象，因为雨象征着让现实世界得到洗涤、净化和升华。

"雨妈妈"几乎是立刻就着手开办了一个家庭作业俱乐部，为孩子们提供了一个放学后做功课的地方。那时候就像现在一样，许多学校都抱着"穷人家的孩子缺乏学习动力"的观念不放。但是在人满为患的公寓里，没有自来水，也没法提供学习的地方。家庭作业课堂开放的第一天，我们预计大概会有20个孩子过来，结果屋里挤满了孩子，远远超出了校长和所有教师的预期。

对于那些在学校里或者在她们叫作"雨课堂"（RAIN Room）的校办家庭资源中心里工作的母亲，丹佛斯基金会每周提供大约40美元的补助，但它的好处远远不止于此。学生们每天都看到自己的父母心怀希望。父母不只是在扮演重要角色，也是在学习如何管理自己家庭支持的社会服务项目。

雨妈妈们接下来着手解决的是缺勤问题。如果一个孩子缺了一天的课，两三位"雨妈妈"就会把当天的家庭作业送到这个孩子家里。这不算是逃学干预，而只是一次邻居拜访。"雨妈妈"会告诉这个孩子，大家都很想念他，她们也在想如何才能帮助他重返校园。她们会对孩子的父母强调，孩子上学真的很重要。因为不上学，孩子接下来会遇到很多麻烦。这项措施立竿见影，一夜之间学校就在整个学区的所有学校中创造了最低的缺勤率。大约就是在这个时候，这些母亲获得了"造雨者"的称号——源自一名为她们的故事撰写系列报道的记者。

接下来这些"造雨者"着手处理的是社区服务问题。起初，我们自以为了解家长和社区需要哪些服务……但我们并没有征询她们的意见。我们把医疗补助和其他社会服务机构带到了这所校办家庭资源中心，可是没有多少人采用这些服务。结果后来发现，这些家长想要的是法律援助和支持小组，应对性和暴力问题。从那之后，她们选择了这些服务，其中的一项主要需求是帮助那些被逐出居所的人找到房子，找来法律援助。

判断"造雨者"的成功

有了"造雨者"和我们一起领导改善工作，我们的注意力就转到了评估方面。在这个几乎没有什么资源的公立学校，学生成绩大幅度提高了，逃学现象也减少了，这些数据也公布于众了。但原因究竟是什么呢？正像常常发生在贫民区中的那样，当居民们获得了权利，并且共同决定他们将要实现哪些目标的时候，总会有旁观者出来对这些结果提出质疑。比如，有些人转弯抹角地说：如果考试成绩提高了，恐怕是有人作弊吧。有些旁观者则在猜想，或许是出于某种原因，有些头脑更好的父母搬到这里来了。一些教师和管理人员将学生成绩的提高归功于科默哲学（Comer Philosophy）和这家学校新近采用的设计（学校发展计划）。还有一些人则认为是与学校有联系的那些服务提供机构的专业干预的成果。

对于某些人来说，将这些成绩归功于这些父母的努力特别困难。但是真实的数据不可否认地摆在那里，让"造雨者"的作用显现无遗。例如，在"功课走访"开始后几个月，缺勤率一下子降到了非常低的程度，所有人都因此认为这个问题已经解决了。这时候，"雨妈妈"就把她们的注意力转移到其他问题上去了。当家访逐渐变少的时候，缺勤率很快又回升了。

好在还有另一所学校，我们可以进行对比。就在 1.6 千米以外，一家企业承诺支持了在另一所公立小学进行的一项广为人知的改革行动。那是一所非常漂亮的学校，教师和学生们热情也很高，投入的经费也远超我们手里的那 60 000 美元。这所新学校里的学生们和"造雨者"学校里的学生们有着相同的家庭背景，但在"造雨者"的学校里取得的成绩至少一样好——如果不是更好的话。

一些教师意识到了这些"造雨者"带来的影响。"当你在课堂上看到一个有问题的孩子时，"一个教师告诉我说，"你看到的只是问题，但是当你参加的会议上有一位'造雨者'支持者在场的时候，你就可以看到这个孩子身上的压力。于是，我们现在看待这个孩子的方式就改变了。"比如，一个孩子因为母亲是家庭暴力的受害者而彻夜不眠，如果课上的教师和她的"造雨者"敏感地关注到这个孩子的需要，那么这个孩子或许就不需要在课堂上用行动表现出自己的痛苦了。

一个"造雨者"国家

1993 年，在克林顿政府当政 100 天的时候，当时的副总统阿尔·戈尔访问了这所学校，向"造雨者"取得的成就表示尊敬和赞赏。同一年，"造雨者"启动组建了一个非营利组织，这样一来，他们就可以接受捐款，签订合同了。他们当时已经想到要创办一所儿童看护中心，这是属于他们自己的小微企业。他们的愿景还包括，确立一些实践方法和指导原则，让别人可以效仿他们的经验，这就像他们从密苏里州东圣路易斯葛蕾丝山安置房项目等其他自治组织的榜样中学习一样。

比如，他们制定了一个针对虐待贫穷儿童和家长问题的权利法案。他们认为迈阿密海滩的某些机构没有公正地对待这些人。他们的权利法案宣布，一个家庭有征询其他专业意见的权利。比如，每个家庭都有权获得熟悉这个家庭的文化背景的一家服务机构所提供的帮助。各类政府机构和服务提供机构都根据这个权利法案调整了自己的做法，并且接受了培育家庭友好型救助点的使命。

由服务供应商、市长、媒体、教师、管理人员和"造雨者"组成的学校—社区联盟，在迈阿密海滩地区各地持续地解决各类问题。"造雨者"也被大家看作学校和社区里的一支重要力量。在福利改革之后，他们设立了实习制度，那些依靠福利保障生活的人可以通过"造雨者"开始工作，也可以在福利改革的过渡阶段有一定的掌控。他们帮助人们应对飓风灾难、应对被逐出居所带来的困境，以及源于贫穷的各种压力，也帮助人们处理构建家庭友好型学校时遇到的各种问题。[1]

"造雨者"项目在全国各地得到仿效，至今已有近20年了，我们在今天就能看到，这个项目随着时间的推移给各地家庭带来的影响。我们看到曾经野性十足、暴力倾向严重、进过监狱的孩子，满心欢喜地回到了学校，并且投身于社区服务工作。我们也一再看到，一旦

---

[1] 有一部操作指南，内容包括不少练习与各种资料，可以用于开发你自己的"造雨者"风格的实践。请参见凯瑟琳·布赖尔-劳森、哈尔·劳森、鲍比·J. 鲁尼（Bobbie J. Rooney）、维基·汉森（Vicki Hansen）、丽萨·G. 怀特（Lisa G.White）、M. 埃莉斯·拉蒂纳（M. Elise Radina）与卡伦·L. 赫佐格（Karen L. Herzog）所著《从父母参与到父母授权和家庭支撑：学校社区领导人资讯指南》（From Parent Involvement to Parent Empowerment and Family Support: A Resource Guide for School Community Leaders，Danforth Foundation and Institute for Education Renewal at Miami University 出版，1997年）。另请参考凯瑟琳·布赖尔-劳森，哈尔·劳森，C. 科利尔（C. Collier）和A. 约瑟夫（A. Joseph）所著《学校联系的综合服务：前途光明的开始、经验成果精选以及未来挑战》（School-linked Comprehensive Services: Promising Beginnings, Selected Lessons Learned, and Future Challenges，Social Work in Education, Vol 19, 1997年），第136~148页。

"造雨者"的关注停了下来——当这些孩子无法从自己的社区中得到人们的帮助和指导的时候，他们就可能会回到先前的、缺少建设性的生活方式中去，因为抵消他们承担的所有压力的平衡力量不再存在。

培育人们关爱自己的社区，为他们在职业与教育方面搭建获取成功的阶梯，以及放手让他们自己去做——这些"造雨者"的基本技能，在应对美国贫困社区里的一些最严重的顽疾方面取得了成功。我曾经与一些专业服务组织合作，解决毒瘾新生儿的问题，我们组织了大量资源支持家长们的求助和戒毒，但是申请参加的人却寥寥无几。但就在同一个社区，我们培训了一批正在戒除快克可卡因、恢复正常生活的家长们，让他们做专业助手。他们会在凌晨2点钟的时候去敲邻居家的门，他们会说："你和我曾经一起吸毒，我现在已经呈HIV阳性了，我失去了对自己孩子的抚养权，但你还有希望。"从那以后，闻讯而来的人络绎不绝。

"造雨者"项目的毕业生们开辟了属于他们自己的事业。事实上，他们成功的基础与许多专业人士开出的"药方"恰恰相反。当下社区和学校面临的诸多挑战都是由多系统相互作用形成的，并且与贫穷关系紧密。因此，解决问题的方案也相应地必须是多系统的：在经济上和职业上要赋予他们选择权，要以当地居民的专业经验为基础，要由那些社区里土生土长的人做领导。当你把那些家庭和个人当作依赖于你的客户去对待，认为他们毫无希望，责备他们做人失败的时候，你就堵塞了他们的自我救赎之路。而当你看到他们的能力，尊重他们的专长，并为他们在经济上和工作机会上提供支持的时候，你就会得到一种强大的资源，它能够让卓有成效的学习和重要的变革成为现实。

设计一个"造雨者"项目时要提出的问题

凯瑟琳·布赖尔-劳森

a. 在你所在的学区里,在孩子们的需求方面,在他们的课堂学习问题与课堂行为问题的各种原因方面,家长和家庭的主导心智模式是什么?

b. 这样的心智模式是否会阻碍学生在课堂上学习与成功?

c. 教育者必须要改变哪些心智模式,才能获得家长和家庭的支持?

d. 需要在课堂上为教师们建立哪些系统架构,才能让他们得到快速服务,并对急需帮助的学生做出快速反应?

e. 需要制定哪些标准,才能为处境最艰难的孩子们、年轻人和家庭建立和强化高质量的服务?①

罗卡公司(Roca Inc.)②

真实、信任与转型

罗卡公司是一家在全国得到广泛认可的社区机构,它致力于帮助那些自由散漫的、被剥夺公民权利的年轻人摆脱贫困与暴力。罗卡公司最初创建于马萨诸塞州切尔西市,它基于经过25年锤炼形成的一系列策略方法——针对如何帮助那些"没有任何其他人想与其共事"的人,另一方面则是与工业时代学校截然不同的学习氛围。罗卡公司有

---

① 目的:教育工作者、家长、市民共同工作为社区工作奠定基础。
② 参见www.rocaine.org。

近百名"青年工人",其中很多人从前是在街上寻衅滋事的黑帮成员。他们的各种项目覆盖了各种各样的生活技能和专业技能,其中还包含针对那些基本上没有就业能力的年轻人的、综合性早期就业项目。在罗卡公司工作的许多青少年和青年人本来是会蹲监狱的,或者不到20岁就会命丧街头;然而,他们却来到了社区,完成了大学四年的课程;找到了工作,已经在经济上独立了。同样重要的是,他们变成了构建健康社区的强有力的贡献力量——切尔西市警察部门和社会服务部门都可以证明这一切。

罗卡方法基于一套有关吸引"高危"年轻人参与和转变的不断演化发展的理论。他们的网站上写道:"当他们通过紧密而积极的关系重新参与进来,他们就能够在生活技能、教育和就业方面获得竞争力,这让他们从有害的生活方式走向经济独立。"为达成这个目标,这个组织坚持三项主要原则:

• 真实:"我们真实、坦然地面对年轻人身边的每一件事,他们生活中的挑战,以及那些尽管艰巨但有可能发生的改变。"

• 信任:"我们承诺通过各种关系建立信任,也承诺要长期保持这些关系。"

• 转变:"我们为年轻人参与生活技能、教育和就业提供机会。更重要的是,无论多么困难,我们都满怀希望。"

最终:"我们所做的一切都是关于对人的爱,我们相信人人平等,人人皆能成功。"

罗卡公司精通系统思考和组织学习的方法,这里的员工在执行总监莫莉·鲍德温(Molly Baldwin)的带领下持续不断地推敲、测试他们的方法,这是罗卡与其他组织之间最主要的区别。截至2010年,他们每年帮助的 14~24 岁的年轻人大约有 900 人。他们网站是一个重要的资源，在上面可以找到他们的理论和方法的见解、数据和证据，它也证实所有人都能学习——包括那些不被社会上大多数人接纳的人。

——彼得·圣吉

2. 公众参与
突破人们在思考与互动时的种种传统方式

埃伦·布斯切尔（Ellen Bueschel）

埃伦·布斯切尔博士在农村、郊区和城市的学区里都做过学监，这样的经历不多见。她目前在俄亥俄州迈阿密大学教育领导力系任教。她在任职于不同学监岗位期间，挤出时间接受研究生教育，并将五项修炼的思想精髓与工具，结合到自己的学校管理工作和大学研究工作之中，产生了深远的影响。埃伦在这里讲述的是她在伊利诺伊州罗克福德组织公众参与的经历。这座人口约为 150 000 的工业城市，20 世纪八九十年代饱受创伤，这一方面是由于制造业工作机会的丧失，另一方面则是由于一场持续几十年、双方针锋相对的废除种族隔离制度的案件。在这次工作中，布斯切尔和其他领导人学会了如何从"告诉这个社区他们已经做了什么决定"，转到通过公众参与重建学校与社区。

在联邦地方法院责令在各个学校中废除种族隔离制度之后的 17 年中，罗克福德学区（Rockford school district）"一方面公开进行着一些令人发指的种族歧视活动，另一方面又以微妙狡猾的手段进行着另一些活动，以至于把种族歧视提升成了一种艺术形式"，1993年，当地联邦地方法院法官在一份判决书中这样写道。这份判决书的起因，是一起由家长群体提起的民权诉讼，法官在这份判决书中要求联邦法院对该学区进行监管。要等到8年之后，由于一场这个国家里最富争议的废除种族歧视案件之一，法庭才会允许这个学区完全摆脱联邦法院监管。在联邦法院监管的这段时间里，这个学区还要经历一系列最终造成分裂的学区委员会选举；围绕校车、学校停课、学校重开的颠三倒四的政策变化；税率是由地方法官设定，而非选民批准；学区必须支付几百万美元的律师费和法院要求的运营费用；第一位非洲裔美国人学监的合同无法续签，而他的白人继任者则遭到解雇。

你可以想象得出在这个社区中充斥的那种敌意——愤怒、怨恨、伤害，以及种族和阶级偏见。在一些学区委员会会议和社区会议上，参加会议的人出于愤怒跳上桌子互相指责。许多好心人希望这一切马上结束，但是这个结构的问题太大了，实在很难改变。[①]

尽管联邦法院在2001年解除了对这个学区的联邦司法监管，但是和这个判决一起到来的是一个颇为沉重的警告："在此应毫无疑问的是，如果学区委员会利用从联邦司法监督免除中获得的自由，歧视少数族裔学生，公然违背联邦法律，那它就是将自身投入新一轮严厉的司法诉讼之中。我们相信，在支付了23 800万美元之后，学区委员会

---

① 法官判决书的内容摘自《那些在乎的人》(People Who Care, et al. v. Rockford Board of Education, 851F. Supp. 905. N.D. Ill 1993)。有关这个故事的基本概况和时间表，请参加杰夫·科尔基（Jeff Kolkey）所著《种族歧视诉讼案长期困扰这个城市和学校》(Discrimination Lawsuit Haunts City, School, Rockford Register Star, September 12, 2009)，见http://www.rrstar.com/news/x1420198361/Discrimination-lawsuit-haunts-cityschools-20-years-later。

已经吸取了教训。"①

2003年,当我到罗克福德学区担任为期一年的临时学监时,近30年来根据法院命令进行的废除种族隔离,已经极大地损害了这个社区达成一致的能力——哪怕只是一些小事。人们相互之间不以礼相待,已经有许多年了。许多人觉得自己没必要去扮演公民的角色,因为学校中的所有问题都不再是社区的问题了,那都属于联邦法院。然而,如果他们不能找到一种办法,下决心对这些学校的未来做出各种决定,那么种族隔离的旧态复萌就真的可能会在天边时隐时现。

但是在那个时候,罗克福德一点儿都不具备应付这些问题的能力。况且,它的各种问题也不仅仅是有关学校的问题了。在旷日持久的废除种族隔离制度时代,罗克福德丧失了自己的制造业基地,而这个社区长久以来的中产蓝领强镇的形象也随之而去。学校和社区共同面临着很多巨大挑战。此时已经到了要把这些问题交还给社区的时候了,也就是交到它们原本的归属。这个城市的人们再也不能"把负担转移到"那个法院头上了——把它当作一个借口,不与自己社区的学校接触。他们不得不自己面对那些艰难的决定了。

作为临时学监,我有一年的时间。我知道我们需要很多、很多的帮助。

挑战自己的假设

当罗克福德学区委员会要我回去担任一年临时学监的时候,我当时正在俄亥俄州迈阿密大学的教育领导力系任教。我对罗克福德的情况相当熟悉,20世纪90年代我在那里做了四年助理学监的工作,也

---

① 《那些在乎的人》[*People Who Care*, et al. v.Rockford Board of Education, 246 F. 3d 1073 (7th Cir. 2001)]。

曾短期担任过临时学监。学区委员会答应,如果我回到那里工作一年,我还可以继续做我的公共参与研究,并且可以把罗克福德学校社区作为一个实验场。我觉得当时我正在研究、并且正在为学校管理人员授课的有关公共参与的各种方法,或许可以在这个社区中促成积极的会谈。

在罗克福德以外的学校管理职业经历中,我曾经在中西部一个很小的农村学区担任过学监,也在马萨诸塞州的一个城郊学区里担任过助理学监和学监。到了这个时候,我已经深知社区参与对于学校的重要性。罗克福德有 29 000 名学生,比我先前曾经工作过的那些学区都要大得多,也更加都市化。然而,无论在地区特征上有怎样的差异,所有学区和它们的社区都有一个共同特征——它们都是自己社区里所有公民的思想方式和这些人之间相互影响方式的产物。

我在中西部的那个农村学区里第一次担任学监职务的时候,初次亲身经历了这种情况。在我上任一个月之后,学区委员会告诉我,我们要通过最近的一次选举,投票决定是否向纳税人征税 1 490 万美元用于运营。我那时刚刚拿到教育管理学博士学位,在学校也学过教育财务管理的课程,我心里想:"这一定是疯了,没人这么干。"我问学区委员会的成员们,他们是否仔细考虑过,这次选举对于那些纳税人意味着什么。他们显然比我更了解社区的情况。他们回答说:"如果我们不去试着了解一下的话,也就一无所知。"然而,这意味着一位委员会成员和我在投票之前拜访了社区里的每个家庭。我们跟大家说为什么需要这些钱,还要回答他们的问题。我不仅见到了那个社区中的每一个人,还参加了镇上的每一个活动(为了不违反州投票法的规定,我只能按小时和分钟休假)。在投票日那天,为学校运营征税的提议第一时间就通过了——即便在当时,这也是很少见的。我心里想:"专家就到此为止吧。"我从那时就意识到，作为一名学校管理人员，你必须了解你自己的社区。这对我来说是一个重要收获。

几年之后，在我刚到马萨诸塞州的时候，我觉得在这个社区里的四所小学中，至少需要关掉一所，或者还可以关掉两所。说起来，它们都同处于一个12平方千米的人口稠密地区，其中一所学校已有近百年历史了，这一次，还是那位专家（也就是我自己）不知道自己在说什么。在这个社区里，每一所学校的校长认识每一个孩子、每一个家长和每一个家庭。与建议关闭学校恰恰相反，我们提出的是一个大胆的计划——要求参与投票的人只用一次投票批准新建四所学校的资金计划。参与这个计划的建筑师认为这不可能发生，问我们如果收税得不到批准，是否有备选方案。我告诉他说，我们没有备选方案，但这个计划在第一次投票中就会通过，结果也是这样的。这个计划可以通过投票的原因，在于我们倾听了这个社区的声音。拥有四家新学校的愿景是他们的愿景，不是我的，也不是学区委员会的。

有时候，专业知识和技能会让学校领导人对自己社区里的声音充耳不闻。我们通过培训，熟练掌握了公关和营销的技巧。我们撰写报告和新闻稿，准备预算与行动计划，都是为了要把学校的事向公众讲清楚，为了要把驱动运营的领导目标向公众说明白。我们发起宣传攻势，要求增加税收，我们把为我们提供更多资金的想法"销售"给社区成员。但不幸的是，在公众关系和市场推广中，交流只是单向的，其意图是影响公众，控制思想的流动。相形之下，如果采用的是民主的方式，领导者与市民和社区机构的接触与交流就成为关键。由于有了参与，沟通就成为双向循环。这样就营造了这个社区构建自己愿景的能力，也造就了领导者服务公众的能力。

公众参与要求学校在传统运营模式上发生转变。要从依靠专家转向更多自治——这恰恰是这个国家立国的基石,也是公众与公立学校之间契约的基础。公众参与还要求人们改变看待孩子们的视角——从仅仅把他们看作学生,转向把他们看作更大社区的组成部分。真正的公众参与——无论是在学校里还是在其他地方,要求人们制定各种策略,以便让一个社区中各个方面的人都参与到建立共同基础的持续探讨之中。①

学校的公众参与涉及几个问题:"我们想要为我们的孩子争取什么?我们如何共同努力,才可以帮助他们成为好学生、好公民?如何才能让学区里的所有学生掌握更多的知识,取得更优异的成绩?"

在罗克福德,我有一年时间启动这样一种进程。幸运的是,镇上有一所高度重视公众参与的文理学院——罗克福德学院。我联系了这个学院的院长,和他一起探讨了我的想法,他马上表示非常愿意加入,后来市长也参与了进来,于是我们三个成了合作伙伴,一起策划一个让社区参与到自己的学校中来的过程。在各种公众场合和不同的讨论之中,我们都会反复强调关注改进公立学校的紧迫性,反复强调关注服务所有学生的需要的紧迫性。我们三个人都有一些公众参与的经验,但我们一致认为,这个吵吵闹闹、反复无常的环境,最终还需要有一个经验老到但与这个社区毫无联系的推进师来把控。由于我一直在使用由丹尼尔·扬克洛维奇(Daniel Yankelovich)开发、"公共议程"(Public Agenda)组织采用的一个达成公众决定的七阶段模型,于是我们就邀请公共议程组织的威尔·弗里德曼(Will Friedman)来帮我们准

---

① 有关那些在吸引他人参与中可以用到的强有力问题,请参见康布-麦凯布、坎宁安、哈维和克夫所著《学监实践手册:学习领导者指南》(*The Superintendent's Fieldbook: A Guide for Leaders of Learning*, Crown 出版,2005 年,pp. 261,305)。

备我们的公众论坛。①

达成公众决定的过程

达成公众决定是这样的一个过程：一个社区对一个议题进行充分讨论，以便为下一步行动达成一种工作共识。扬克洛维奇的七个步骤可以分为三组主要状态：

第一组状态：提升觉悟（CONSCIOUSNESS RAISING）

- 开始觉醒：人们承认问题的存在，但缺乏立即采取行动的紧迫感。

- 更大的紧迫感：人们形成了必须要采取一些行动的冲动，这往往由焦虑触发。

在这两个阶段，媒体与各种传统公关策略都有助于吸引公众关注这些问题。如果问题比较复杂、艰深，那么将这个问题与马上就可以想到的严重关切联系起来会有帮助。（比如，预算与学校安全之间究竟有什么联系？）一定要牢记"要事优先"原则：如果你希望他们关注你心中的要事，你就必须让他们感到，你了解他们心里所想的轻重缓急。

第二组状态：逐步推进

- 努力获得各种解决方案：将心中萦绕的种种担心，转变为开

---

① "公共议程"是一家超党派的观点研究和公众参与组织——请参见www.publicagenda.org。有关他们的七阶段模型的描述，请见丹尼尔·扬克洛维奇所著《达成公众决定：让民主在一个复杂的世界里运行》（*Coming to Public Judgement: Making Democracy Work in a Complex World*, Syracuse University Press 出版，1991 年）。

展行动的呼吁。

- 一厢情愿：公众反对权衡与取舍，就表明人们假定自己可以"什么都要"。
- 权衡各种选择：公众完成"选择的工作"，也就是对于应对相关问题的每一种可能方法，都从利弊两个方面进行认真、仔细地考虑。

一定要避免把唯一的解决方案，尤其是你自己青睐的方案，强加给别人。要帮助人们理解不同做法的利弊，这样做才会为形成各种成熟的观点提供机会。事先准备不带偏见、便于使用的问题指南，可以帮助人们高效完成探讨。要与那些能够不带利益偏见，以深入、友好的方式处理相关议题的记者，特别是来自本地媒体的记者，相互合作。

在公众有机会深入展开探讨之前，对于民意调查结果要保持审慎的态度，特别是在"努力获得答案"这个阶段。深入探讨和做出决定是一项艰苦的工作，任何反对和阻力都是这个过程中的自然状况。作为一个领导者，你的任务是要了解这种阻力，并帮助公众渡过难关。有时候，提供一点儿正确的信息就可以帮上忙，在另外一些情况下，则必须敢于面对人们一厢情愿的假设。

在帮助社区中的不同关键群体逐步推进他们的思考方面，社区对话是一种极好的策略方法。①

第三组状态：融合与决心

- 理性接受：人们发自内心地认同一个理念。

---

① 这里的部分内容改编自丹尼尔·扬克洛维奇所著《公众观点的七个阶段》(*The Seven Stages of Public Opinion*，见"公共议程"组织网站：www.publicagenda.org/pages/seven-stages-public-opinion)。

- 道德承诺：在经历了充分的时间与深度会谈之后，人们把各种新想法和解决问题的方案融合起来，达到可以采取行动的程度。

当社区解决了它的未来时，不要把最初的接受看作全心全意的承诺。要给大家机会，让他们在设计和执行这些方案的过程中起到积极的作用。这样做可以深化人们的拥有感，也有助于确保成功——因为社区的全部资产都拿来解决这个问题了。

罗克福德的决心

对于我们在罗克福德开展的工作，威尔·弗里德曼建议我们成立两个委员会来指导这个过程。其中之一是指导委员会，负责那些"事关大局"的进程；另一个则是运行委员会，负责处理首次论坛的所有细节问题。这个架构是我们成功的核心。

两个委员会的成员和所有参加论坛的人都是精心选定的，目的是要让这个社区里各个方面的声音都包括进来，同时还要通过设计让代表不同观点的声音都包括进来。我们还特别注意要在种族和阶级方面保持多元化。弗里德曼对论坛的推进者进行了培训，这些人是从教堂和其他社会团体中招募来的。我们尤其留意去找那些过去一般不大参与的人。[1]

这次论坛叫作"我们的学校：一次社区讨论"，它的举办地点是根

---

[1] 在《学监实践手册》(*The Superintendent's Fieldbook*) 里，还可以看到另一个公众参与的案例。请参见书中由琳达·默里 (Linda Murray) 和托马斯·S. 柏特 (Thomas S. Poetter) 所著《在圣·何塞发生的谈话》(*Conversation in San Jose*)。

据联邦法院命令建造的一所新学校。对许多参会的人来说,这也是他们第一次来到这家学校,看到自己缴税带来的实际利益。这个社区中一个高中的支持社团提供了野营晚餐。我们要求参会人员讨论四个主题:他们之间的共同点、分歧点、他们心中的疑问与担心,以及可以付诸行动的想法。

这次论坛有几个明确的目的。首先我们要展示的是,不同的社区成员可以就自己的学校展开深思熟虑的公民讨论。我们也要创造机会,让大家可以听到各种新鲜观点。此外,我们要建立某种持续探讨的模式,在模式中要包括那些新加入进来的声音。最后,我们要为学校管理者和选举出来的学区委员会,提供一个与这个社区充分交流的直接、双向沟通渠道。虽然大家对于这种形式的参与并不十分熟悉,但是其结果却令人信服。当一个个小组结束他们谈话的时候,大家已经开始说下次再聚了。虽说挑选他们来参加论坛,就是因为他们各自有不同的观念,但在此之前他们完全没有意识到,他们之间还有那么多的共同点。由于参与了这类谈话,长久存在于不同群体中的某些心智模式开始被打破。①

在接下来的那个学年里,我们又组织了更多的论坛。每次论坛都在不同的地点举办,但是各个论坛的过程和结果都很相近。这些论坛让大家有机会把自己孤立和绝望的感受清楚地表达出来,而论坛的结构又可以让谈话超越絮絮叨叨的抱怨。这又为后面的各个阶段做好了准备。

当地媒体也参与了这些论坛,在改善学校问题的公众沟通中承担

---

① 罗克福德学院的公民参与工作,是在"简·亚当斯公民参与中心"(Jane Addams Center for Civic Engagement)进行的。这个中心以这家学校校友、诺贝尔和平奖获得者简·亚当斯命名。请参见www.rockford.edu/?page=JACCE。

起了一些责任。当地报纸开辟了一个新专栏,接任我的工作的下一届学监在这个专栏里回答了人们提出的各种问题。

但是,其中最重要的成果在于人们发自内心地认识到,开展讨论在建设社区方面相当重要。当参会的人们离开论坛的时候,他们都感到在自己的小组之内和各个小组之间存在大量共识——虽然他们一起来到这里的时候,彼此陌生,代表的是各个不同群体。他们在一个四分五裂的社区里发现了共同基础,也就可以从这些共同点出发,开启重新创造一个共享愿景的长期过程。

以我以往的经验来看,对于理解公众参与的过程,达成公众决定的七步法是一个非常实用的模式。人们很容易就能对不同阶段做出判断,他们也会发现,在某一个特定时点,他们自己以及其他人处于哪个阶段。他们认识到,每一个步骤都不是封闭的,大家不必随时随地都处在相同的阶段。这也有助于让每一个人都意识到,建设社区需要长时间的努力。我与不同学区里的许多教育工作者一起工作过,从中逐渐意识到重建社区是一个重要的项目,即便这往往让人感到像是在建造空中楼阁。其实只要用心发掘,在社区中就总会有重大发现,甚至是在那些看上去四分五裂、完全无法治愈的地方。

《美国家庭:那些有关种族的事》[1]

芭芭拉·沃和斯泰西·卡索罗斯都是白人中产阶层专业人士。她

---

[1] (*American Families: Things Racial*) 斯泰西·卡索罗斯(Stacy Cusulos)、芭芭拉·沃(Barbara Waugh)合著(2010年,作者通过CreateSpace自行出版),www.thingsracial.com。

们收养了两个黑人孩子,在加利福尼亚北部这个或许是全球最开明、偏见最少的地方的一个繁华的市郊区(Palo Alto,帕洛阿尔托)抚育他们。这变成了一个既有关爱也有悲伤的故事。任何一位读者都可以在两极分化上获得更深入的认识:黑人与白人、有钱的学校与贫困的学校、宽容的人与偏狭的人、受人宠爱的孩子与遭人诽谤的孩子、经济繁荣的地区与危险重重的地区(其中包括"驾车谋杀"的真正危险),"正常的孩子"与有学习障碍的孩子,希望与绝望,再到希望。对于任何一位有心于这个多元化社会的自我疗伤的人来说,这本书是温和安静、让人挥之不去,却又振聋发聩的一声呼唤。这其中的一些伤痛恢复起来惊人地简单,但还有一些恐怕永远不会得到解决——除非通过这本书中描述的那些经历。

——阿特·克莱纳

《对于公立学校,存在一个公众吗?》[1]

学校的公众参与实际上并非学校的问题。在形成价值观的公众决定中,这是第一步。学校领导人与社区领导人一起提出问题:社区的生活应该是什么样子的?孩子在这样的社区中处在什么样的位置?我们如何从今天走到那里?正像戴维·马修斯注意到的,没有几个教育

---

[1] 《Is There a Public for Public Schools》戴维·马修斯(David Mathews)著(Kettering Foundation 出版,1997年)。

工作者会去承担这个责任。许多教育工作给自己穿上专业技术的外套，令我们无法像社区成员那样参与到社区之中。我们不参加市政会议，我们让其他的人打理其他各种服务。这本书会告诉你另一种全然不同的方法。

——内尔达·康布-麦凯布

《通过再造我们的民主制度，再造公共教育》[①]

这是凯特林基金会（Kettering Foundation）总经理戴维·马修斯出版的第二部著作。对于存在于公众与他们自己的学校之间的认识鸿沟，这本书做了近距离观察。作者建议的方法，是通过再造民主原则，重建公众态度、重建谈话。

——内尔达·康布-麦凯布

---

① （Reclaiming Public Education by Reclaiming Our Democracy）戴维·马修斯（David Mathews）著（Kettering Foundation Press 出版，2006 年）。

3. 扩展愿景，面对当下[1]
一个打破僵局的练习

布赖恩·史密斯

在社区层面开展工作时往往会引发冲突，而一再升级的冲突会让人觉得难以承受。参与其中的那些人一走了之，心里觉得"我简直没办法跟这些人合作"，但这恰恰是因为大家相互之间缺乏了解。这个练习可以在大家坐下来会面之前，消除这种隔阂，这是由于这个练习帮助每一个小组里的人，对于自己有更完整的了解，也帮助他们对于所有其他小组有更完整的了解。

这个练习的基础是一种叫作"穿梭外交"（shuttle diplomacy）的做法，这是由哈佛谈判项目（Harvard Negotiation Project）开发的方法，我在加拿大宪法的一系列会议中反复运用了这个方法。支持魁北克脱离的群体、支持美洲印第安人脱离的群体以及支持国家统一的群体，彼此之间都不信任。多年以来，他们之间的会面，大都是在遵循正式立法程序、彼此互相对立的情境之中进行的，大家从未透露过他们的真正顾虑。相反，人们都从谈判的立场出发开展工作，要他们放弃自己立场中的每一部分都必须经过一番争斗，因为他们担心自己（以及他们的代表群体）如果不这样，就会让他人占了便宜。这种局面当然

---

[1] 目的：增强创造性张力，在一个冲突局面中，把它当作一种建设性的力量。
概览：应用"穿梭外交"的方法，让那些塑造出一个僵局的深层渴望和恐惧浮出表面。
参与者：两个（或者更多）相互对立的小组，以及一位（或者两位）"反思型外交官"，他要与每一方都能够私下进行坦诚的沟通。
时间：这个过程可能会需要数月的时间。

就进一步加剧了原本就存在的不信任,并鼓动其中的每一个人进一步巩固自己的立场,直至他们完全忘记了自己的初衷。

学校的领导者们可能发现,自己陷入了类似的处境。"孩子走出校门之后,我们就不再承担责任了。"他们也许会这样说,"绝对不会,我们目前的工作量已经过大了,教师工会也不会让我们这样做。"这是一个立场,但不是一种对未来的渴望,况且它会立即惹得对方采取一种立场作为回应。"你们一定会承担这个责任,否则我们会一直和你们斗争下去。"一旦僵局达到了这个程度,就需要有一个独立调停人来化解这个局面,帮助每一方当局者都看到那些利益攸关的、更深层次的问题,并且创造出一种环境,让人们对未来的种种渴望得以逐渐实现。

第一步:扩展愿景

作为一个中立的"穿梭外交家",你和每一个群体单独会面。你要进行两个阶段的探询。首先,你要通过把这个愿景表达得更清晰、明确,尽可能增强创造性张力。一个表达得较清晰、明确的愿景,会把大家吸引到一起。你可以就目前的冲突提出问题:"在这个阶段完成的时候,你们希望达成的目标是什么?"

当他们对此做出答复之后,你可以进一步提升这个愿景。"那会很精彩。可是,假定你们已经实现了这个目标,那么它会给你带来什么呢?实现了这个目标,感觉会怎么样呢?"

要持续地把这种"拉伸"进行下去,直至你感觉到,他们说的是自己最在乎的那个真正的愿景。要保持支持的心态:不要挑战、质询他们;也不要问他们,其他小组的人可能会如何看待他们的愿景。要设法看到他们的一系列愿景、目标和结果,尽可能完全充分地表达出来,而且其表达方式让人们感到真实,同时又解释了他们为什么会对这个愿景充满激情。

即便在他们的愿景中，包含了对另一方的仇恨（"我们基本上就是想看到那些人搬出去，即便是采用强制手段——如果我们能这样做的话"），你还是可以把它转化成一种愿景式的立场。假定他们实现了自己的愿景，那么他们就此会获得什么呢？这其中常常会有某种没有清楚地表达出来的、他们试图要保护的事物，或者是觉得另一个小组对他们产生了威胁。你不需要认为那是合理的，或者是有价值的。但是你的确需要了解，它为何存在，以及他们为什么会受制于它。[①]

第二步：面对当下

创造性张力本身就会拉动问题的解决，由于这个原因，只谈愿景是不够的，你们需要对现实有更清醒的认识。这几个小组需要面对的关键现状之一，就是他们自己的立场在多大程度上束缚了他们。所以，还是要本着探究的精神，看看制约因素。

"你们的顾虑是什么呢？有哪些事情让你们无法入睡呢？又是什么让你们感到纠结不已呢？"通过运用宽容、谅解的语言，你就可以让大家感到，探讨那些导致他们采取了某种立场的恐惧和疑虑，本身并不是问题。他们也许会说："我们其实也不想这样相互僵持，但是，如果我们做出一点儿让步，我们就会陷入这样的麻烦……"

与第一步一样，要花一些时间，引导大家把话讲出来。"对于那样

[①] 哈佛大学的谈判项目形成了既高度有效又有建设能力的一系列工作，更多的信息请参见他们的网站 www.pon.harvard.edu/research。我们特别推荐一本由道格拉斯·斯通（Douglas Stone）、布鲁斯·巴顿（Bruce Patton）和谢莉娅·赫恩（Shelia Heen）合著的《高难度谈话》（*Difficult Conversations*, Viking Penguin Putnam 出版，1999年）。教育家和作家吉姆·埃弗斯指出："对那些想要在他们自己之间、他们与学生之间以及他们与自己的社区之间的互动中避免'指责/宣扬'模式的教师和管理人员来说，这是一个可以帮得上忙的工具。它本身也是为孩子授课的有价值的教材。"

的麻烦，你们的担心是什么呢？这对于你们，为什么会是个问题呢？"在这个过程中，你正在尽量了解，那些驱动着他们行为的、最根本的恐惧。

第三步：合作的基础

一位"穿梭外交官"或许需要许多次会谈，才能获得其他人的信任，得以真正了解那些恐惧和担忧。现在，到了最具挑战性的部分，在不失去任何一方信任的前提下，必须要把各方最深层的问题放到一个公共平台上。这个过程可以这样开始：由那位"外交官"先提出一个子问题——每一方都感受强烈，但有可能达成协议。这个初步阶段的目的是让大家体验一次——在一个人人都很在乎的问题上达成协议。

逐渐地，你和这些团体可以获得那些让他们相互对立、更深层的问题。这个练习基于这样一个假设：在人们对于近来的种种事件感到敌意和愤怒的背后，实际上存在着一种方式，可以为所有小组提供他们最想要的那些东西，又可以避开他们最深层的恐惧。毕竟，所有人都希望结束这个僵局。

4. 要由一个孩子来带动一个村庄成长
可持续发展教育及其对知行学校的意义

杰米·P. 克劳德（Jaimie P. Cloud）

克劳德可持续发展教育学院（The Cloud Institute of Sustainability Education）成立于 1995 年，旨在通过帮助（从托儿所到 12 年制的各种学校里的）学生们学会如何为可持续的社区发展做出贡献，促进更多社区的健康发展。它的创始人杰米·P. 克劳德自学院初创就很明确：

要与各种各样的学校一同设计课程和练习，激励年轻人从中思考周围的世界，思考他们与这个世界的关系，思考他们以一种全新的方式影响这个世界的能力。学院的创建基于这样一个假设：同年轻人建立关系的最佳方式，是直接与他们身边的整个社区共同工作——其中包括教育工作者、政府官员、社区成员以及商业机构。克劳德正在撰写一部与本文同名的专著，她在这里介绍了克劳德学院的一些经历，以及她与她的同事们一起学到了什么。[①]

假设现在的你是一个城市中心区里的一名十年级学生——在这个案例里，这个地方是纽约市布鲁克林区的布尔什维克，但这也可能是许多毒品贩子聚集在中学校园附近的地方。此时，您正在参加一门叫作"创造未来的课程"，它取代了原来叫作"参与政府工作"的课程（坦率地说，那个课程的参与程度从来都不高）。在学习系统思考的过程中，你掌握了一些用来区分表象与根本原因的方法，由此你意识到，毒贩在校园出没仅仅是一个表象。如果您向警方告发毒贩，最好的结果不过就是这些人暂时被清除，但还会有其他人来取代他们。于是，你就开始寻找其中的根本原因。那些进口毒品的犯罪团伙完全在你的影响范围之外。但是，有一个根本原因就在你身边不远：那就是你周边社区对毒品的容忍态度。街角上的那个毒品屋是学校周边毒品交易的老巢，也象征着这个街区的脆弱。因此，你和你的同学们做了一个决定，你们要把这个问题作为课程项目——设法端掉这个老巢。

你们能够走到这一步，虽然让这门课的教师刮目相看，不过他也相当紧张，还怀疑你们的做法是否真的会起作用，但是，你和你的同

[①] 有关克劳德学院及其工作的更多信息，请参见其网站www.cloudinstitute.org。这个网站的资料中包括了"可持续发展教育现状核查"。这是一个工具，用来分析不同的学校与社区在为可持续发展的未来开展的共同学习中，进行到什么程度。

学们可不会放弃。于是,你们去拜访了市议会代表。她告诉你们说,有些居民曾试图端掉这个窝点,还有些企业也做过同样的尝试,但他们都没有成功。她说,或许因为有了你们的参与,大家就可以引起媒体和市政府高层领导的关注。果然,两个星期后,这个窝点所在的房子就被端掉了——用推土机夷为平地。政府重罚了房主,而你和其他十年级学生则与市政府一起制订各种计划,要在这个地方修建一座公园。

现在,假设你的身份是佛蒙特州伯灵顿市一个不大的学区里的一名五年级学生。作为科学课的一部分,你们成立了几个研究小组,监测你们学校周围的一组可持续发展指标,其中包括空气质量。你们发现下午三点的时候,接孩子的汽车在校门口排起长队,空气中一氧化碳的浓度就会急剧上升。于是你和同学们发起了一场抵制汽车空挡等待的运动。家长们关注了这个问题,空气污染水平马上就降低了。

也许你是位于西海岸加利福尼亚州的马林日校里的一名四年级学生,你和你的同学正在设法区分你们这个地区的本地物种和入侵物种。你们发现根本找不到有关这个课题的书籍,于是自己撰写并出版了一本书。当地图书馆购买了三本,现在这三本书基本上总是处于借出状态。

你或许是正在参与这类项目的几百个班级里的几千个孩子之一。你依然如以往一样,是一个普通的孩子;你要做功课,要和小伙伴一起玩,也要像以前那样看电视。但是你已经了解,当一个系统不健康的时候——当存在着各种社会问题的时候,当环境遭到破坏的时候,甚至于当经济面临崩溃的时候,你是可以有所作为的,你的参与会产生正面影响。通过一个个项目、一个个行动,你承担起了让世界更加美好的责任。你意识到,人们和生命系统之间是如何相互依存的;你也看到，一个健康和可持续发展的未来是如何成为可能的。这就是可持续发展的教育（我们称之为 EfS）对你产生的影响。

可持续发展教育

从本质上讲，可持续发展意味着人们在自然赐予的条件之内幸福地生活。它指的是我们许多人都向往的那种世界：在那里，人类活动使得环境质量、共同繁荣和社会公平都得到增益，而非受到减损；在那里，大多数人都可以生活优裕，但又不因其生活方式为后辈子孙带来负担。可持续发展的理念承认环境健康、经济健康和社会健康之间的相互依存关系，它们之间会相互促进。最后，可持续发展教育认识到，我们这个时代的各个自然系统相当脆弱，工业社会的种种流行做法正在毁灭或者伤害这些自然系统。我们不仅要停止所有破坏性行为，还必须在我们的生态、经济和社会系统中，将我们所了解的生成更好系统的做法付诸实践——并在这个过程中持续学习。

学校对于可持续发展相当重要，之所以如此，有两点原因。首先，我们现在的教育系统就是这个问题的一部分，而这需要变革。研究环境素养的先驱戴维·W. 奥尔（David W. Orr）认为，迄今为止工业社会中那些固有的不可持续行为，"并非无知者的作为"，而是由那些受过良好教育的高学历人士催生的结果。诚如奥尔所说，任何一种教育体制，如果一味强调各种理论、抽象的概念、简洁的答案和工作效率，而忽视价值观、觉悟、质疑和明辨善恶，都会让人们走进类似机械式的、不可持续发展的困境。由于目前的主流教育系统是这类思维方式的源头之一，所以就需要一种全然不同的教育。可持续发展教育可以起到这样的作用。①

其次，今天在学校中学习如何思考和行动的那些人，明天就会成为决策者，明天不光只是指"到了他们长大的时候"，也是指字面上的明天。就像前面的案例所展示的，无论是毒品屋，还是抵制汽车空挡等待的运动，或者是入侵物种指南，一旦孩子们开始思考可持续发展，他们立刻就可以做出具有现实意义的巨大贡献。在塑造一个对可持续发展做出承诺的社会的过程中，学校可以成为一片沃土。要想转向健康的、可持续发展的未来，我们就需要依此设计教育制度。

"可持续发展教育运动"始于1987年之后，当时，由联合国倡导的世界环境与发展委员会发表了名为《我们的共同未来》的报告。这个委员会在挪威前首相格罗·哈莱姆·布伦特兰（Gro Harlem Brundtland）的领导下，创造出了"可持续发展"（sustainable development）这个提法，并将它定义为："满足目前需求，同时又不损害后代满足他们需求的能力。"几年之后，在里约热内卢举行的联合国环境与发展会议上，在那份名为《21世纪议程》深度行动规划报告中，有一章（第36章）专门论述如何"促进教育、公众认知和培训"。

相信这个理念的人们迅速结成了一个网络。我们看到，当下人们习以为常的生态系统、经济系统和社会系统都是不可持续的——它们对自然与人类的生命都是破坏性的。正如《21世纪议程》第36章中明确提出的，在学校里会有真正的杠杆作用：如果教师能引导学生将可持续发展作为一个天然的目标，而学生可以挑选他们自己的项目，并全身心投入其中，那么教育就可以成为解决方案的一部分。

---

① 戴维·W. 奥尔著《地球在心：关于教育、环境，以及人类的未来》（*Earth in Mind: On Education, Environment, and the Human Prospec*t, 10th Anniversary Edition, Island Press 出版，2004 年，pp. 7–8）。

我们发现，就个人而言，可持续发展教育会培养一种全新的承诺。因此，我们的目标是在年轻人以及他们的教师和周边的其他成年人中间，形成实现经济繁荣、民主参与、维护社会公平与公正所必需的新知识和新思考方式——并在这个过程中，重新恢复万事万物所依赖的各种生态系统的健康。我们能够传授这样的思维方式，我们也能够学会这种思维方式。我们可以以它作为评估的标准，我们也可以培育出学生们的实践工作，作为这种思维方式存在的证据。

可持续发展教育课堂

EfS工作中的许多内容，都是以常规课堂活动为基础扩展而成的。我们目前已经确定了至少40个紧密相关的学习领域，其中包括生物学与健康科学、地球科学、心理学、历史学、经济学、文化人类学、数学、概率和博弈论、未来研究、数理统计和神经科学。实际上，对我们开展可持续未来教育的能力来说，很难想到会有哪个学科会毫无贡献。我们通过对全球可持续发展教育方面的工作进行评估，开发了围绕九大核心内容领域展开的克劳德学院的EfS框架（Cloud Institute's EfS Framework）。这些内容既可以嵌入现有课程规划之中，也可以用来激发新的课程设计。①

---

① 克劳德可持续发展教育学院的九大核心内容领域配有一组可衡量的绩效指标。这些领域包括：

文化保护与转型：学生们形成与其他人一起辨识的能力——为了后代繁荣昌盛，哪些需要保护、哪些需要改变。

负责任的本地/全球公民：学生们学习与领导力和参与相关的各种权利、责任和行动。

系统与变革的动态互动：学生们应用系统动态互动与系统思考的各种工具和概念。

可持续发展经济学：学生们学习21世纪的经济实践，以及如何在生产和消费的同时，对财务资本、社会资本和自然资本做出贡献的那些方式。（接326页）

然而，虽然这些内容之间可能会有重叠，与许多传统课程相比，这种思考方式往往会更具参与性和建设性。我们的教学目的是引发一种思维方式，这是由知识、技能、态度、组织的学习、各种实践行动、教学实践以及在学校与社区之间的实践构成的一个框架，都围绕着服务于可持续未来的目标而运行。

例如，学生可以花时间玩一玩"捕鱼游戏"，并展开讨论。这个游戏基于现实世界捕捞过渡趋势中的经验，用计算机模拟人们制定的不同捕鱼策略，以及他们对共同的海洋资源产生的个体和群体影响。那些在游戏中追逐自己短期利益最大化的参与者，往往会加速这个生态系统的崩溃；只有那些走到一起，共同可持续地管理"公地"的人们，才会实现繁荣。一旦学生们在内心完全接受了这个体验，他们就会在自己的社区中寻找类似的处于危险之中的"公地"：公园绿地、高速道路的交通拥堵、社区项目的公共资金以及许许多多的其他事情。如何才能让这些公共资源得到更有效的管理呢？如何才能让整个系统免于崩溃呢？①

（接325页）健康公地：对于空气、信任、我们共同的未来、水、图书馆、公众健康、遗产地、地表土和其他共享资源的重要性（以及各种手段），学生们有清醒的认识，也非常重视。

自然法则与生态原则：学生们学习自然界里的各种循环及其背后的可持续发展科学。他们认为：在他们彼此之间，在自己与所有生物和自然系统之间都是相互依存的。

创造与影响未来：学生们设计、执行，并且评估那些在他们的愿景引导下的行动。

多角度学习：学生们了解、尊重自己和其他人的文化和生活体验，并从中撷取精华。

居所感：学生们与自己生活的地方建立起一种联系，认可和尊重这里的社会历史、经济历史、生态历史以及建筑历史之间的相互依赖关系，以及这个地方的持续健康。

① 克劳德学院的"捕鱼游戏"是为12年制学校的学生设计的，可以从网上获得，请见网站www.cloudinstitute.org/curricula-unitscourses。它是根据约翰·斯特曼和丹尼斯·梅多斯（Dennis Meadows）开发的另一个计算机模拟游戏改编而成（进行了许多修改），后一个游戏可以从麻省理工学院斯隆学院的网站上获得，参见http://forio.com/simulate/mit/fishbanks/simulation/login.html。

在这些努力的过程中，我们尽量避免直接采用"解决问题的做法"——在许多"实战"课程或者环保课程中，常常使用这种方法。在你可以着手解决一个问题之前，比如，对一个本地排污者进行罚款，或要求他们在排放污水过程中使用过滤装置，你需要学会区分问题的表象和深层的问题。比如，高浓度的排放水平是否意味着系统中存在着一个可以在其他地方得到应用的废物流，或者是这个废物流并非一定要产生？这些课程的学生们要学习的，是在因果关系链条上尽可能溯流而上，找到更深层的原因，进而寻求同时解决多个问题，并尽可能减少新问题出现的那些解决方案。我们从脑科学研究中了解到，反复思考目标和解决方案的愿景，而非沉溺于各种问题和危机，会改变神经流的模式，并能激发更有创造性的、长效的思维方式。[①]

我们就这些课堂活动的效果进行了调查，截至目前数据显示，学生在成绩和参与程度上都有明显提高。通过EfS课程，那些说"我觉得我可能会成功"的学生的数量持续下降（在一项研究中，从近30%下降到6%）；EfS课程也让那些认为成绩不好是成功障碍的学生的比例降低了（从38%以上降至大约16%）。接受调查的教师还反映，学生们取得更强学科成绩的能力得到了提高。我们还看到，教师和学生具有更高的公民参与意识，更加热爱他们自己居住的地方。课堂的出勤率提升了，学生的健康和营养状况改善了——部分原因在于不断改善的空气质量和人们对健康饮食的更多关注。由于许多课程规划都涉及学生的参与，他们在标准化测试中的成绩通常会得到提升——虽然在他们"考试教学"上花的时间减少了。[②]

---

① 作者对于戴维·罗克在脑科学方面的这些洞察深表感谢。

② 如需获得有关12年制学校的更多案例，请参见：http://www.cloudinstitute.org/model–programs/。

可持续发展的学校

大多数开展可持续发展行动的领导人，一般不会花多少时间去吸引学校系统参与。当被他人问及此事的时候，他们会说，他们觉得学校对于在这个领域里"挑头"做事没有什么兴趣；或者是他们认为学校不会发生改变。然而，实际上，许多教育工作者对于教授和培养可持续发展相当热衷，而我们也已经看到了，当整个学校或者是整个学校系统参与到这个行动之中的时候，产生的巨大影响。

例如，一个在新泽西全州范围开展、名为"可持续发展的泽西"（Sustainable Jersey）的认证项目中，各个社区都组建了"绿色团队"，由来自学区、当地企业、社区组织和政府的人员组成。各个市政当局制订战略计划，并推动促进社区的可持续发展的各种行动。其中一些学区（比较有名的是罗克福德和樱桃山学区），已经正式与各自的市政当局结成联盟，签署了开展可持续发展教育的决议。目前它们正在改善各自的外部生态面貌（physical plant），并且正在与各自的社区建立伙伴关系。这其中还包含了员工发展的内容，每一个人都因此可以获得一种对于可持续发展的共同认识。有专门的课题组负责课程创新：调整课程安排，提供学生和课程效果的评价标准，分析学生的功课、确定学生的进步。①

在学校的层面上，有许多各种各样的项目。丹佛绿色学校（Denver Green School）在开展可持续发展教育的第一年里，开辟了自己的花园和小农场。这个学校六年级的一些学生，并没有经过专门培训，却带领美国绿色建筑委员会的 75 名成年人完成了克劳德学院的捕鱼游戏。

一个涉及全校所有人的可持续发展项目，可以让教师带进教育工

---

① 有关"可持续发展的泽西"项目的更多内容，请参见：www.sustainablejersey.com。

作时的理想。他们对一个更加美好未来的渴望，可以战胜他们对变革的所有疑虑和担心。随着学校开始取得成效，他们就会受到吸引、投身其中。

外部生态面貌

一些最显著也相当重要的成果，发生在学校的建筑物和土地使用方面。生态意识在任何外部结构形式中都可以得到体现。许多学校通过改善与外部生态面貌相关的流程，来启动可持续发展教育：节约能源，减少废弃物排放，在食堂中采购更多的来自本地农场和园地的食物。他们把花园安排到自己的屋顶上或者场地上。他们重新思考如何使用公交车，以便减少尾气排放。

位于纽约的菲尔德斯顿文理中学（Ethical Culture Fieldston Middle School）是这方面的先行者之一。这里的"绿色院长"霍华德·瓦尔德曼（Howard Waldman）曾经公开地说："这个学校本身就是我们的课程规划。"菲尔德斯顿中学一向非常重视环境问题，尤其是在学校的伦理课程中。但是近年来，学校一直鼓励大家，在改革学校采购和基础设施管理方面，提出自己的想法。学校食堂只提供从公平贸易（Fair Trade）渠道获得的咖啡，大约85%的食物是有机食品和采用树荫栽培的食品。学校为每位教师买了可以清洗的咖啡杯，彻底淘汰了纸杯和塑料杯。他们效仿一些大学的做法，在2011年取消了食堂的午餐托盘——这样既可以省水，也避免了食品浪费。"在开始之前，有各种各样的灾难性预测，"瓦尔德曼回忆说，"但是实际上什么灾难都没有发生，干净、安全，一切都很好。"他们还在每周一停止供应肉食。

菲尔德斯顿中学的环保俱乐部在学校里开始实施一项堆肥计划，他们和物业经理一起收集杂草和树叶堆肥，他们还打算用厨余垃圾来堆肥。环保俱乐部在肯尼·斯泰尔（Kenny Styer）教师的督促下，开展了一次学校的能源审计——计算在不需要使用的时候关闭电灯和电脑可以节省多少能源。各方面成本节约相加，有可能达到每年325 000美元。每年的9月，他们都会宣布节省了多少能源，让大家越来越清楚地意识到，随手关灯、关电脑带来的潜在收益。让人印象最深的是2008年开放的这所中学大楼，美国绿色建筑委员会（U.S. Green Building Council）为这个建筑颁发了极难获得，认证建筑对环境的正面影响的绿色能源和环境设计先锋奖（LEED）银奖证书。这个教学楼的众多特点之一，是有一个覆盖着当地植物的绿色屋顶——由哥伦比亚大学指导设计。

对基础设施进行改造的魅力，还在于人与人之间的联系。每个动手实验的项目都会吸引人们参加，无论是在绿色屋顶上工作一天，还是在食堂里停止使用托盘。当学校的教学楼和场地变为实实在在、活生生的变革象征的时候，学生、教职员工和家长对于自己做过的（或者不做的）那些事所产生的影响，就有了更深刻的认识。

社区联系

可持续发展教育的重要组成部分之一，是与学校外部的社区建立各种更加明确的联系，这在很大程度是由于可持续发展在学校之外的重要性。当教师和学生提高了认识，并根据各种可持续发展原则采取行动的时候，整个社区就会变得更加健康。也就是说，需要由一个孩子来带动一个村庄成长。

EfS的努力往往会缓解学校与社区之间的紧张关系。他们或许在税收问题上吵来吵去已经有许多年了，可是现在大家由于一个共同的目标走到了一起，而且各方都要起到自己的作用。我们在一些学区（例如，拜拉姆山学区和奥西宁学区），举办了世界咖啡馆活动，在这些活动中，教育工作者和社区成员肩并肩围坐在一起，探讨自己社区的未来和教育应该扮演的角色。这样的情景在此之前从未发生过。那些孩子敏锐地意识到自己是大家的"共同关注"，也就做了每桌讨论的主持推进人。

社区进步也是衡量我们工作进展的重要方法之一。尽管在学校层面上，学习和行为方面的成果显而易见，但只有在社区层面，才会展现出一项可持续发展教育的努力在多大程度上实现了初衷。我们采用了几项可持续发展社区指标：可再生能源的增加、现有能源的节约、废弃物模式、公共资源状态、生态足迹以及孩子们的健康状况。我们开始时为这些指标设定一个基准值，然后观察这些指标随时间产生的变化。

时常会出现这样的情况，人们会对EfS的依据提出质疑。他们会说，可持续发展是一个政治化了的议题，不应该成为教育的一个目标。学生的成绩应该是唯一目标。但是学校的运营总是为了某种结果，即使结果没有明确表述出来。即便学生成绩也是实现其他目的的手段——包括劳动力培养和更负责任的公民群体的培养。一个有成效的可持续教育课程可以让人们明确提出这些问题。人们会有机会提出："学校究竟为了什么？"或者用另一种说法，"我们正在和下一代一起，试图创造一个怎样的世界呢？"

安娜·拉佩（Anna Lappé）和弗朗西丝·摩尔·拉佩（Frances Moore Lappé）在她们的书《希望的边缘》里，讲述了一个发生在巴西贝洛·奥里臧特市（Belo Horizonte）的故事。在那里，一位名叫阿德里安娜·阿拉尼亚（Adriana Aranha）的市长倡导：让这个城市里的每一个人都可以获得有营养的食物，并以此终结了饥饿问题和大部分贫困问题——这些问题令新兴经济体中的许多城市深受困扰。在结束对这位市长的采访时,两位作者称赞了她的城市取得的举世瞩目的成就。这位几个月后任期将满的市长热泪盈眶地说:"我知道这个世界上有那么多地方存在饥饿,"她说,"但让人实在伤心的是,也是我在开始时并不知道的是:这一切竟然那么容易,我们不要花什么力气就可以消灭饥饿。"[1]

这个情形与我们在可持续发展教育中的经历很类似。人们觉得,把学校和社区搞到一起探讨可持续发展问题,恐怕极其困难。然而一旦你开始了,你就把变革学习的体验带给了大家,他们也参与到有意义的对话中来了,然后你们一起在课程规划创新和社区参与方面开始初步设计,所有这些就都变得可行了。很少会有什么阻力。孩子、家长、学校教师和社区成员全都情绪高涨。它强化了学校里美好的一方面:有趣好玩,智力激荡,以各种各样的方式培育滋养学生。这些事情想想可能会很头痛,但是做起来却很有乐趣。

教育工作者可能会感到,他们置身于一个一成不变、抵触变革的系统之中,但是他们所处的地位,恰恰是他们自己社区里的变革催化师。学生可能会觉得,一直到成年之前,所有一切都会送到他们手里,但是他们和我们一起,现在就为我们未来的共同健康和可持续发展承担了重任。我们做的每一件事和我们不做的每一件事,都会对这个世界产生影响。我们需要弄清楚我们独特的贡献是什么,并使之成为现实。

---

[1] 弗朗西丝·摩尔·拉佩和安娜·拉佩合著《希望的边缘:一个小星球的下一代饮食》(*Hope's Edge: The Next Diet for a Small Planet*, Jeremy Tarcher/Putnam 出版,2002 年,pp.93ff 和 100)。

5. 公地悲剧

迈克尔·古德曼　贾尼斯·达顿　阿特·克莱纳

"公地"是我们所有人共享的场所和事物，我们所有人都要依赖它们生存，我们所有人也都要对它们承担责任。"公地"可以包括公众空间、鱼类及其他海洋野生动物，我们共享的未来、大气、地表土，还有人与人之间的相互信任。有时候，一个"公地"被认为是有限的，因为其再生速度远不及其耗损速度。当这样的情况发生的时候，就是众所周知的"公地悲剧"（Tragedy of the Commons）这个系统基本模式。在这个模式中，各种个体利益在不经意间占据了与整体利益相互冲突的位置。

并非所有公地都会导致悲剧，在管理某种资源时，共享所有权可以是一种强有力的方法。不过，这个系统基本模式所显示的，是当公地的"共有性"处于压力之下时会发生什么。比如，在某些城市的几个街区之内，你或许可以看到，这里有一所公立小学、一所K–3年制的特许学校、一家早教中心和几个日托中心。所有这些机构，都从同一个"公地"获得资助——在这种情况下，地方预算来自城市政府私人基金会。如果预算本身有限，补充起来也有困难，那么每一个群体如果想拿到自己应得的那份都会有压力。各方都会费尽心机、想方设法，争取让自己的组织抢先拿到资助和政府的合同，而不是考虑如何通过合作寻找节省经费的方法。最终结果是每一方都受到了伤害，久而久之，分配给学前儿童护理的经费就逐渐用完了。其他的例子还有：

- 由各种教育券和特许计划引起的潜在流失资源。这类计划的产生基于这样一个假设：竞争将迫使学校以更加创新、更有效的方式服务他们的客户——当地的学生们。不幸的是，当资源有限并需要共享的时候,那些新建的学校通常不是把精力放在提供更好的服务上,而是专注于从竞争对手那里抢到更多资源(包括那些"高分学生")。

• 志愿者计划往往在最初一两年成为耀眼的明星,但随着志愿者们在应接不暇中筋疲力尽,也就变得难以为继了。最初,当几个不同的组织,再加上几家当地学校、男孩俱乐部以及基督教青年会都分别来请志愿者参与的时候,他们可能会感到很高兴。但是,当他们要做出少做一点儿决定的时候,就会感到"公地悲剧"的全部力量——每个组织都要求他们"再多做一点儿努力"。

• 社区投资学校的意愿。尤其是在通货膨胀时期,本地房产税上涨的速度跟不上通货膨胀的速度,学校因此就必须建议发新债券和增加税收。这不仅会消耗税收资源,还会耗尽社区对教育机构的信任。

在"强者愈强"的模式中,所有资源最终都落入"赢家的正循环"之中,赢家和输家之间泾渭分明。"公地悲剧"与此不同,最终每一个人都是输家。"公地悲剧"导致的往往是灾难性崩溃——公地有限的自我再生能力遭到破坏或者发生退化。而这正是"公地悲剧"的悲剧之处。当资源消耗超过某个临界点的时候,这些资源就无法补充、再生了。然而,每个群体都为自身的视角所限,每个群体的领导人都看到资源正在减少,他们因此加倍努力去扩大自己的份额。这样做让整个系统承担更大的负担,使得系统崩溃的可能性变得更现实,也更加危险。①

---

① 加勒特·哈丁在其所著《公地的悲剧》(*The Tragedy of the Commons*,科学杂志,1968年12月13日)中描述了这个系统基本模式背后的基本概念。

无论是富裕地区，还是贫困地区，过度消耗可能会影响到教育资源的方方面面——小到铅笔，大到员工发展以及最新技术。蒂姆·卢卡斯记得，一位校长曾向他的员工发出请求："伙计们，我要请大家帮个忙。我们的复印机马上就要瘫痪了。我们要等到 7 月，新一年的经费发下来的时候才能买新的。诸位能否悠着点儿，在这之前尽量少用复印机？"第二天，复印机前排起了长队，每个人都想抢在机器瘫痪之前忙完自己的事。两天之后，机器就崩溃了。

应对公地悲剧的策略

公共资源的悲剧提出了一个难以解决的治理挑战，其中的部分原因在于，这个局面往往导致心怀善意的群体之间产生原本不必要的争执。你能在事态发展到危机难以避免之前，预见到其中的动态关系吗？你能找到适当的方法进行干预吗？这里有四种进行干预的方法，可以根据不同的情况进行选择：

a. **协作**：在某些情况下，比如，在许多有相互竞争的机构参与的情况下，个体组织要共同努力，共享资源，而不是相互之间竞争资源。

b. **隔离**：就像复印机预算的故事那样（每个人都知道过一段时间后就会有新复印机），有限的公共资源会被关闭，直到这个资源有时间完成补充。

c. **补充**：有时候通过寻求更多资金，或寻找其他可以用来补充的储备，有可能积极补充有限的公共资源。越早补充，就越容易补充，而这往往意味着，要在其中一些人意识到这个问题之前，就开始补充。

d. **再生**：你可以充分利用关照公共资源的共同愿望，这样资源就不是被逐渐耗尽,而是在持续再造了。例如,你可以在所有机构和学校中,建立一项共同的员工发展计划,这样一来,这个社区中每个人的能力都能得到持续提升。

所有这些策略都取决于能够退一步、看到全局。这样做有时候会意味着要强行做出一个"从全系统出发"的回应:"我们将在未来四周内,对每个人的复印机使用次数实行配额管理。"任何一个个体都难以独自应对公地悲剧,因为每一个个体参与者都难以抵御持续用尽资源的巨大压力。事实上,这样做通常符合他们各自的最大利益。

但是,当你在公地的价值和关照公地的共享责任方面开展教育的时候,你也会引起人们对资源的补充和再生的关注。正像杰米·克劳德指出的那样,"公地悲剧"变成了"共同奋斗的快乐"。假如每一位个体参与者都了解了资源再生的速度,同时给予对方足够的信任,让大家都有时间从整体的角度出发去行动,就有可能创造一种多方获益的生活方式。只要人们不觉得是在冒着被他人利用的风险,他们就会有办法重建资源基地——这只需要让资源基地的再生速度超过消耗速度。而这又可以变成一个不断强化的正循环,它会随着时间的推移加快资源的再生速度。

生态学家杰拉尔德·马滕(Gerald Marten)讲述了类似的一个资源再生的故事,它发生在菲律宾阿波岛的海洋保护区。20世纪60年代中期,在炸药捕鱼、小网捕鱼和氰化物捕鱼等新式的破坏性捕鱼方法引入以后,这个岛上珊瑚礁的生存条件就逐步恶化,处于几近无法恢复的边缘。急于捕鱼的渔民在情急之下继续采取那些破坏性捕鱼方法,虽然他们在那时已经了解,这最终将彻底毁掉他们的生计。然而,到了1979年[在海洋生物学家安杰尔·阿尔卡拉(Angel Alcala)的建议

| 第16章 | 可持续发展教育 |

和支持下］，渔民自己制定了禁止破坏性捕鱼的各种规则，把这个岛的整个渔场变成了一个有乡村志愿者巡逻的安全区。每网的捕获量大幅度提高了，还不需要航行很远的距离。渔民有了更多时间，可以用来休闲，也可以干其他的事情挣钱——包括珊瑚礁生态系统恢复后兴起

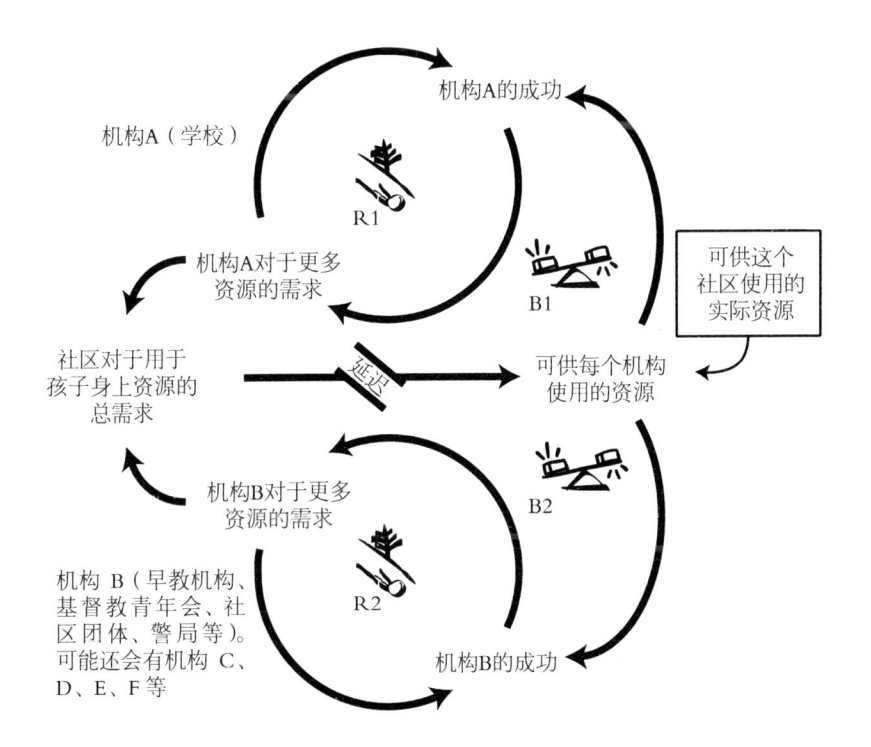

注：这个图显示的是"公地悲剧"的动态关系背后的结构。在长方形里，是这个系统的潜在限制因素：社区中有限的或者是难以补充的资源总和。这种限制可能包括增值、时间、空间、资金、知识，以及可以用于孩子们的志愿者容量能力。这些资源在不同的机构中进行分配，为各个机构的成功提供支持。随着各个机构成功程度的提高，就产生了对于它们服务的更大需求，进而就催生了每个机构对资源的更大需求（以R1和R2表示每一个机构正循环过程）。这个需求给公共资源增加了更多压力（以B1和B2表示其中的负反馈过程）。每一个个体机构越成功，它就会消耗更多的总体可用资源。其中的延迟使得需求逐步积累，许多个体机构对此并未觉察，直到这个过程导致崩溃。

337

的旅游业。这里还产生了一个有趣的副作用:村民们现在认识到了自身人口的生态影响,开始开展计划生育工作。①

在你的社区里,不同的社区团体会不会经常聚到一起,谈论他们所面临的共同问题呢?他们是否会一起确定工作的轻重缓急,使得每一个机构和团体因此可以去做对于社区最重要的事情呢?他们也许不愿意采取相互协同的行动,但他们愿意就此进行讨论吗?如果是这样的话,他们应对公地悲剧的能力可能就会强大很多。

6. 孩子们成为领导者
从哥伦比亚的儿童和平运动中汲取经验

萨拉·卡梅伦(Sara Cameron)

在我们的《第五项修炼·实践篇》中,我们的故事一般都由其中的各位主要人物来讲述。对于这篇最初在 2000 年发表,但今天仍具现实意义的文章来说,就不可能这样做了。这个故事中的那些主人公当时处境极其危险,根本不能独自讲述自己的故事。他们是一群孩子,年纪在 6~18 岁之间。他们的人数成千上万,但正是他们,最终改变了自己的国家。

小说家兼记者萨拉·卡梅伦受联合国儿童基金会(the United Nations Childrens' Fund, UNICEF)的邀请,为由儿童领导的哥伦比亚和平运动编写大事记。这项任务催生出了一部名为《走出战争》的书,

---

① 有关阿波岛的故事的更多内容,请见杰拉尔德·马腾所写《环境引爆点:一个恢复生态安全的新方法》(*Environmental Tipping Points: A New Paradigm for Restoring Ecological Security*, Journal of Policy Studies, Japan, No.20, 2005 年 7 月, p.75~87)一文。

一部由CNN[①]拍摄的纪录片,并且还在继续发挥作用,那就是帮助各国的孩子们讲述与战争、饥饿和健康危机类似的故事——以及他们如何在成年人无法和平相处的地方创造和平、如何在没有成年人帮助的情况下幸免于难。正是由于哥伦比亚的这些孩子们,那些成年人对于自己制造出来的这个系统,有了更清醒地认识——他们也因此改变了这个系统。[②]

大约有40多年的时间,哥伦比亚一直处在各种政敌之间的血腥冲突之中难以自拔。其中的左派,是"哥伦比亚武装革命力量"(Revolutionary Armed Force of Colombia, FARC)——以其名字的西班牙缩写FARC广为人知,也包括从20世纪60年中期就开始以游击战抵抗政府的其他一些组织。这些组织的资金来源,是以绑架、勒索获得的赎金,以及向古柯种植者征税。处于右派一边的,是由一些准军事武装组织(paramilitary groups)组成的一个联盟,他们与贩毒黑帮以及哥伦比亚政府军中某些部队有着密切的关系。这些准军事武装是大多数最严重的侵害人权事件的祸首。在逐村清剿游击队的过程中,被他们杀害、致残和逐出家园的人达几十万之多。

到20世纪90年代后期,这个国家似乎陷入了一场既无法解脱又难以忍受的危机之中。大规模屠杀成为FARC和准军事武装组织们的家常便饭。那些试图调解或者仅仅被怀疑"站错了队"(比如,把食品销售给他们的商人)的成年人,不是被系统消灭,就是被逐出家园。丈

---

① CNN是美国有线电视新闻网(Cable News Network)的英文缩写。
② 另请参见萨拉·卡梅伦著《走出战争:来自哥伦比亚儿童和平运动前线的真实故事》(*Out of War: True Stories from Front Lines of the Children's Movement for Peace in Colombia*, Scholastic出版,2001年),还可参见在肯尼亚、斯里兰卡、塞内加尔、苏丹、坦桑尼亚、印度、巴布亚新几内亚、伊拉克以及其他地方发生的有关妇女和儿童领导力的故事,参见www.saracameron.org。

339

夫在妻子面前被杀，父母在孩子们面前被杀，社区领导人在全村人面前被杀。由于所有这些原因，哥伦比亚就要变成一个基本上没有希望的国家了——多亏了这个国家的孩子们表现出了那种不顾一切、充满爱心、揭露真相的决心。①

从某种意义上说，孩子们是在没有其他选择的情况下，去承担这个角色的。1988—2000年间，有 850 000 名哥伦比亚儿童被逐出家园。这些失去家园的孩子中有 60% 从学校退学。1999 年，至少有 2 000 名 15 岁以下的孩子，被游击队或者是准军事武装组织征募，其中有些孩子只有 8 岁。仅在 1996 年一年中，就有超过 4 000 名儿童被杀害，这个数字每年都在增加，但是，没有多少人因此受到惩罚。杀人者被逮捕的事情罕有发生。许多孩子生活在失去家庭的恐惧之中。就像一位 15 岁的孩子所说的，"有时候，（那些士兵）只是杀死了你的父亲，但当他们杀死你父亲的时候，他们也杀死了你生命中的一部分"。

许多哥伦比亚的孩子必须接受的一个现实是，面对这个社会中的那些令人难以置信的暴行，成年人不能或者是不会保护他们。他们必须学会为自己负责，对彼此负责，也对自己周围的社区负责。②

---

① 一天，游击队来到我在桑坦德的家，杀死了我的父母。那时候，我只有四岁。幸好，那天我在祖母家里，没有看到那一切的发生，但是我的姐姐们当时就在家里。她们一个五岁、一个六岁，她们什么都看到了。她们永远也不会忘记。

——一位 12 岁的孩子

② 我以一个游戏治疗师的志愿者身份，与那些因战争而被迫离开自己家园的孩子度过了一段时间。其中有些孩子亲眼见到了许多可怕的事情，比如，他们的父亲被折磨虐待，然后被杀死。他们觉得很难理解发生的这些事情。我们一起玩的玩具有卡车、船，还有布娃娃，有时候，要一起玩一会儿，你才能猜到究竟是怎么回事。有些孩子非常害羞，但我会给他们胡萝卜娃娃玩，有时候他们就会把心事告诉胡萝卜娃娃。他们常常说起的，是他们留在家里的山羊、鸡和牛。他们很担心这些动物。

——维尔弗里多（Wilfrido），16 岁

儿童和平运动是在1996年组织起来的。在三年之中，这个运动就让这个国家政府在政治上发生了一场转变，这个运动的领导人年纪都在12岁以下，他们在1998年、1999年和2000年获得了诺贝尔和平奖的提名。在这期间，哥伦比亚的国内战争愈演愈烈，也愈加凶险。只是在2000年后的第一个10年中，才逐渐耗尽了气力。与此同时，儿童和平运动的经验表明，在任何一个饱受困苦的社区中，孩子们都能够起到重要作用，他们可以成为领导者。

一次儿童运动的产生

靠近巴拿马边界的乌拉巴地区，数十年以来都处在游击队的实际控制之下。他们主导了香蕉工人工会，为毒品和武器非法贸易提供保护。然而，在20世纪90年代，右翼的准军事武装组织攻打了进来，许多学校变成了军事组织之间的战场——甚至在上课的时候，也会子弹横飞。

1996年4月，国际知名的儿童权利倡导者格拉察·梅切尔（Graça Machel，莫桑比克的前教育部部长，1997年与纳尔逊·曼德拉结婚）访问了乌拉巴地区的城市阿帕塔都，为联合国的一份有关武装冲突对儿童影响的报告开展调研。当时的市长召集了一些学生，要他们谈谈自己的经历，没过多久，5 000名孩子自愿报名参加由教会、红十字会和联合国儿童基金会支持的"反思周"活动。他们写故事、创作诗歌、写信、画画，还制作雕塑，周围社区的学生联合理事会也起草了一份"阿帕塔都孩子们的宣言"。

这份宣言的内容直截了当并催人泪下："我们向交战的所有各派力量提出请求，让和平回到我们的家园，请他们不要再制造孤儿，让我们可以在街道上自由玩耍，让我们的弟弟和妹妹不再受到伤害……我们提出这些要求,为的是我们的孩子不再遭受我们经历过的苦难。"

事情并没有就此结束。这些学生研究了这个国家的宪法,这部在1991年重新修订的宪法保障人民的广泛权利和民主自由,包括儿童的权利。他们认为这给了他们在当地成立一个"儿童政府"的宪法权利。这些学生给这个地区的各个学校发出通知,没过多久便有200个孩子纷沓而至,赶来参加每周三次在足球场和公园里举办的和平会议。最初局面相当混乱,孩子们在促进和平上可以做什么、不能做什么,大家众说纷纭。[1]

"要想拥有和平,你就需要解决贫困问题,但孩子们做不了这件事,"当年15岁的运动领导人之一法尔利兹·卡列(Farliz Calle)回忆说,"然而,我们发现了孩子们可以做的其他的事。"他们组织了一系列"和平嘉年华会",鼓励那些长期处于对立状态的社区中的孩子们一起来参加,因为他们相信,让孩子们玩得开心是帮助实现和平的一个好办法。另一些孩子则与政府和红十字会合作,开展各种牙齿与健康的运动。在这之后,数百名孩子接受了培训,成为游戏治疗顾问,他们接着就去帮助成千上万被暴力逐出家园的孩子们了。[2]

---

[1] 本文中描述的各种活动,有时候是孩子们组织的,有时候是成年人和孩子一起组织的。联合国儿童基金会、哥伦比亚国家和平网络(Colombian National Network for Peace, Redepaz)、童子军、红十字会、天主教会、基督教青年会、基督教儿童基金会、全球愿景组织(World Vision)、国际儿童保护组织(Defence of Children International)以及其他组织促成了这些活动。

[2] 本文中事实资料来源如下:萨拉·卡梅伦所著《孩子们在哥伦比亚的和平调解作用》,(*The Role of Children as Peace Makes in Colombia,* Development, Vol 43,no.1, 2000年3月),豪尔赫·恩里克·罗哈斯·罗德里格斯(Jorge Enrique Rojas Rodriguez)和马尔科·阿尔贝托·罗梅罗·席尔瓦(Marco Alberto Romero Silva)所著"Unpais que huye"(Bogotá, Consultoría para los Derechos Humanos y elDesplazamiento, 1999年),www.codhes.org,和 "¿Que hay detras del maltratoinfantil?"(Bogotá,(接343页)

与此同时，来自全国各地、年龄在 9~15 岁的 27 位孩子，在 1996 年 5 月一起参加了由联合国儿童基金会组织的一个研修营。在同一个房间里参加研修的还有 30 名成年人，他们代表的是不同的和平组织和儿童组织，但是说话的主要是孩子们。他们轮流发言，描述了这个国家的暴力活动在自己的社区里造成的影响。他们中有些人讲述的是，歹徒结伙在街上游逛，在上学的路上恐吓孩子们。许多孩子惊奇地发现，他们自己并非独自承受苦难。在这之前，他们并没有意识到，有这么多孩子生活在这样的暴力活动环境之中。①

在这个研修营里，三个主要认识开始逐渐形成。第一，对于战争对孩子们的影响，多数哥伦比亚人浑然不觉。第二，要让这个信息传播开来，没有什么人比孩子们自己更有效了。第三，他们需要一个更大的平台，接触更广泛、更有影响力的听众。

于是，所有参加研修营的人——包括成年人和孩子，开始规划一次专为孩子设立的选举互动——"和平与权利儿童法案"。孩子们深入参与了选举的组织和计划。在那张五颜六色的选票上，列出了 12 项从哥伦比亚宪法和"儿童权利公约"中归纳总结出来的权利——包括受教育的权利、享有公平公正的权利、获得安全环境的权利、获得和平的权利、言论自由的权利，并且邀请孩子们代表他们自己和他们的社

（接 342 页）Conferencia Episcopal de Colombia, 1999 年），"Defensoría del Pueblo, La niñez y susderechos", Boletin 1–4 (1996–7), "En cuatro años, 4.925 secuestrados", ElEspectador, 1999 年 5 月 5 日, p.6A, 格拉察·梅切尔所著《武装冲突对儿童的影响》("Impact of Armed Conflicton Children", UNICEF, 1996 年）和《一个变化的世界中的孩子们与冲突》("Children and Conflict in a Changing World", UNICEF, 2007 年）。见 www.un.org/children/conflict/machel/english/, "Informe sobre el 'Mandato Nacional de los Niños por la paz,'" Bogotá, UNICEF, 1996 年，以及路透社（Reuters）在 1999 年 8 月对于哥伦比亚内战的新闻报道。

区，为他们最想获得的权利投票。这些年轻的组织者设计了儿童权利游戏，在学校里和公众会议上教大家玩这个游戏。他们设计了广告，并自己扮演其中的角色，他们举办记者见面会和村镇会议，公开讨论战争、和平和他们的权利。游击队和准军事武装组织里的人们，也跑来观看这次投票活动，这一天，在事先并没有准备的情况下，在全国范围内有了一次停战。

组织者们原本预想大约会有50万名孩子参加投票。但是在投票日这一天（1996年10月25日），超过270万名孩子涌进了投票站——其中7~18岁孩子大约占总人数的三分之一。在一些投票点里，投票卡被孩子们用光了，他们就把投票内容抄写到餐巾纸上，仍然完成了自己的投票。在波哥大，为了满足投票的需要，只能接连两个周六安排投票。

在孩子们投票之前，哥伦比亚的和平运动弱小而分散。数以千计的人权活动人士不是被暗杀，就是被迫逃到国外。举行一次以和平为内容的全民公投的计划一再推迟，因为举行这样的活动十分困难，也过于危险。现在，孩子们走进了原本是成年人的领地——他们第一次证明，无论是游击队还是准军事武装组织都不具备他们声称的广泛支持。对于这个国家来说，这是一记影响深远的警钟。正如一位人权活动人士对此解释说："直到'儿童法案'出现之前，我们真不了解，孩子们其实已经理解了所有这一切。"[1]

次年，一个名为"和平、生命与自由公民法案"的联盟（Citizen's

---

[1] 我梦想有一天，我早上醒来，我的父亲会去工作，而我不再会为他身处危险或者他会被枪杀而感到恐惧。这是我们大家都在尽力去创造的梦想。如果我被人杀死，至少是为了某些值得去牺牲的东西。为了某个目的去死，总比无谓的死去要好，是不是？

——法尔利兹·卡列

Mandate for Peace, Life, and Liberty）出现在哥伦比亚人面前，要求大家支持孩子们，拒绝战争，超过 1 000 万人宣布支持。结果，和平一下子占据了政治舞台的中心，并成为 1998 年总统选举大战的基础。1998 年 5 月，安德烈斯·帕斯特拉纳（Andres Pastrana）赢得了这次选举，然而，屠杀、绑架、暗杀和非正式流亡持续处于历史最高水平。在这种持续暴力的背景之下，儿童和平运动也在不断寻找自己的定位。来自不同机构和地区的大约 25 名孩子组成的一个核心团队，在波哥大组成了儿童理事会。自 1996 年起，来自全国各地的 100~200 名孩子，多次举行儿童代表大会，大家一起探讨儿童权利与和平进程。最后一次代表大会于 1998 年举行，这次会议引发了其他地区的儿童和平理事会的发展和形成。①

从孩子们的希望与梦想中建立一个愿景

"儿童和平运动"的传统之一，就是它的做法展示出，孩子们可以产生全然不同的影响力。这个理念让人们得以打破哥伦比亚的严格阶级界限，走到一起。一位十几岁的富家子弟加入这场运动，是因为他看到了一个相关的电视报道："看看这些孩子正在做的事情，他们可是一无所有。我们正在做什么呢，而我们有这么多东西！"②

"儿童法案"并没有针对任何敌人——无论其内容多么刺激。这是

---

① 这些代表大会的成果正式向政府提交，并且引发出了一个由联合国儿童基金会、童子军以及哥伦比亚和平高级专员维克托·G. 里卡多（Victor G. Ricardo）合作的全国性和平项目。

——法尔利兹·卡列

② 从前，人们完全不关心战争的事——除非自己直接受到了影响。但是，当孩子们说起自己的痛苦和悲伤的时候，我们就会让成年人也感到痛苦，仿佛这就是他们自己的感受。孩子们是新哥伦比亚的种子。我们是停止这场战争的种子。

——一位运动领导人，马亚里（Mayerly），14 岁

一个原则立场，也是一种相当务实的姿态。"我们从来不指责任何一个武装集团，"法尔利兹·卡列说，"如果我们那样做了，我们自己就会变成目标。我们总会谴责那些可怕的事件，但是我们从来不知道谁应该负责。我们就是不知道。"这个策略不仅对孩子个人起到了保护作用，也有助于这场运动保持中立——这对于其生存和发展至关重要。孩子们不加入任何派系，而是为了和平做出努力。

大多数孩子"领会"这个复杂的局面与成年人是截然不同的。孩子们对于政治和经济方面想得不多，却更加关注正义和公平。恐怕也就是由于这个原因，他们对于和平进程的定义相当宽泛——其中包括改善受暴力影响的社区生活质量的任何活动。儿童和平运动宣布，在家里和街上维护和平与在战争中寻求和平一样重要。家庭暴力和邻里暴力毕竟更普遍盛行。虽然每年大约有 6 000 人死于战事，却另外还有 25 000 人则是在家里、街上或者其他犯罪暴力中死于谋杀。

通过联系广泛的各种支持组织网络，数以千计的青年人成为"和平构筑人"，他们与其他孩子携手工作，提倡解决冲突、宽容和消除歧视。超过 10 000 名孩子接受了培训，并去帮助其他的孩子，比如，学会如何避免地雷造成的意外伤害。几百名儿童接受了志愿者顾问的培训，为成千上万失去家庭的孩子提供服务。①

---

① 一开始，当我的父亲被人谋杀的时候，我觉得自己正在做的所有与和平有关的那些事都毫无价值，因为这并没有挽救他的生命。但是，我父亲一直要我为和平工作，而我也不想让其他的孩子像我那样，经历失去自己某个深爱的人的噩梦。最终，我父亲的死带给了我更大力量，让我对和平有了更现实的心态。我了解，有时候这个工作会有危险，但是在我父亲还活着的时候，这一切都没能阻止我，现在就更无法阻止我了。

—— 一位运动领导人，胡安·伊莱亚斯（Juan Elias），他的父亲在 1996 年 7 月被人枪杀这种做法为孩子们提供了一种不同的替代模式——除了参加军事组织或者成为街头黑帮以外。"有时候,我会去参加儿童和平运动组织的研修营,"年仅 13 岁的莱利思(Lelis)说,"那里有从各个地方来的那么多的小孩子。他们看上去很强大,组织和训练得那么好。他们知道自己在做什么。他们很会表达。我想像他们那样加入进去。"

加入这场运动的大约 100 000 名孩子知道,他们终将长大成人。到那时候,哥伦比亚会更需要他们。正像和平活动家安娜·特雷莎·伯纳尔(Ana Teresa Bernal)所指出的那样:"哥伦比亚深陷战争的时间太长了,以至于这里的人们不知道如何在和平中生活。这就是为什么这些孩子做的事情那么重要,特别是当和平来临的时候。"他们拥有的生活经验,是在人们能够想象的最危险的处境中形成的。他们拥有明确表达自己希望的经验、唤起一场全国新运动的经验、相互学习的经验,以及为他们自己的生命负责的经验。所有这些为他们朝着自己国家的共享愿景迈出了第一步。

"我的母亲有时候会告诉我,除了这些和平、权利之类的东西之外,生活里还有许许多多东西,"16 岁的埃莉诺(Eleanor)说,"她觉得我在这些方面花的时间太多了,但我想不出有什么比这更重要的了。"

结语:写于 2011 年

在各种各样的组织中,哥伦比亚儿童继续扮演着倡导和平的积极参与者角色,这些组织中,有许多最初就是儿童和平运动的一部分。然而,儿童和平运动作为过去那样一个统揽全局的全国性组织,今天已经不复存在了。这个运动作为一个协调统一的力量逐渐衰退,有几个原因。①

第一，有人担心这个运动对个别儿童做了过多的宣传，并且把他们暴露于危险之中。一些儿童和平领导人收到了恐吓信，其中一些人甚至逃离了哥伦比亚，在美国或者加拿大获得了政治避难。

第二，也有人担心儿童参与的各项道德原则没有得到遵守。参加和平运动的孩子们在各种国际会议上很抢手，也在各类时尚杂志和电视纪录片中频频出现。通常，儿童被选中参加这些活动，而没有使广大的儿童群体对相关议题进行全面讨论，共同确定他们的立场，并自己选举代表去参加。

第三，这个运动并没有清晰的、共同的框架性愿景，而这有时候会让参与者之间的误解进一步加深。比如，对于每个组织之间的相对媒体曝光应该是多少，各种组织会有不同意见。有些组织在国际上获得了更多的公众曝光。

第四，人们之间沟通方式的种种变化也产生了影响。1995年举行第一次研习营活动时，孩子们要经过长途跋涉，才能从各自所在的村镇和城市走到一起，倾听其他人的经历。一位年幼的参与者，胡安·伊莱亚斯告诉我说，恰恰是在这个会上他才意识到，自己的经历并不是唯一的——哥伦比亚的其他孩子同样饱受折磨。今天，随着社

---

① 每天我都听到人们在打架——丈夫与妻子、父母与孩子，甚至在我自己家里也有暴力。这让我感到很悲伤，有时候也很害怕。我请求我的父亲不要再打架了，但是他仍然和我的母亲争斗不停。但是，他不愿意看到我不快乐。他听说有的孩子正在接受成为"和平构筑人"的培训，就带我去参加了一次会议。加入了这个团体之后，我开心多了。我们谈到如何在彼此之间保持和平，如何与我们的朋友保持和平，与任何一个愿意倾听的人保持和平。我把这一切告诉了我的父母。他们告诉我说，他们也不想打架，但有时候就是忍不住。

——伊莎贝尔（Isabel），14岁

交网络的流行，孩子们不必离开自己的社区，就可以相互倾听和学习了。

这个运动依然是有其地位的，不是作为一个组织，而是作为一种承诺——全国上下乃至更多的孩子们，可以为了和平而共同工作。在哥伦比亚，孩子们作为和平积极分子的参与仍然重要——在这个社会里，家庭暴力和街头暴力依然居高不下。就像1998年马亚里·桑切斯（Mayerly Sanchez）在她的苏瓦查的家里告诉我的那样："从一个孩子心中启动的和平，可以覆盖整个世界。"——但是，只有在它被放大、被倾听之后。

孩子们的社区训练营

萨拉·卡梅伦

概述

这个练习基于这样一个观念：成年人要想实现和平，他们首先需要想象和平，而且没有比孩子更好的开始了。

参与者

这个练习对于不同年龄组的人都管用，在混合年龄团队中也是如此。

在哥伦比亚的波哥大、麦德林和卡利等城市，拉斐尔·庞博基金会（Rafael Pombo Foundation）在每个工作日都会为几百位贫困孩子举办创作训练营，内容有文学、电视节目、美术和戏剧。除了扩大这些孩子的视野之外，这家机构还与各方面的教师合作，期望哥伦比亚学校大多数课堂上的正式气氛，由此可以有些改变。拉斐尔·庞博基金会也在游击队控制区举办训练营，重点关注冲突解决与和平建设。这些训练营是以下这个设计的基础。

首先，要开展一些"预热"活动，让学生们相互之间感到自在，也用来与新的工作与学习方式建立联系。这样的活动可以包括运动和对照活动、信任活动、搭桥活动等。比如，在搭桥活动中，学生们分成小组，用自己的身体努力架设尽可能最坚固的桥梁。然后要求他们做出判断，他们是否可以改善这个桥的设计，并做一些适当的修改。在这之后，请这些学生们谈一谈，他们是如何改变自己原来设计的想法的。当小组里的一位或者两位成员说服其他人改变的时候，有多容易、多困难呢？大家是什么感受呢？最后实现了某些改善吗？最好的工作方式是什么呢？

下一步，请学生们分成5~6人一组，构建自己的社区或村镇。需要用来支持这个任务的工具包括纸张、笔、签字笔、纸箱、几卷纸、胶和可以用来制作这个社区里各种建筑模型的废旧材料。学生们还被要求共同工作，对以下的全部或者部分问题做出判断：

a. 讲述这个村镇的历史：它在什么地方？为什么会建立这个村镇？是由谁建立的？最初建立这个村镇的人都是从哪里来的？

b. 给这个村镇起一个名字，并且解释这个村镇的创立者为什么要选择这个名字，他们是如何选择这个名字的？（在这之前，实际上还可以要学生们对现在居住的城镇的名字来源，进行一次讨论。）

c. 列出这个村镇的法律。（其中可以包括国家法，比如：言论自由，以及本地法，比如：循环利用。）

d. 说出这个社区中最重要/让人印象最深的建筑，并且解释它们的意义。

e. 描述这个社区的经济基础：这里的人做些什么工作？生活质量如何？（学生们这时常常会扮演具体的角色，从自己就是这个社区居民的角度,解释当地经济)。

f. 讲述学校学习、宗教、法律系统、公众健康、废物收集以及其他活动是如何开展进行的?

g. 这个社区的未来预示着什么?

h. 也可以要求学生们为自己的村镇制作一个盾形纹徽,并解释他们在其中应用的各种符号的含义和历史意义(盾形纹饰活动,可以作为一个单独的单元)。①

大约一个小时之后,各个小组要相互展示他们的村镇或者社区。整个团队要讨论一下,有哪些想法特别有用、特别有趣。这个活动也可以延长一段时间,但孩子们必须快速完成,这个活动常常会增加他们的自发性和乐趣。这个活动也可以反复做,也可以把它安排在特定的时代,让它具备某些地理或政治上的约束条件。

7. 你如何知道自己的组织正在学习?

贾尼斯·达顿

目的

评估你的组织的学习进程。

---

① 在拉斐尔·庞博举办的一次训练营里,我们一个小组的人建造了一个城镇。我们决定,我们需要一个教堂,不过建哪种教堂呢?我们如何才能选择呢?最后,我们决定要有一个多功能的建筑,任何人都可以在这里崇拜任何一个上帝,而且我们既有女神父,也有男神父。我们说,每个人都有宗教信仰的自由,而且这永远也不应该成为冲突的来源。

——马塞拉(Marcela),17岁

概述

提出一系列基于组织学习定义的问题。

一个组织正在学习的含义是什么？从实践的角度看，它意味着人们对现状逐渐形成一种清晰、诚实的认识；它是整个组织都可以接触到的，是用来生成新的、人人可以公平接触的知识，并且帮助人们面向自己期望的未来，采取有效的行动。

一个组织正在学习的含义是什么？从实践的角度看，它意味着人们对现状逐渐形成了一种清晰、诚实的认识；它是整个组织都可以接触到的，是用来生成新的、人人可以公平接触的知识，并且帮助人们面向自己期望的未来，采取有效的行动。

在心中勾画出你的团队或者组织：它可以是一个课堂、一个课程规划团队、一个基于特定场地的团队、一组管理人员，或者是你自己的社区——选择哪个团队都可以。对于它提出以下问题——可以是对你自己提出的，也可以是对一个团队整体提出的。

- 这个组织对自己的现状是否有一个清晰、诚实的认识？你的组织对于真相可以忍受到什么程度？你们是自己去寻找数据，还是等着政府、家长或者报纸提出数据要求？在你们的调查中包括了哪些人？在探询和宣扬之间，他们正在寻找平衡吗？对于有可能引起尴尬的数据，你们是否会回避？你们对自己的经验进行检验吗？对于自己心中的假设，你们提出挑战吗？最近以来，你们"杀死"了多少带来坏消息的人？你们是只靠数据，还是会和大家聊一聊，问他们是什么感觉、怎么想以及他们从个人角度对这个组织有什么希望？

- 对于现状的这种认识，在组织上上下下都共享了吗？你们从中有没有创造出也在组织中得到共享的知识？是不是每一个人都从"学习者"的角度，而不是"什么都知道的人"的角度，获得了支持？组织环境是否支持持续学习，还是只支持偶然学习？你们如何处理信息？你们是否从数据中形成共同认识，并构建知识？你们是否只接受支持自己假设的数据，还是你们会问"如果我们从另外一个观点去看这个问题，又会怎么样？"由谁负责建立共同认识？有谁在场？家长是不是可以获得学校的所有数据，员工是否可以获得？你们在进行员工发展吗？这样的发展是在整个组织中进行分享吗？你们是在创造新知识吗？你们的组织显示出从前不具备的能力了吗？这些新知识是如何改变现状的？①

• 知识是不是转化成你们期望的未来的各种行动了？人们能够利用新知识吗？这些新知识有现实意义吗？大家在应用这些知识吗，还是大家正在做的只不过是引用文章和书里的内容，但一直原地不动？你们的策略是什么？你们要采取的优先行动是什么？由谁来参与设计员工发展项目？大家会有多少时间来分享各自的专业实践？你们的能量聚焦在你们期待的未来上了吗，还是你们正在追着完成100项不同优先级的工作？你能讲个故事，说明你们如何缩小现实与愿景之间的差距吗？你们能确定一些衡量自己进步的里程碑吗？你的组织是不是表现出从前不具备的能力？

---

① 对于查罗特·罗伯茨帮助我们想到这个联系，我们深表感谢。

坚忍不拔[1]

从20世纪90年代初开始，由于她在社区方面的观点和创新管理实践方面的经验，玛格丽特·惠特利在组织学习与变革的领先开拓者组成的全球网络中，成为一个焦点人物。自2000年代中期开始，惠特利逐渐把自己的关注放到了朋友们、客户们以及商业伙伴们的焦虑上，这种关注因2008年的经济危机进一步加快了速度。即便是组织学习方面极为成熟的领导人，随着商业压力的加大，他们不得不削减他们最富启迪精神的实践。对此，惠特利的回应是《坚忍不拔》这本书，它是逆境面前如何坚守的个人反思。这本书是写给那些将身心投入组织变革（包括教育改革）的人们——他们发现自己的工作由于各种原因变得愈加困难，也正在寻找方法，坚持自己的努力，并保持自己内心的平静。

——阿特·克莱纳

8. 系统公民
面向一个相互依存世界的教育

彼得·圣吉

假如我们把学校看作一个改变社会的载体，会怎样呢？假如我们

---

[1] 玛格丽特·惠特利著（Berrett–Koehler出版，2010年）。

| 第16章 | 可持续发展教育 |

把教育看作一个领导力发展的实验室——学生们为了一个健康的未来,在这里掌握要领,促使那些应该在学校内外发生的变化出现,又会如何呢?

这些年来,我多次和不同年龄的人们围坐成一圈,展开深度会谈——常常有些年幼的孩子也在场。在一次这样的聚会中,一位学监(当时在某个全国性学校社团中也是领导人物)坐到两个11岁的孩子对面。这位名叫拉里的学监问这两个孩子,他们是如何看待今天这个世界的。其中的那位11岁的女孩毫不犹豫地回答道:"我们觉得,你们喝光了自己的果汁,又来喝我们的了。"

几年后,在圣路易斯市的一次大型社区聚会上,也有一个小范围的"破冰"活动,来自不同背景的成年人和孩子们轮流发言,反思他们为什么会来到这里。一名教师说,她对一些可持续发展的问题相当担忧,比如食品和水的供应问题。另一位成年人则提到自己社区中的贫富差距。然后,就轮到一位年龄不大的女孩发言了,她大约9岁或10岁。她只说了一句话:"我想要活下去。"

这类叙述的直截了当,常常会让成年人大惊失色,然而,我们不该感到意外。现在的年轻人正以一种前所未有的方式成长。他们对这个世界的方方面面的领悟,远远超过了他们的前辈。他们了解气候变化,也知道我们无法摆脱对化石燃料的依赖。他们知道贫富差距这个顽症的存在。他们往往与其他国家的朋友们直接交流,并因此了解各种文化在彼此尊重中共存的艰辛努力。他们所听到的大都是负面信息:各种各样的生态崩溃、各种各样的恐怖主义、经济方面的种种焦虑、方方面面的无能领导人,以及一个个不可靠的机构。但是,所有这些负面信息,并没有削弱他们想要做出贡献的深层渴望。

在圣路易斯市,那天活动的晚些时候,有250人聚集到一起,听学生们一个个介绍自己的可持续发展项目。那晚在场的人们，一定不会忘记那位名叫安娜丽丝（Annalise）的12岁女孩，她讲述的是她和同学们一起，在自己的中学里建造了一台风力发电机。这个项目是从科学课开始的，她们的教师在课堂上说，应该转向不以化石燃料为基础的其他替代能源。安娜丽丝和她的四位同学（她介绍了每一位的名字）下课后便与这位教师聊了聊，问教师她们从个人角度可以做些什么。风力发电机的想法就是在这时候诞生的。她们让各自的家长也参与了进来——其中有工程师、商业人士，还有其他行业的人，帮她们梳理想法，并准备了一份建议书。然后，她们向学校的校长介绍了自己的想法，在那之后，又向当地的市长做了介绍。

"我担心我们给市长做的介绍不够好，"安娜丽丝面对听众回忆说，"当我们介绍自己的想法时，她实际上什么都没说。"尽管如此，她们后来还是被邀请回去，为市长和市政会成员做第二次介绍，而这就是项目的起点。安娜丽丝的讲述总共用了三分钟，她以一张照片作为这个不同寻常的故事的结尾——照片上是目前为这家学校提供能源的那台垂直风力发电机。

在场主要是成年人的听众们全神贯注、鸦雀无声，其中许多人对这些孩子们取得的成果感到震惊。这时，安娜丽丝放下了手中的笔记，眼睛注视着在场的人们，流露出坚定的决心，然后她说："我们这些孩子常常听人讲，你们这些孩子是未来。我们不同意这种说法。我们没有那么多时间了。我们现在就需要做出变革。我们这些孩子已经准备好了。你们呢？"

我相信，对于他们在其中长大成人的这个世界的方方面面，今天的孩子们不仅有觉知，也为之担忧。并且，有比我们想到的要多得多的人，已经完全做好了投身于其中的准备。当然，要认识到这一点是不可能的，因为他们的参与机会在很大程度上牵涉到我们这些成年人。对于孩子们，成年人实在是太容易形成各种自我强化的心智模式了。"这些孩子对这个世界一点儿都不在乎。他们只关心视频游戏，关心发信息和脸书"。当我们成年人这样认为的时候，我们就不会给孩子们的参与创造空间。当孩子们得不到机会去发挥作用的时候，也就难怪许多人会不闻不问，无动于衷，觉得没有提出问题的地方，也没有人在乎他们要说什么。

但是，我一次又一次看到，当这样的空间被创造出来的时候，像安娜丽丝这样的年轻人就会站出来。我开始相信，现在学校的核心宗旨之一，应该是创造出这样的空间，孩子们会响应。有些人会站出来说话，另一些人会站出来做建设，还有一些人会以身作则，展示出一种更有系统思考意识的生活方式。他们会成为他们自己未来的系统公民——其中许多人已经处于转变过程之中了。因为他们知道，这正是需要他们做的。

系统公民的鸿沟

就像我们在书中其他地方提到的，过去 150 年间在全球广泛推行的工业时代教育系统，在未来几十年中很可能会发生急剧转变。这种转变并非因其容易才会发生。实际上，正像大多数教育工作所熟知的那样，没有哪个机构比中小学更加抗拒变革与创新了。但是，教育领域的根本性变革依然会发生，因为人类社会要想生存与繁荣下去，这是必需的。工业时代这个机器的时代正在终结，不重新思考和重塑当下的教育系统，就不可能完成正在到来的转变。说到底，这个教育系统（与商业系统一起）已经是也还会继续是工业时代世界观和技能集合的主要培养箱之一。

从历史的角度来看,当下这个时代是一个不同趋势深层交织、冲突的时代。一方面,工业化的全球扩展在生活质量方面带来了极大的物质利益和机会。人类历史上第一次,几十亿人们在分享着从前无法想象的物质生活水平,也在分享着长寿期望、民主进程以及正式教育。正因为这些原因,这个世界上的几乎所有社会都在追求工业和物质扩张的目标。

但是,一切如常的持续工业化扩展,也正在引发各种无法想象的危险。人类正在以前所未有的速度毁灭其他物种和生态系统,并以过去从未有过的方式在世界各地和全球范围内改变着自己的生态环境。根据世界自然基金会的测算,支撑今天的全球经济需要$1\frac{1}{3}$个地球的资源。如果中国达到了美国的消费和废弃物排放的水平,我们就需要两个地球。如果印度也加入这个行列之中,我们就需要三个地球。但是,我们只有一个地球,人类继续在我们当前的工业化、物质主义生存方式的"攫取－制造－废弃"的道路上每走一年,为了要在大自然的慷慨赐予的范围之内生存下去,而无法避免的调整也会随之变得更严峻。

从这种紧张关系催生出来的各种挑战,是社会、经济和文化上的挑战,也是生态上的挑战。事实上,所有这些挑战都是相互依存的。国际化的人才流动、移民和商业活动的急剧加速,引发了不同文化之间、不同经济系统之间的冲突;很多人在全球各地为保护自己传统的文化特征而努力抗争,对抗西方消费主义的泛滥;与此同时,工资与机会的竞争导致失业与社会动荡持续蔓延。很多人都有一种清楚的感受:我们(人类)并不十分了解,如何才能与我们社会中释放出来的各种力量共存下去,我们只是刚刚开始尝到由种种意料之外的后果带来的苦头。①

一位系统思考的学生，也许可以用一个简单的行为—时间图呈现这个局面，显现出来的是现代社会相互依存的程度，与理解这种相互依存关系的能力之间的鸿沟。

这条持续上升的"相互依存"曲线意味着什么呢？其实很简单。工业化在全球范围内的扩张，已经织就了一个相互依存的网络，这样的网络在过去从来没有存在过。即便是生产商品与服务、种植食物，以及日常生活这类简单活动，也都以前所未有的方式在本地和全球层面相互交织。0.45 公斤食品在到达一个美国消费者手中之前，平均要旅行近 3 200 千米。许多日常用品要经过更长的旅途。我们生活方式的废弃副产品也要进行同样的长途运输。比如，美国以不到全球 5% 的人口，制造了全球 20% 的温室气体，这都是因为我们开的轿车和越野车、我们居住的各种建筑，以及我们的视频游戏、平板电视和网上浏览——所需的电力主要来自燃煤。所有这些排放造成了冰河的缩减、春季径流的减少，并且造成印度北部的几亿人长期处于缺水状态。气候多变、洪水泛滥以及海平面上升，影响着更多的人。过不了多久，同样的说法反过来讲也说得通了：中国与印度急剧增加的温室气体排放让美国黯然失色，并且直接造成了北美地区气候多变与严重的暴风雪。在人类历史上，地球两边的人们做出的各种各样的日常选择，从

---

① 摘自《面向一个相互依存的世界的教育：培育系统公民》("Education for an Interdependent World: Developing System Citizens")，彼得·圣吉著，刊于由乔伊·里士满（Joy Richmond）、利斯·斯顿茨（Lees Stuntz）、凯西·里士满（Kathy Richmond），以及乔安妮·埃格纳（Joanne Egner）共同编辑的《追踪各种各样的联系：系统思考的声音》（*Tracing Connections: Voices of Systems Thinkers*，iSee Systems and Creative Learning Exchange 出版，2010 年）。

未像今天这样交织、纠缠在一起。①

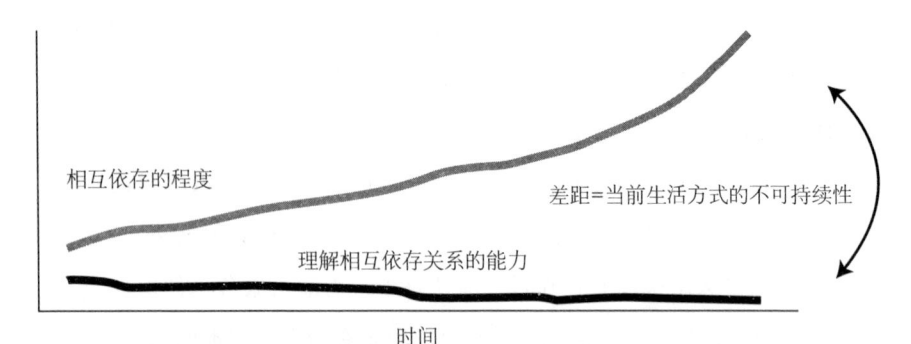

```
相互依存的程度
                                    差距=当前生活方式的不可持续性
            理解相互依存关系的能力
                    时间
```

但是，虽然这个相互依存的网络一直在增长，人类理解这种相互依存关系的能力并没有提高。事实上，或许可以说，最近几百年以来这项能力逐渐在衰退。随着人类从部落社会转向农业社会，并在近来转向现代工业社会，我们与更大的生命世界相互连接的感受，也逐渐变得越来越模糊、脆弱。比如，有些美国孩子认为，自己的食品是"从食品店里"来的，美国的大多数孩子和成年人都没有食品季节性的内在概念，因为所有的食品不分季节都可以得到。

随着这个鸿沟的扩大，我们的生活变得越来越不可持续。现在，没有多少成年人理解全球经济，更不用说了解他们购买的产品来自哪里，或者是了解运送这些产品的全球供应链带来的各种社会与环境的副作用了。比如，没有多少人意识到，全球范围的工业化农业扩展的主要动因，是为欧洲和北美中产阶层消费者服务，这每年都会造成数千万农村居民因农民收入降低而离开家园。这是温室气体的一个主要

---

① 乐施会（Oxfam）在 2010 年估计，全球贫困人口适应全球气候变化的各项成本（包括农作物歉收、各种热带疾病蔓延，以及在许多发展中国家的景观中越来越成为一个永久性特征的移民营）总计超过 500 亿美元（参考 www.oxfam.org）。预计这个数字在未来几年中会急剧上升。

来源（其中包括在全球各地运输食品所产生的二氧化碳，以及为满足不断增长的肉食品需求而持续扩张的畜牧业所产生的甲烷），持续增长的畜牧业和经济作物也引发了乱砍滥伐现象，并在过去50年中造成了数以十亿计的地表土丧失——超过印度和中国的国土面积之和。

从内部看起来，工业时代会永远持续下去，这就像一个金融泡沫，看上去在盈利，实际上来自盲目预计当下的扩张将会无限期延续。但是，工业时代不会永远存在下去。大自然的运行方式与现代社会的运行方式之间的种种冲突，绝对不可能无限期延续下去。就像金融泡沫一样，工业时代这个大泡沫的破灭可能是毁灭性的，甚至会危及整个人类的生存。然而，我们也可能就处在转型的边缘，正在转向一种"超越泡沫的生活"：这是一个再生性的或者说是恢复性的经济与社会；它模仿大自然的进程，在人类重视的物质需求和非物质品质之间，形成一种全然不同的平衡。但是，这种事关未来生存的转变不会自己发生。要实现这种转变，需要在我们使用的能源上、在我们制造与购买的产品以及产生的相关废弃物上、在我们使用的土地上、在人类与其他物种的关系上，以及在个人与组织生活的许许多多的其他方面，都发生真正的变化。①

尽管全球化工业社会的颓势有着林林总总的表现，但不着手应对存在于不断增长的相互依存关系与我们认识这种关系的能力之间的这个根本性鸿沟，很难想象会有多大的变化。没有什么技术上的"修理"手段，可以独立解决气候变化问题；也不会在一夜之间就出现一个全

---

① 彼得·圣吉、布赖恩·史密斯（Bryan Smith）、尼娜·库鲁斯维兹（Nina Kruschwitz）、乔·劳尔（Joe Laur）和莎拉·施莱（Sara Schley）在合著的《必要的革命：可持续发展型社会的创建与实践》（Doubleday出版，2008年）中详细探讨了工业时代是一个将要破灭的大泡沫的理念。

球性的政府，着手应对不断增长的食品与水的短缺问题；更没有哪个觉醒了的企业社会责任运动，会奇迹般地改变目前占全球统治地位的商业运营模式，让短期利润与对人和地球的长期贡献可以达到平衡。

所有这些变化，以及其他更多变化，都只会随着我们思想方式的变化而发生。现代世界的各种机构之所以以今天的方式运行，是因为我们自己——我们作为管理者与员工、金融家与政府管制机构、消费者与公民的作为。我们如何思考、如何相互作用，塑造了这些机构的各种政策和惯例。如果没有对相互依赖关系的深入理解，这些政策和惯例都不会有任何变化。不仅是那些正式的"领导者们"要形成这样的深入理解，塑造了这些机构的种种期望、规范和日常运作方式的我们所有人也都要形成这样深入的理解。

如果一个教育系统想要服务于社会的真正需求，缩小系统公民的鸿沟就成了这个教育系统的核心要求。培养系统公民，就是培养那些认识到工业时代的各种深层不平衡，并能够积极行动起来的人。从这个角度思考教育系统的宗旨，是一种极为独特的方式。这与主流观念相去甚远。但这正是安娜丽丝以及数以百万计的像她那样的孩子所要求的。正如她说的那样，真正的问题在于："我们准备好了吗？"

一个盲点：教育的目的

尽管听上去有些夸张，但我还是相信，今天学校里的所有孩子们都觉察到了当下这个转变时刻的重要意义。虽然他们的表达方式多种多样，他们都理解一个同样的道理：在今天，唯一重要的公民权利，是所有人的公民权利。他们觉察到，地球各地的人们必须共同努力，才能像巴克敏斯特·富勒（Buckminster Fuller）所说的那样，"创造出一个对于每一个人都有意义的世界"。这也就是为什么,当传统学校教育对将会影响孩子们未来的种种不平衡不做回应的时候,孩子们会表现得无动于衷;而当学校教育对这些不平衡做出应对时,他们则会充满活力。

那么,各种学习的机构如何才能克服自身惰性,认清未来对年轻人的重大利害关系,并帮助他们获得他们最需要的那些技能和视角呢?我们目前要做的并不是重新构建出昨天文化的至善,而是要培育属于明天的相互关联文化。

要实现这个目标,我们必须就21世纪教育的范围和内容,以及它与过去的教育如何不同,达成一个有意义的共识。没有清晰的目标,就不会有创新的能量。没有清晰的目标,所有试图"改革"的努力,最终都只会回到那些人们知道如何努力达成的目标,也就是过去的运营目标:数学、科学和读写的基本技能,以及最终的考试成绩提高。这些都相当关键,但并不充分。这些东西建立了我们现代工业世界。要建立未来的各种再生性经济体,只有这些是不够的。

对于目标缺乏一种运营上的共识,是我们今天在教育领域不具备真正的创新生态系统的首要原因。为什么要创新?"在当今世界,我们教育的基本目标是什么?"在我们走到一起,对这个问题做出一个令人信服、基于共识的明确回答之前,为什么创新这个问题就不会有答案。如果我们以深思熟虑的方式、以一种吸引方方面面的关键相关利益者(学生、教师、家长、当地商业机构以及社区领导人)参与的方式,去回应这个问题,这本身就会创造出那个在今天令人痛心地缺失了的关注点。

这个过程不会是速成的,也不会很容易。它需要以尊重学校的内在本地性的方式进行,也需要以一种将学校与它们服务的社区联系起来的方式进行。但也有一些领域，需要更广泛的共识。学生们需要哪些方面的关键技能和知识，才能成为卓有成效的工作者和公民呢？在传统教育的目标下，这些技能是如何形成的呢？在教学和教学法方面，需要哪些基础创新呢？我们如何才能让教书育人这个职业，成为一个吸引最优秀、最有悟性的人才的磁石呢？最后，学校存在的意义是把我们这些成年人已经知道的东西"教给孩子们"吗？还是今天教育的目的，是为每一个人提供一种方法，让大家共同学习创造健康和可持续生活方式所需的能力？

年轻人渴望的是后一种目标。但是多数成年人有意无意假设的是前一种。如果问什么时候应该质疑这种假设的话，那就是现在。150年前，社会需要的是工厂里的工人，所以学校的设计就是为了产出这样的工人。今天不同了，社会需要的是那些有助于创造一个切实可行、可持续发展和繁荣活跃的全球化文明的工程师、企业家、设计师、建筑师、教师、医生和护士、管理人员和工人。这可不是小小的一点儿改变。

教育是本身就具备50年或者更长远视野的唯一社会机构：这个视野就是今天的学生的一生。企业、政府和媒体都不具备这种视野，但教育的自然特征就是如此。这就是为什么对于学校的态度，总是代表着一个社会对于未来的态度——这也是为什么学校应该成为人类所需的根本性长期变革的首要发源地与关键机构。纳尔逊·曼德拉说，"教育是最有力量的武器，你可以用它来改变整个世界"。没有其他任何组织，以同样的方式拥有如此的潜力。

以这种视角看待教育，是有先例可循的——有些还可以追溯到人类历史的早期阶段。不久前在中国进行的几次谈话中，中国著名传统文化大师南怀瑾指出，现代的"教育"这个概念，在中文中直到不久之前都不存在。这个概念是从西方引进过来的。传统中文中与之最接近的概念是"教化",直译成英文就是"为转化而施教"。这是每一位努力改善社会的人的职责,从普通人一直到皇帝。①

比如,被誉为"华夏始祖"之一的黄帝,就把当时有关医学的知识汇集成一部经书,这部书为中国服务了近五千年。他还在天文学、气象学、技术和诗歌等方面教书育人。据说,他担当的基本职责就是为了人民的幸福而传递知识。

以造就全球化的系统公民作为教书育人的目标,就把我们带进了一个不熟悉的领域。对于每一个人都是陌生的。没有一个人知道怎么做。这里没有规定的课程计划,大家不过是在需要展开的学习进程上达成了共识,尤其这还不只是教育工作者们的工作。由来自学校、企业、公众团体(包括社会服务机构、医保机构和其他组织)和当地政府的领导人组成的各种社区开始携手努力,为教育领域的持续创新创造出一种环境之前,学校(特别是由各地政府管理的公立学校)本身就存在的反对变革的力量,还会继续阻碍创新。

这样一来,我们的总体目标就不应该是教育改革,而是对教育的整个过程进行环境的重新建构:其出发点是让孩子们学习如何对自己的学校环境承担更多的责任,并在他们应对复杂的、现实生活中的社区问题的时候,逐步建立起与各种不同的利益相关者之间的联系。学生们不再是别人制订的课程计划的被动接受者,而是在对一个相互依存的世界形成责任感与成效感的过程中,成为一个个活跃的参与

---

① 这两个中文字就是"教化","为转化而施教"。传统中文中最接近"教育"的概念。

者——这就是通向系统公民的道路的一个起点。

教育的品质

在这篇文章的余下部分中，我想要描述的是，一家培养系统公民的学校可能会具备的一些品质。针对不同地区，具体情况当然会千差万别，但是，那些对培养系统公民已经做出承诺的形形色色的学校的经验表明，大致轮廓已经清楚了。下面这些，是到目前为止我们学到的东西。

一个孩子与成年人一起学习的地方

传统学校是一个成年人试图让孩子们去学习的地方。相形之下，培育系统公民则要求向每一个人学习。教师们邀请大家探询的那些题目，他们自己也尚未精通，因为还没有人在这些题目上成为专家。学生们形成了一些对于他们的教师也具有真正价值的见地。教师们既共同学习，也相互学习。管理人员们创造出一种培养信任、相互影响和共同愿景的环境，并在这个过程中变得更加开放起来，看到自己的行为必须经常做出改变。家长们和社区成员们受到吸引，加入人类社区与自己建立联系的兴奋与能量之中。就像几千年以来发生过的那样，当我们真正重视孩子们、倾听孩子们的时候，他们对于学习和成长的热情就会渗透把我们包裹起来的那些观念。即便是在一所学校这样一个大系统的缩影之中，我们也会发现那句古老中国谚语中的智慧："每一个黄金时代的标志，是孩子们成为社会中最重要的成员，而教育是这个社会中最受尊重的职业。"

尤其对于教师们来说，这意味着开放自己，面向转变教学法、转变课堂教学思路的巨大挑战,并放弃"站好-讲好"(stand and deliver)的既定模式。对于学习者之间形形色色的差异,如何去应对呢?在孩子们学习独立思考、学习为彼此创造反思空间的过程中,怎样支持他们呢?如何应用人的发展的深层知识,把它作为所有教育的支柱呢?如何将一种面向人的发展的取向与不同课程的材料融合起来,以便让它们相互支撑呢?在实现这些变革的过程中,每一个人又如何持续学习、怎样更好地共同工作呢?

一个让人们发现自己声音的地方

系统公民的学校所包含的,首先是一种持续不懈的承诺:对人的成长的承诺,对培育我们每个人内心中与生俱来、与众不同的目标感与责任感的承诺。每一个孩子的愿景,像他们的个性一样,都是独一无二的。每一个孩子都会看到其他人看不到的那些发挥自己作用的途径。采用向每一个人传授一种标准的"系统工具箱"的办法,把系统公民从一条流水线上制造出来,是行不通的。必须通过帮助每一个孩子产生他们自己对一个相互依存的现实世界的独特感受,才能培养出系统公民。

南怀瑾先生说,"人的天性是教育的核心问题。为什么所有婴儿生来就如此不同呢?"对他而言,要想把握我们自己深层的与众不同,就必须要审视婴儿出生时带到这个生命中的、固有的因果品质。如果我们对每个人表现出来的差别视而不见,教师们也许会"成就与育人的本愿恰恰相悖的目标"。西方人还不大习惯思考,但是,对于每一个人都是独一无二的这个理念,我们并不陌生。事实上,它是西方启蒙思想和民主的基石之一——每个人都拥有"生命、自由和追求幸福"的权利,每个人都为自己定义了这些概念的含义。

学校最古老的功能之一，是帮助年轻人找到自己的职业追求，也就是他们自己成为一个受人重视，并自给自足的社会贡献者的那个独特路径。就像"职业"（vocation）这个词在词源学的词根上所指的那样，事业的本质就是发现自己的声音。

Vocation

Vocation这个词的字面意思是"召唤"（calling），它由拉丁文的vocare而来，意思是"呼叫"（to call），后者源于vox，英语中的"voice"（声音）也出于这同一个词根。

还记得安娜丽丝吗——那个在圣路易斯充满自信地介绍风力发电机的女孩？她那种自信、清晰和准确的自我表达，深深吸引了在场的听众们。其中似乎没有一个字是多余的，这与在她之前演讲的那几位成年人形成了鲜明的对照。

只是到了后来，在一次和她父亲的感人谈话中，我才了解到情况并不是一贯如此。她演讲后的茶歇期间，她父亲走了过来，眼中含着热泪。"我简直不能相信。"他说，"你必须要了解，我和安娜丽丝的妈妈一直非常担心她，因为她太害羞了、太安静了。我们一直很发愁。我想她找到了自己的声音。"

从这以后，我一边回顾他讲的话，一边自问：她找到自己的声音了吗，还是我们找到了自己的耳朵？对于年轻人的领导力在食品、能源、水与贫困这些问题上的重要性，只有为数不多的一些教育工作者深信不疑。许多年轻人深陷于各种各样的自证预言之中,这些自证预言从一开始就阻碍了他们表达出这种潜力。此外,许多成年人面对那些我们当下的这个社会的巨大并在持续扩大的种种不平衡现象,采取了听天由命的态度。这些问题之大,远远超出各种各样的解决方案,也就很容易让人认为,什么事都做不成。孩子们没有这种宿命论或是悲观的态度。而他们一旦参与了进来,他们就会一直参与下去。这是他们的未来,而且他们出于本能地认识到,这就是真正的教育——即便是在成年人已经忘记的时候。

高阶技能的孵化器

对于高阶技能,教育工作者有许多框架。我们的经验一再回到以下这些方面:

- 系统思考和理解复杂性
- 反思
- 协作和建立学习的合作伙伴关系
- 沟通与倾听
- 设计思考过程:如何创造最有可能产生我们所期望的那些结果的各种系统
- 自我感受:热望、自我激励、自我控制
- 学习效能感:我们如何才能影响我们关注的那些问题

这些都是一个系统公民需要掌握的思考与相互交流的技能。它们不仅包括对于系统、非线性反馈和杠杆作用的认知,也包括今天被许多学校几乎完全忽视的其他思维与学习技能。从许多方面来看,这些技能与建立学习型组织的"核心能力"并行不悖,在持续为孩子和成年人开发个人与集体的学习能力方面，是获得成功的必要条件。

　　教育工作者往往会认为，这些技能都是"高阶技能"。但是，在解决各种复杂的现实生活问题的过程中——无论我们在哪个年龄段遇到这些问题，其复杂性与一道复杂的数学题或物理题截然不同，都要涉及这些技能。长久以来，这些技能都被看作研究生教育的范畴，但过去 20 年来积累的证据表明，如果有了适当的教学方法与整体学习环境，这些技能可以在小学教育中培养，并在中学教育阶段发展到超常的高阶水准——并不是为数不多的精英才能掌握，而是大多数学生都能达到这种水平。

一个反思与合作学习的修习场

　　培养所有年龄的系统公民的关键领域之一，是反思我们正在学习什么的能力——这往往要"实时进行"。

　　在最早展开系统思考教学的那些学校里——比如，在位于图森的博顿"磁力"小学（Borton Primary Magnet School），幼儿园里的孩子们通常都会以分享他们自己画的一天学习的"行为—时间"图，作为这一天的结束。那些图表都挂在墙上，孩子们站成一圈，谈一谈他们学习到了什么——一个小时、一个小时地说。当说到他们学到了很多东西的那些小时的时候，他们会站得笔直；当说到那些他们没有学到多少东西的那些小时的时候，他们则会俯下身去，几乎要接近地面。如果学得不多不少，他们就会做出不高不低的姿态。然后，每一个学生都要说一说，在每一个小时里发生了什么，让他们形成当时的经验：当他们刚刚开始一天、精力充沛的时候，当他们累了或者走神的时候，当他们饿了的时候。在这种就事论事的练习中，反思变成了每一个孩子一天上学中的一部分。对于"你今天觉得怎么样"这个问题，不存在正确或错误的回答。不存在一条定义"正确的一天"的标准曲线,每一个人的体验都得到了尊重。

在年龄稍大一点儿的时候,在这些学校里就学的孩子们,就开始从看到他们自己在学校一天里的各种模式,转向探索在他们生活中产生作用的不同系统作用力了。教育创新者们看过最多的视频之一,表现的就是三个一年级的孩子坐在一起,分析一幅他们画出来的正反馈环路图,他们想要理解的是,为什么他们在操场上会打架。

"一开始,我们说了难听的话,"其中一个 6 岁的孩子用手指着他们的循环图说。"后来,就有受伤的感觉,然后就会说更多难听的话。"他说,打架就是在这之后开始的。让看到了这个视频的那些成年人尤其感到吃惊的是,孩子们自发产生的谈话,引发出了"我们可以干预这个系统的各种不同方法"。[①]

"我们试过说'对不起'。"另一个也是 6 岁的男孩子说。那好像有点儿用,他接着说,但是,他们判断,还有其他的办法可以试试,也许效果会更好——这是他用自己的说法表示,他明白要到哪里去发现这个系统的杠杆作用点。

以这样简单、平常的方式,学生们学会了如何超越相互指责、如何超越绝望。他们参与到了这场永恒的挑战之中——更加清楚地理解自己的生命,更加清楚地理解,要想在他们在乎的那些事情(比如,在操场上不打架)上取得成就,他们必须要进行的内心探索。他们的好奇心获得了培养,他们的内心责任感逐渐形成。这是系统公民的两个基石。第三个基石也会逐渐形成:那就是学会共同解决各种困难问

[①] 华特尔斯基金会的网站上有这个视频:www.watersfoundation.org/webed/examples/playground/playground.htm,YouTube 上也有这个视频:www.youtube.com/watch?v=OWFDivyk7gI&safety_mode=true&persist_safety_mode=1。

题。一旦他们停止相互指责，一旦他们对于自己打架不再感到愧疚，他们就开始一起努力，去改变一些事物。去年夏天，我遇到了三个孩子中的一个——他现在已经7岁了，我问他情况怎么样，他说，他和另外两位从前的打架对手现在是"最好的朋友"。

有了好奇心，有了期望，再加上就复杂问题进行协作的知识，学生们自然而然就会成熟起来，去应对社区中更大的问题。这里的关键是持续地让学生们的学习聚焦在真实的、与他们确实有关的事物上，还要为他们提供空间去处理那些"有分量"的问题，尤其是那些成年人也不知道如何解决的问题，比如："怎样才能让我们的学校用上可再生能源？"

成年人同样需要这样的反思与协作的练习。不幸的是，多数教育工作者在日常工作环境中，并没有为他们自己的反思和学习提供空间；大多数校长也没有认识到，自己在创造这种空间中的关键作用。目前只为教师在课堂上的"出场"时间支付薪酬的资金制度，"塞"到暑假期间的职业发展活动，以及那种强调个人胜任力而非团队胜任力的文化氛围，强化了这种不进行反思的习惯。现在流行的推动变革的各种努力，又进一步强化了这一切：当教师的个人胜任力要公开打分的时候，其效果与一个运动队的队员们为了成为明星球员而互相竞争大致相同——球队的成功严重受挫。

超越有关协同合作的老生常谈，并创造出一种持续合作与集体创新的环境，需要时间和发自内心的承诺。"在我作为一个校长试图引领的所有变革之中，最困难的恐怕就是帮助教师们学会成为一个团队。"图森市橙溪中学前校长玛丽·希茨（Mary Scheetz）说——本书中描述的许多系统思考练习都由这所学校首创。希茨自己主持了几次用一整天时间进行的静修，教师们在静修中学习反思和相互倾听，也学习如何建立共同能力，去应对难免会出现的各种冲突（比如，针对某些孩子，教师们的课程计划和方法不尽相同的时候）。希茨说："考虑到大多数学校里普遍存在的专业人员相互隔离的情况，各种协同解决方案的潜力比人们通常意识到的要大得多。"

但是，正像那些创新企业已经学会的，反思与协作需要经常进行，而不能只在做做停停的培训中进行。团队建设必须是持续进行的活动，那些最重大的学习发生的时刻，往往是在应对团队崩溃和危机的过程中出现的。希茨下定决心要创造出这种空间，让这个空间成为这所学校每天日常活动的一部分。她与当时的校长助理特雷西·本森（Tracy Benson，后来接替希茨成为校长）一起，最终重新设计了学校的日程安排，以便所有教师每天都安排出45~60分钟的时间，相互之间"看看病"。"要到教师们可以实时地实践协同合作的时候，协同合作才会开始产生影响。"本森说，"他们需要知道教师在比利的第一节课上发现了什么，或者是了解到一个在公民课和科学课里整合到一起的系统思考新理念，孩子们的实际反应不错。这就会有助于让教师们感到自己是一个团队。"

对于他们想要创造的那种学校文化，橙溪中学的教师们渐渐地开始形成一个更大的愿景。他们也发现，他们把自己发展成为一个学习社区的持续努力，开始重塑他们之间互动交流的方式。"我们必须以榜样来引导，"数学教师凯利·欧康纳（Kelly O'Connor）这样说，"如果我们尊重孩子，彼此之间也相互尊重，所有孩子都会看到。""我们聊的每一个话题，都是建立社区的一个过程，"英文教师杰伊·巴韦尔（Jay Barwell）说，"处理我们之间的所有差异，是建立我们共同愿景的关键。"①

随着所有这些教师发展成为一个团队，他们对于如何改善学校整体环境的理解也逐渐形成了。最终，他们对于这家学校的愿景归结为一个理念：尊重。以这个理念作为指导原则，他们就能够在他们自己之间、他们与学生之间，创造出信任。

一个培育联系、建立健康社区的实验室

各种各样的学校里教师们彼此不相往来的隔离状态就像镜子一样，可悲地反映出这些学校的状态——它们是一个个处于孤立状态的机构，与它们身处其中的那些更大的社区，相距甚远。这又往往悲剧般地变成了一个自证预言：孤立无援的学校对于它们自己的社区贡献甚微，也就无法吸引社区参与和获得社区支持的潜力。在这种情况下，由学校与社区之间相互依赖所产生的互补利益就不存在了。

一些创新企业开始理解认识相互依存关系的重要性，其结果是它们的各种策略和习惯做法正在发生转变。"如果我反思一下许多组织近来的历程，那么可持续发展的意识就在增强，"联合利华公司（全球最大的消费品公司之一）前管理委员会成员安德烈·冯·黑姆斯特拉（Andre van Heemstra）②说。"系统思考正在以不同的形式，让我们看到许许多多从前没有看到过的相互依存关系。"他接着说，"正是这些相互依赖关系让你得出这样的结论，把商业上的可持续发展与社会或者

---

① 橙溪中学的这段历程以及对于那些学生的长期影响，生动地记录在一段名为"图森的那家学校"的视频里——可以从"创造性学习交流中心"获得，见网站clexchange.org。这段视频记录了这个中学以前的学生和他们15年之后成为青年成人的镜头。

② 安德烈·冯·黑姆斯特拉的话引自彼得·圣吉等著《必要的革命》（*The Necessary Revolution*）。

环境的可持续发展分割开来思考，不只是愚蠢的，而且是完全不计后果的。"①

对于相互依存关系的战略意义的类似觉悟，怎样才能在教育领域中发生呢？其途径之一，或许是逐渐壮大的可持续发展教育运动——许多教育工作者和社区领导人认识到，在帮助我们的社区像超越工业时代泡沫的方向演化中，学校可能是一种大得多的积极力量。对于一些学校，这正在成为新战略举措。比如，俄勒冈州的波特兰学校系统，已经在学区中明确把这一点作为学生、管理者和运营人员的优先工作。

随着这些理念逐步生根成长，我们将会看到，系统公民教育——尤其是各种系统思考工具和协同合作技能，能够为年轻人提供他们需要的智力和发展基础，为他们将要面对种种可持续发展的核心挑战做好准备：包括食品、水、能源、废弃物和有毒物质、持续加大的贫富差距、构建恢复性商业和经济——并且是从现在就开始，从他们身边的社区开始。

不幸的是，被当作可持续发展教育的那些活动，其实往往不过是环境科学课的改编版。在最糟糕的情况下，这种课程成了教师们的额外负担，还为学校增加了成本。学校可以做的比这要多得多。正像杰米·克劳德的工作所展现的那样，可持续发展教学从本质上看，是一种跨越各种界限的实践——跨越各种学科的界限、年龄的界限，学校

---

① 在过去10年中，联合利华公司形成了一系列大胆的2020年可持续发展目标，并向人们展示，一个从前故步自封的企业，如何拥抱一个相互依存世界的种种核心挑战，转变成为一个全球领先者。比如，以可持续发展的方式采购所有产品的所有原材料，将50万家小农户（small holders）融合进全球供应链，以及在业务成长的同时降低其环境足迹的绝对规模。请参照联合利华的"可持续生活规划"，www.unilever.com。

与外部世界的界限，以及将"书本学习"与实践分割开来的人为设定的界限。①

把学校与周边更大的社区联系起来，从一些简单的事做起。比如，新墨西哥州圣塔菲市的芒特·德尔·索奥特许学校（Monte del Sol charter school）想出了一个简单的启动点：这家学校创新的"社区学习项目"必修课。以下是他们的具体做法。

每位十年级学生可以确定自己想学、社区中也有人会教的一件事。最后成型的项目就会成为这个学生当年的必修课之一。我在芒特·德

---

① 杰米·克劳德识别出了可持续发展教育需要培养的七种主要"心智习惯"——过去十多年以来，克劳德研究院在可持续发展教育方面是一个全国范围的领导机构：

把认识系统作为决策的基本环境条件（Understanding of Systems as the Context for Decision Making）。一个人既看到整个系统，又看到系统的各个部分的能力水平，以及一个个体能够让自己置身于这个系统之中的能力水平。

代际责任感（Intergenerational Responsibility）。一个人为自己的行为对于未来各代人的影响承担责任的能力水平。

对于各种含义与后果的关照与把握（Mindful of and Skillful with Implication and Consequences）。一个人自觉地做出选择、规划行动，以实现积极的系统影响的能力水平。

保护与强化公众利益（Protecting and Enhancing the Commons）。一个人努力协调存在于个人权利与公民关照公共利益的责任之间的种种冲突的能力水平。

认知各种驱动因素及其影响（Awareness of Driving Forces and Their Impacts）。在影响我们生命的所有驱动因素所形成的环境之中，一个人形成认识并可以从战略上负责任地采取行动的能力水平。

承担战略责任（Assumption of Strategic Responsibility）。一个人在观照整个系统的同时，通过设计、计划和开展行动，为自己和他人承担责任的能力水平。

转变模式（Paradigm Shifting）。一个人认识心智模式和结构模式，是因新知识和实践认识的引入随时间变化的指导性结构元素的能力水平。

请见www.cloudinstitute.org以及C.费德里科、J.克劳德、J.伯恩和K.惠勒合著《从幼儿园到12年级的可持续发展教育》（*Kindergarten through Twelfth-Grade Education for Sustainability*, The Environmental Law Reporter News and Analysis, 33-2, 2003年2月）。

第16章 可持续发展教育

尔·索奥学校见过几个学生,他们分别学习了木工、咨询以及社区组织。与他们学习了什么知识同样重要的,是他们如何学习。从课堂上解放出来的学生们,重新创造了最古老的教育形式:师徒关系。这种方式不仅将学生们带进了对自己有真正意义的学习,也使许多成年人与学生们建立了联系,让他们成为学校里有意义的贡献者;同时还为学生和成年人共同努力,建立更健康、更可持续的社区铺平了道路。

另一个例子,是一种更加聚焦的做法,由于这种做法十分令人信服,许多教育工作者都在尝试对它进行延伸和复制。中学科学课教师斯科特·比尔(Scott Beall)教六年级和八年级的学生,学习如何开展能源审计,然后联络当地的企业人士,让他们成为孩子们的客户,通过这种做法,他把自己的科学课课堂变成了"为善领导力团队"(DoRight Leadership Corps)。不仅学生们把科学知识应用到实践分析之中,并发展了创业技能,本地企业也开始降低能源足迹(和碳足迹)。在这个过程中,学生们发现了他们可以对自己的社区产生的影响。

这为学生们的学习带来的差异——即便是以传统方式去定义,都是巨大的。"毫无疑问,'为善'课上的那些孩子,在科学知识上的学习与较为传统科学课上的学生相比一点儿不少。"比尔说。实际上,他们在纽约科学课会考中的成绩往往不低于或者高于较传统的课堂上的学生。"当你的心里有了具体的课程内容,你可以有许多方式设计有意义的、以服务学习为形式的可持续发展项目。"比尔说,"最大的回报是学生们的主动性,以及与课堂练习相比全然不同的对于科学工作的领悟。"得益于比尔的启发,目前有好几个组织学习教育伙伴项目(The Society for Organizational Learning Education Partnership)的学校系统,正在合作开展"孩子们的足迹项目"。

在重新建立学校与社区的联系方面,最能起到杠杆作用的策略之一就是从"看见"已经存在的关系起步。亚利桑那州菲尼克斯市的墨菲学区的所在地是美国最贫穷的地区之一。在最近进行的一项研究中,组织学习学会的研究员丹尼斯·山道(Dennis Sandow)描述了这个社区的成员如何创造了各种相互支持的网络,为需要帮助的人提供食品和衣物,降低了青年暴力活动、家庭暴力事件以及药物滥用现象,还帮助学生们在五年期间取得了学业成绩的提高。山道发现,"学生们和他们的家庭,以及墨菲学区中的整个地区,都从一个协同合作的大规模社会系统中得益;这个系统成员包括但不限于,非营利组织、政府机构、宗教信仰组织,以及商业组织,还有教师、顾问、家长和墨菲学区的毕业生。这个社会系统只有一个宗旨(尽管并没有明确表述):为墨菲学区的学生、家庭和邻里打造健康和繁荣的环境。"[1]

山道对于惠普公司等企业进行的类似研究表明,让这些原先处于无形状态之中的协同合作网络显现出来,起到了强化这些组织的作用。"一旦人们开始认可了这些协同合作网络,大家自然而然地就会意识到它们的存在,意识到它们是如何运作的,也意识到了它们的重要性。当这些网络处于不可见的无形状态的时候,就容易被忽视。"山道特别把这些参与式网络在过去5年中的逐渐强化与学生的学业成绩联系起来,他认为,"这个大型社会系统正在支撑墨菲学区学生的学业成绩"。

这个学区的学监保罗·莫尔(Paul Mohr)是组织学习学会教育伙伴项目的创始人之一,他如是说:"或许正因为墨菲是一个环境条件相当严酷的地方,如果这里的学校要获得成功,它就一定能成为一个社区建设的中心——这一直以来都很清楚。一旦出现了这种局面,学生们以及成年人获得的收益,就会远远超过教育工作者仅靠自己所能提

---

[1] 丹尼斯·山道、弗吉尼娅·派珀(Virginia Piper)合著《墨菲学区的学习型社区》(*School District's Learning Communities*, Charitable Trust research paper, 2006年)。

供的了。"

更加有意识地把学校和社区联系起来，还会为年轻人的领导力发展提供各种重要的机会。"我们往往大大低估年轻人作为领导人的能力。"新近从纽约长岛市的休利特-伍德米尔学区退休的学监莱斯·面谷这样说。

在过去的几年里，面谷一直在请高中的学生们，为学校举办的各种社区会谈担当推进师。"年轻人认识到，他们可以帮助成年人开展有意义的谈话，探讨如何让社区包括学校更加健康，"面谷说，"成年人则学会了接受年轻人，把他们当作有思想、有承诺的社区成员。这对于每一个人来说，都是大大的双赢。"比如，在最近一次会谈活动中，学生们启动一个叫作"装起来"的项目——在整个社区里推介可以多次使用的购物袋，目标是消除那些最后进入垃圾填满场的大量塑料袋。

所有这些都远远超越了课程规划上的改变，甚至也超越了教学法上的变化，尽管这两个方面的转变都是基础性的转变。这需要的是在学校构想上的一种根本性转变：它是一个学生学习与社区学习的场所，是一个让教育的内容和过程与现实生活环境交织到一起，为年轻人学习、并引领可持续发展社区与社会建设，创造各种各样的机会的场所。在这样的环境之中，教育就不再是成年人要孩子做的一件事。教育成为一种合作学习的过程，目的是为了培养更健康、更加可持续的共同生活方式。

如果对于学校的普遍看法，不是由机构的地理条件限定的，而是由学生生活的地理条件来决定的，会怎么样呢？如果不仅教师是职业教育工作者，而且与一个学生相互交流的所有成年人（以及年龄稍长的年轻人）都是职业教育工作者，又会如何呢？如果我们假定，教育领域的可持续创新的发展水平，取决于我们支持孩子发展成长的共同愿景的本地商业机构、本地社会服务机构、政府组织，以及各个家庭联系起来、形成各种协同网络的水平，会怎么样呢？如果我们意识到，无论教师们有什么缺陷，其实都是从学校周围更大的社区分离出去、成为碎片的典型产物，而实际上许许多多颇具潜能的教师们正等待召唤，去帮助他人，又会如何呢？

一个真正的创新中心

最后，培养系统公民就让学校顺理成章地成为创新中心——尤其是有助于这个社会从工业时代转变出来的那一类创新。

"公众教育领域没有研发（R&D）能力。"托尼·瓦格纳（Tony Wagner），哈佛大学技术与创业中心的第一位创新教育研究员说，"如果每一个学区都指定一所开展研发的学校，会怎么样呢？如果教育领域也像企业那样，能够有机会把预算和时间中类似的比例投入研发活动中，又会如何呢？"

大多数企业人士生活在一个他们必须要创新的环境之中，否则他们的企业就会消亡。他们知道如何管理伴随试验产生的风险，明白如何先在小范围集中测试新理念，而非过早地开展大规模应用；他们也知道如何筹措资金，以及如何评估创新。在可再生能源、物料选择与产品设计（比如，仿生学运动）方面、在消除废弃物的"闭路生产循环"方面（比如，星巴克消除一次性杯子的目标），以及在应对内生性贫困的商业模式方面（比如，联合利华从全球50万个创新"小农户"采购食品产品的目标），那些最具创新能力的企业正越来越多地把自然和与自然和谐相处作为灯塔，引领未来所需要的创新。竞争策略专家迈克尔·波特（Michael Porter）已经注意到，未来的成功企业将会关注与社会创造"共享价值"，与以个体为中心的竞争引领创新的传统思想相比，这是一个巨大的转变。①

教育系统公民就是认定，同样的思想转变，迟早一定会在教育领域中出现，并且认定这种转变已经开始发生了。随着那些对教育领域创新做出承诺的人们，进一步认识到经济方面的优先选择所发生的历史性变化，学校转变教育活动的优先选择也就顺理成章了。在这种情况下，有关教育基本目标的那些问题就会成为首要议题。随之而来还会有围绕着具体的目标衡量和流程的各种实际举措，其中首先要考虑的是涉及教育工作者发展的各种流程。就像在所有变革过程中一样，大量工作都会围绕着这样一个实际问题："由谁来引领变革？"在我看来，变革的领导人将会来自各个领域，尤其会从学生们中产生。

系统公民世界中的生活

2010年，我在亚利桑那州图森与一群学生一起度过了一段时间，他们正在从初中升入高中，他们所在的学区是培养系统思考的那几个学区之一。那时候，这些学生们正在完成他们自己的学年作业，内容是自行选择一个复杂问题，而后展开详尽研究，尝试从各种不同视角去认识这个问题。当时，亚利桑那州刚刚通过了一项法令，要求所有非美国公民随身携带身份证明。实际上，这就意味着西班牙裔人（无论是否是美国公民）会不断被要求出示身份证件。有几位学生选择了这个题目。另一些学生选择的题目，也是公众讨论中颇有争议的问题：比如堕胎权利，以及毒品立法。

我尤其感到吃惊的是，他们大家都看到，他们在自己选择的议题

---

① 迈克尔·波特与马克·R.克雷默（Mark R Kramer）合著《创造共享价值》(*Creating Shared Value*，Harvard Business Review，2011年1月）。

上都有鲜明的个人观点。他们认为，自己知道其中的对错，但是，随着他们的探索逐步深入，他们意识到问题要比最初预想的复杂得多，从个人角度，他们也从个人角度开始质疑自己的观点。有一个孩子说："即便是我极不赞同他们观点的那些人——比如，有关身份证明，他们有些观点还是有道理的。我现在明白这一点了。"有些孩子说，在反复讨论和分析之后，他们对自己原来对于这个问题的看法不那么肯定了；还有一些孩子说，他们还是有强烈的个人意见，但是他们看到，其他的观点也有道理。

在倾听这些探讨的时候，我想到："这就是教育。"对于一个问题，很容易形成一种情绪化的看法。直到你把自己完全放到另一人的现实情况之中，并看到这个系统更多的方方面面，你就能够看到其他的人是如何形成另一种不同观点的了。

当我离开的时候，反复思考着有一次听到纽约市那位充满传奇的校长德博拉·迈耶（Deborah Meier）说过的话："如果孩子们不是在学校里学习民主的话，他们到哪里去学习呢？"那天下午的空气中，有一丝苦乐参半的气氛。很显然，这种开放状态对于一个有效民主制度来说多么关键，但是，在今天以两极分化、愤怒和不信任为主导的主流政治中，这种开放状态又是多么缺乏。没有这种以同理心参与的能力，我们又如何才能以一种不淡化问题的方式，真正理解各种复杂问题呢？在我离开的时候，心中是一个简单的答案：我们没有能力做到，因此我们就做不到。

我们可以再看看那三位正在反思的 6 岁孩子的录像片，他们反思的是他们自己造就的、促成他们在操场上打架的系统。几乎任何人都会认为，他们的思考是典型的高阶思考能力。他们共同反思的是，他们自己的思考和行动如何塑造了自己所处的现实。你实际上可以看到，他们正在解决自己的问题,正在测试自己的假设:如果说"对不起"行不通,他们会尝试其他办法。许多人认为,六岁的孩子不具备做出这种分析的能力。

但是,这种限制性的假设,让我们所有人举步不前,对于成年人和孩子们都是如此。比如,传统的学习发展理论认为,小孩子首先必须掌握诸如阅读、算术等基础技能,等到年龄大一些的时候,再去掌握高阶技能。但是,这些学校里的经验显示出的,是一幅更复杂也更加精彩的画面:这更像一种螺旋式上升的进步。就儿童发展而论,一个6岁的孩子与一个15岁的孩子处在完全不同的阶段水平上。但是,那些6岁的孩子显然掌握了一些复杂、微妙的思维方式。这又会给写作等基本技能带来激励和意义。现在,这位6岁的孩子就有了一个有意义的东西去把它写下来,也有了写作的对象——那些和他一起学习的人。这也会对开发语言技能产生影响。

在波顿这一类学校里,"英语是第二语言的学习者"占很大比例,越来越多的证据表明,系统思考有助于加速这些学生的英语学习。由于他们获得了一种图画和图表语言,可以用一种复杂、丰富的方式表达自己的思想,而不需要熟练运用英语的能力,他们的沟通技能和自信心都提高了。而这反过来又加速了他们语言技能的开发,因为他们看到了自己思想的价值。当他们有了有意思的东西可说时,他们就会说出来!

随着这些具体的想法和做法的进一步试验,时间会告诉我们,它们的有效程度。但是,对于我来说,这些初步探索代表了一种在教育领域中或许是根本性变革的理念:通过在生命早期阶段奠定高阶技能的基础,基本技能的掌握会更快也更加深入——而且可以面对越来越多元化的学习者。在基础技能与高级技能之间,并不存在一个僵化的阶梯,控制着某种一成不变的提升。恰恰相反,我们的技能提升像是一条编起来的绳子——我们持续不断深化我们的自我意识和我们与生俱来的联系与思考能力，同时我们也形成了我们的语言和逻辑技能——这是直觉与推理、自我与客体、美感与分析、感性与理性的一个持续编织的过程。

谁知道这条持续不断编织的绳子，还会延伸多远呢？但是，我自己已经看到了太多学生非同寻常的洞察力的例子，它们让我相信，以系统公民为目的的教育会展示出远远超出我们想象的人类能力。它也会表明，工业时代的学校模式实际上是一个多么令人窒息的庞大系统。从小孩子们那里得来的直接经验表明，他们已经准备出发了。世界各地的5岁孩子，都了解什么东西对他们重要。当他们身处各种人类系统的现实之中的时候，他们看到自己的需求和自我意识与他人的需求和自我意识也是编织在一起的。如果他们想要创造对他们来说重要的事情——比如，不打架，他们只能共同努力，并且关注彼此的需求和想法。

培养系统公民的学校，或许会促进教育向一种更加基本的、以人为本的形式回归，对于小孩子、大一点儿的孩子、年轻人，以及成年人，都是这样。这样一来，我们就处在了学习我们这个时代的真正经验的过程之中：建立一个更加可持续的世界就是建立一种更有意义的、更加相互依存的人类世界。就像这些孩子们一再表现给我们的那样，这是一个我们会喜欢在其中生活的世界。

第17章
结　语

1. 致　谢

《知行学校》这本书从写作到面世，历经了15年多的时间，其中经过了两次编纂，有许许多多的人贡献了他们的帮助、指导和鼓励。这本书的起源最初可以归于《第五项修炼·实践篇》。里克·罗斯（Rick Ross）、乔治·罗思（George Roth）和查罗特·罗伯茨为这本书贡献了重要支持与大量心血。

原"实践篇"系列主编尼娜·库鲁斯维兹（Nina Kruschwitz）督导了本书第一版成书和制作。在第二版成书过程中，她是作者之一，也是课堂上的系统思考那一节的共同策划人之一（与利斯·斯顿茨一起）。"实践篇"系列的每一本书都得益于她的专业能力和个人承诺。

埃伦·亨丽埃塔（Ellen Henrietta）是本书第二版的编辑、校对和索引编辑，她的工作对本书的品质起到了难以估量的作用，帮助我们遵守了我们的承诺。约翰·海尔（John Hair）设计了书中的许多图画和图标，并为第二版制作了书中的许多图表，在时间急迫的情况下，创造出了精美绝伦的优雅。他的工作的基础是克里斯·韦尔奇（Chris Welch）在20世纪90年代初期最初设计的模式，这个模式经历了时间的检验。乔·斯皮勒（Joe Spieler）是本书的文学经纪人，他从一开始就力推荐本书，也是这本书的合同管理和主题演进的关键联系人。乔茜·福特（Josie Ford）自始至终愉快地承担本书的项目商业经理的职责，让这本书的面世成为可能。录音整理一直是"实践篇"成书的关键，这得益于来自纽约布鲁克林的粉鲨鱼速记公司的莎伦·哈基（Sharon Harkey）。在兰登–双日出版社方面，编辑塔莉娅·克罗恩（Talia Krohn）、罗杰·肖勒（Roger Scholl）和迈克尔·派尔刚（Michael Palgon）为本书提供了建议、批评和支持。

我们还希望因其指导和帮助而致谢的包括：玛格丽特·阿巴克尔（Margaret Arbuckle）、沃伦·本尼斯（Warren Bennis）、萨拉·卡梅伦，安杰拉·考克斯（Angela Cox）、吉姆·埃弗斯（Jim Evers）、黛安娜·费希尔、迈克尔·古德曼（Michael Goodman）、娜恩·勒克斯（Nan Lux），保罗·麦克（Paul Mack），玛吉·派珀（Maggie Piper）、贝蒂·宽茨，刘易斯·罗兹（Lewis Rhodes）以及其他许多人。我们特别要感谢帮助我们撰写了由于篇幅所限未收录在本书之中的一篇有关创新特许学校学院的文章的那些作者：劳拉·哈格皮安（Laura Hagopian），梅利莎·卡佩克斯（Melissa Kapeckas），斯蒂芬妮·凯利（Stephanie Kelly），沃尔特·蓝伯格（Walter Landberg），达林·利德伯格（Darin Leedberg），格雷格·奥彭（Greg Orpen），梅雷亚德·奥彭（Mairead Orpen），以及福利迪·佩雷拉（Freddie Pereyra）。

这本书的完成得益于以下这些组织：组织学习学会（The Society

for Organizational Learning, Cambridge, Massachusetts)、迈阿密大学教育领导力系（The Department of Educational Leadership at Miami University, Oxford, Ohio）、全国学监圆桌论坛（The National Superintendents Roundtable, Seattle, Washington）、战略＋商业杂志（strategy+business, published by Booz & Company, NewYork, NY）、创造性学习交流中心（The Creative Learning Exchange, Concord, Massachusetts），以及麻省理工学院斯隆管理学院课堂上的系统思考项目（The Systems Thinking in the Classroom Project at the Sloan School of Management, Massachusetts Institute of Technology, Cambridge）。我们还要感谢所有与我们一起努力过的那些在学校、课堂和社区中有勇气在这个方向上坚持不懈的实践者，从他们身上我们获益良多。虽然我们无法在此一一列举他们的名字，我们也希望对所有那些影响了本书的各种会议和会谈的参与者表达感谢。

创作这样篇幅和内容的书，最终还离不开我们生活中最亲近的那些人的支持和关注。因此，我们尤其要以爱心和感激之心对他们表达谢意，他们是：哈里·麦凯布（Harry McCabe）和帕特里克·麦凯布（Patrick McCabe）；托马斯·达顿、内森·达顿（Nathan Dutton）、诺兰·达顿（Nolan Dutton）、珍妮·达顿（Jennie Dutton）和阿里尔·达顿（Ariel Dutton）；费思·弗劳勒尔（Faith Florer）、弗朗西斯·克莱纳（Frances Kleiner）、伊丽莎白·克莱纳（Elizabeth Kleiner）和康斯坦丝·克莱纳（Constance Kleiner）；艾米丽·卢卡斯（Emily Lucas）和玛吉·卢卡斯（Maggie Lucas）；黛安娜·森奇（Diane Senge）、内森·森奇（Nathan Senge）和伊恩·森奇（Ian Senge）；苏姗·辛明顿（Susan Simington,）、安东尼·史密斯（Anthony Smith）和迈克尔·史密斯（Michael Smith）。

译后记

译稿送出几天后,编辑打来电话,问本书副书名为何译为"知行学校"。其实对于书名怎么译的问题,作者们也很纠结,因为 *Schools That Learn* 在美国面世时,读者对书名也有疑问:学校本身就是学习的地方,和学习难道还有什么区别吗?这种区别恰恰是作者们的本意,但如果解释明白也颇费口舌。于是,就有了和作者们关于书名的一番讨论。

如果直译成《学习的学校》,由于其中有两个"学"字,原文带来的含义困扰似乎又被强化了。那么,译为《学习型学校》是否可以考虑呢?成林曾经就 Learning Organization 译为"学习型组织"专门与彼得·圣吉先生有过探讨。圣吉先生认为,Learning 在此描述的是组织处在持续学习,乃至不断演化的状态,并非某种可明确定义的类型。

幸好,在《第五项修炼》系列的几部著作中,都对古代中文的"學習"做了细致探讨。在圣吉先生看来,与英文 learn 相比,古代中文的"學"与"習"更准确地描述了认知过程中的"知"与"行"

之间的循环递进关系，而"知而行"和"行而知"也正是Learning Organization的核心内涵，是"掌握自我完善的方法"。以此为背景，"知行学校"也就顺理成章地成为中文版副书名了。

本书从2010年初夏开始翻译的，当时在亚马逊工作的张伟丽邀请她的朋友孙静和刘艳华一起加入翻译工作中。一年多后，初稿大部分完成。此时，本书作者中负责出版事宜的史密斯先生通报说，原书开始修订，准备在2013年出新版。由于内容改动较大，于是在2013年夏天收到新版后，又开始了第二次翻译。这一次，除张伟丽参与了第16章的翻译外，成林还邀请杨铭洲、丁正洁、中原、张世强、勇春虹、张传玮、李馨雨、桂郎等人，参与了第10~12章的翻译。

无论是对书名的翻译，还是对几年来大家的辛劳，都要有个交代，遂记于此。

李晨晔
2018年仲春